D HUNTER, 1979 oder 1980 geboren, reflektiert in seinen Büchern *Chav Solidarity* (2018) und *Auf uns gestellt* sein Leben als Gefangener, Obdachloser, Drogenabhängiger, politischer Agitator und Organisator. Aus der Perspektive dieser Erfahrungen betrachtet er Fragen von Klassenzusammensetzung, staatlicher Gewalt, communitybasiertem Widerstand der Arbeiterklasse, Patriarchat und *weißer* Vorherrschaft sowie die Entwicklung klassenbewusster sozialer Bewegungen. Derzeit begleitet er Personen, die schwere zwischenmenschliche Verletzungen und Gewalt begangen haben, bei Prozessen zur Rechenschaft und Wiedergutmachung innerhalb ihrer Community. Er lebt in Manchester und promoviert zu der Frage, wie Weißsein und Männlichkeit die Solidarität der Arbeiterklasse behindern.

ISABELLE SUREMANN, geboren 1990, hat Fachübersetzen an der Zürcher Hochschule für Angewandte Wissenschaften studiert. Bisher hat sie vor allem ehrenamtlich kürzere Texte für verschiedene politische Gruppierungen übersetzt, insbesondere für politische Initiativen für Menschen auf der Flucht.

D HUNTER

AUF UNS GESTELLT

ARMUTSKLASSE

TRAUMA UND SOLIDARITÄT

AUS DEM ENGLISCHEN ÜBERSETZT VON ISABELLE SUREMANN

EDITION NAUTILUS

Die Originalausgabe des vorliegenden Buches erschien 2020 unter dem Titel *Tracksuits, Traumas, and Class Traitors* bei Lumpen.

Edition Nautilus GmbH
Schützenstraße 49 a
D - 22761 Hamburg
www.edition-nautilus.de

Deutsche Erstausgabe April 2023
Umschlaggestaltung: Maja Bechert
www.majabechert.de
Satz: Corinna Theis-Hammad
www.cth-buchdesign.de

Druck und Bindung:
CPI – Clausen & Bosse, Leck
1. Auflage
ISBN 978-3-96054-318-3

Dieses Buch ist dank all jenen entstanden, die mich in den ersten fünfundzwanzig Jahren meines Lebens begleitet haben: den Verstorbenen, den Verachteten, den Entwürdigten. Für immer in meinem Herzen, für immer in meinen Armen.

Inhaltswarnung

Dieses Buch enthält Passagen von sexueller Gewalt, Rassismus, genderspezifischer Gewalt körperlicher, psychischer und verbaler Art, anderen Formen körperlicher Gewalt, Suizid, Drogenkonsum, Transphobie, Mord und Polizeigewalt.

Inhalt

Einleitung 11

Fußballmannschaften runterrattern 43

Ruby und Robbie 61

Sanjay 73

Valerie 89

Du bist nur ein *weißer* Junge 103

Wie man einen Menschen abrichtet 117

Vater unser 135

160 Kilometer nach Süden 147

Vierzehn 175

Unsere Traumata – eure Ressourcen 205

Klassenverrat 219

Danksagung 229

Anmerkungen 231

Literaturverzeichnis 241

Einleitung

Im Oktober 2018 veröffentlichte ich im Selbstverlag unter dem Titel *Chav Solidarity* [dt. etwa: Prolo-Solidarität] eine Sammlung von Essays. Ich ließ hundert Exemplare drucken und hoffte, sie alle verkaufen zu können. Im Juni 2020, während ich diese Einleitung schreibe, sind viertausend Exemplare verkauft, und das Buch wurde kürzlich ins Italienische und Spanische übersetzt. Herzlichen Dank dafür an Alberto Prunetti und Edizioni Alegre in Italien und Ana in Spanien. Innerhalb des großen Ganzen ist das ein sehr bescheidener Erfolg, aber für mich ist es ein verdammtes Wunder. Nur um das klarzustellen: Die Texte sind chaotisch. Aufgrund meiner vernachlässigten Beziehung zur Grammatik sind sie teilweise schwer zu verstehen und bieten häufig eine eher oberflächliche Analyse komplexer Themen. Dennoch behandeln sie diese Themen, wie etwa die radikale Linke, Trauma, Identität, Gemeinschaft oder Armuts- und Arbeiterklasse, in einer Art und Weise, die in aktuellen Debatten sozialer Bewegungen oft nur am Rande vorkommt.

Die schwindelerregende Höhe von viertausend verkauften Exemplaren erreichte ich durch eine Lesetour durch das Vereinigte Königreich, die 2019 rund siebzig Termine umfasste. Sie liefen alle ungefähr gleich ab: Ich saß vorne und las einige meiner Essays, die entweder von den Organisator*innen vorgeschlagen wurden oder die ich selbst abhängig von der Zusammensetzung des Publikums ausgewählt hatte. Anschließend gab es etwas Zeit für Fragen und dann eine allgemeine Diskussion einiger der Ideen, die in den Essays angesprochen wurden. Ich fand diese Veranstaltungen fast immer interessant, trotz meiner großen Angst vor öffentlichen Auftritten. Viele Menschen hatten verdammt schlaue, gute Sachen zu sagen. Viele waren neugierig und ehrlich interessiert zu erfahren, wie das Leben in der Gesellschaft des Vereinigten Königreichs für Andere ist.

Eines der Hauptziele des Buches war, nicht nur die Menschlichkeit, sondern auch die Einsichten, den Intellekt und die Entschlossenheit derjenigen, die in Armut leben, hervorzuheben. Es war jedoch offensichtlich, dass mein Publikum viele der von mir vorgestellten Personen immer noch nach den Kriterien »gut« oder »böse« bewertete. Mir selbst wurde zumindest eine *gewisse Komplexität* zugestanden – wobei diese oft im Sinne des Narrativs »Bad Boy wird zum guten Mann« gelesen wurde, gegen das ich im Buch ausdrücklich argumentiere. Die Leute wollten wissen, *wie ich mich verändert hätte,* und nahmen an, dass *diese Veränderung zum Besseren* gewesen wäre. Und das, obwohl ich betonte, dass *ich kein besserer Mensch geworden bin,* sondern dass mein neues Lebensumfeld mir lediglich die Möglichkeit gab, meine Ecken und Kanten etwas weicher zu machen. Ebenso, und das erscheint mir noch wichtiger, wurden viele meiner Familienmitglieder und Kindheitsfreund*innen vom Publikum entweder ausschließlich als Opfer oder als Täter von Gewalt angesehen. Darin sehe ich den Hauptmangel meines ersten Buches: Ich hatte einer Bevölkerungsgruppe im Vereinigten Königreich mehr Tiefe verleihen wollen, die, je nachdem, wer sie warum bewertet, entweder bemitleidet oder verteufelt wird. Stattdessen gab ich den Leser*innen die Möglichkeit, das Buch im Sinne der im Großbritannien des 21. Jahrhunderts vorherrschenden liberalen Moral zu lesen, wonach *Menschen gute oder schlechte Entscheidungen treffen,* die *ihren guten oder schlechten Charakter und damit ihren Wert definieren.*

Ein klügerer Mensch als ich hätte dann vielleicht aufgehört zu schreiben – man soll ja aufhören, wenn es am schönsten ist – und sich wieder der Care-Arbeit oder etwas Ähnlichem zugewandt. Oder, anders betrachtet: Ich hätte vielleicht nach dem Scheitern aufhören sollen. Aber ich bin nicht so ein Mensch. Daher entschied ich, mich einmal mehr daran zu beteiligen, was ich als einen kollektiven Prozess zur Dekonstruktion der isolierenden und zerstörerischen Auswirkungen des Liberalismus (oder, wenn man so will, des Neoliberalismus) verstehe. Einmal mehr werde ich meine eigenen prägenden Erfahrungen für diesen Prozess einsetzen. Nachdem es mir beim ersten Mal nicht gelungen ist, den Lebensrealitäten der Gemeinschaften, aus denen ich komme, gerecht zu werden, versuche ich es beim zweiten Mal umso mehr. In den zehn Texten, aus denen *Auf uns gestellt – Armutsklasse, Trauma und Solidarität* besteht, versuche ich, Interaktionen zwischen mir und jeweils einer anderen Person zu analysieren, wofür ich mich mit queeren Methodologien, Klassenanalyse, Kritischer Weißseinsforschung und Abolitionismus (also der Bewegung zur Abschaffung von Gefängnissen, Polizei und Strafjustiz) auseinandersetze. Es handelt sich um eine Autoethnografie, eine Form, die im Allgemeinen geringgeschätzt wird von jenen, die nach Strenge und Wissenschaftlichkeit in ihren Argumenten streben. Aber es ist eine Form, die ich interessant und wertvoll finde, da sie die Voreingenommenheit und die Subjektivität jeder sozialen Analyse anerkennt.

Im vorliegenden Buch nehme ich viele Momente, Beziehungen und Erfahrungen aus meinem Leben als Sprungbrett, um umfassendere politische, soziale und ökonomische Fragen zu untersuchen, die meiner Meinung nach im heutigen Großbritannien von Bedeutung sind. Diese Momente, Beziehungen und Erfahrungen stammen zum größten Teil aus Phasen meines Lebens, in denen Armut, Inhaftierung und psychische Probleme sowohl für mich selbst als auch für die vielen Communitys um mich herum eine

Konstante darstellten. In *The Morals of the Market* stellt Jessica Whyte fest: »Die Marktgesellschaft brauchte einen moralischen Rahmen, der die Anhäufung von Reichtum und Ungleichheit guthieß, die individuelle und familiäre Verantwortung förderte und die Unterwerfung unter die unpersönlichen Ergebnisse des Marktprozesses auf Kosten des bewussten Strebens nach kollektiv formulierten Zielen begünstigte.«[1]

In vielerlei Hinsicht ist es dieser moralische Rahmen, mit dem *Auf uns gestellt* in Konflikt steht. Im weiteren Verlauf dieser Einleitung stelle ich die fünf wichtigsten Rahmenkonzepte vor, die ich beim Verfassen des Hauptteils dieses Buches angewandt habe. Diese Darstellungen von Autoethnografie, queeren Methodologien, Klassenanalyse, Abolitionismus und Kritischer Weißseinsforschung sind nicht umfassend, aber sie können beim Lesen der Essays einen gewissen Einblick vermitteln. Ich habe sie in eher akademischer Art und Weise verfasst und sie gefallen daher vielleicht nicht allen gleichermaßen. Wenn jemand diesen Teil überspringen will, ist das vollkommen in Ordnung und ich glaube nicht, dass dadurch das Verständnis des Hauptteils beeinträchtigt wird. Vielleicht will man nach der Hälfte oder am Ende des Buches zu diesem Teil zurückkehren, aber hey, ich habe kein Problem damit, wenn man ihn komplett überspringt. Ich habe diesen Teil zum einen deshalb in akademischem Stil verfasst, weil es mich davon abhält abzuschweifen und ein wenig Struktur bietet, und zum anderen, weil es dadurch einfacher für mich ist zu verdeutlichen, dass ich mich auf das Denken und Schreiben anderer Menschen stütze. Für den Großteil dieses Buches kehre ich jedoch zu der eher informellen Erzählform von *Chav Solidarity* zurück.

Autoethnografie

Die Autoethnografie ist umkämpftes Terrain. Einige Forscher*innen fordern eine Mäßigung der persönlichen und gefühlsbetonten Tendenzen dieses Ansatzes. Dafür plädiert etwa Sarah Stahlke Wall; für sie muss die Autoethnografie, um eine substanzielle wissenschaftliche Methode zu sein, dieselbe akademische Strenge und Präzision aufweisen wie andere, bereits länger etablierte Forschungszweige.[2] Sadruddin Bahadur Qutoshi hingegen argumentiert, dass es gerade der Zweck der Autoethnografie sei, die akademische Forschung durch ein anregendes, emotionales, dialogisch und fesselnd verfasstes Schreiben zu bereichern, das näher an Literatur und Kunst als an der Wissenschaft selbst angesiedelt ist.[3]

Selly Denshire sieht das ähnlich: Für sie überschreitet und verwischt die Autoethnografie die Grenzen zwischen traditionellem sozialwissenschaftlichen Schreiben einerseits und einem performativeren und kreativeren Stil andererseits.[4] Dadurch eröffnet sich die Möglichkeit einer breiteren und tieferen Forschungspraxis. Ich denke, dass die Stärke der Autoethnografie in ebenjenen unscharfen Grenzen liegt: Sowohl die Forscher*innen als auch die Leser*innen sind weder ganz außerhalb noch innerhalb des Textes. Die Forscher*innen legen einen Kontext dar, den sie in kör perlichen Erfahrungen erlebt haben, welche sie mithilfe der Autoethnografie in spezifische soziale und kulturelle Paradigmen einordnen können. Die Leser*innen ihrerseits reagieren auf den Text sowohl in emotionaler als auch körperlicher Weise und erhalten gleichzeitig Einblick in eine entfernte Erfahrungswelt. Das Ziel der Autoethnograf*innen kann sein, bei den Leser*innen eine kritische Empathie zu wecken, indem sie sowohl Mitgefühl für die komplexe Menschlichkeit der Beteiligten schaffen als auch den strukturellen Kontext ihrer Lebenswelt darlegen. Wie Carolyn

Ellis und Arthur P. Bochner zeigen, verwenden Autoethnograf*innen Autobiografien, die »selbstkritisch das Zusammenspiel des introspektiven, persönlich involvierten Selbst mit kulturellen Beschreibungen erforschen, die durch Sprache, Geschichte und ethnografische Erklärungen vermittelt werden«.[5] Die Autoethnografie stellt daher einen Balanceakt zwischen der von Wall geforderten akademischen Strenge und Präzision und der von Qutoshi erwarteten Emotionalität dar. Es gibt dabei nicht die eine »richtige« Methode, die auf jede Erfahrung, jeden Text oder jede Studie angewendet werden kann. Vielmehr muss jede*r Autoethnograf*in das richtige Maß für seine*ihre jeweilige Forschung finden.

Queere Methodologien

Für queere Methodologien sind weder die möglichen Forschungsgegenstände noch die Abgrenzungen nach außen in Stein gemeißelt. Amy Kilgard erklärt, dass »queere Theorie ein mehrdeutiger, fließender, unruhiger und chaotischer Bereich von Wissen/Antiwissen ist«.[6] Der Versuch, queere Methodologien zu definieren, wäre daher ein endloses und möglicherweise ergebnisloses Unterfangen. Um den Blickwinkel etwas einzugrenzen, wird der Fokus in erster Linie auf queere Methodologien in geschriebenem Text und Storytelling gelegt, im vollen Bewusstsein, dass dies die Untersuchung einschränkt. In ihrem Essay *Innovations in Queer Writing* legen Sarah Brophy und Kasim Husain nahe, dass queere Methodologie eine Praxis sein kann, um die Gentrifizierung der Psyche und des Geistes zu hinterfragen.[7] So wie einkommensschwache Communitys von den Start-ups und Geschäftsleuten des Kapitals verdrängt werden, sollen die psychologischen Prozesse und die Logik des Kapitals in die Denkprozesse marginalisierter Communitys eingebettet und dort verankert werden. Eines der effektivsten Werkzeuge dieser Logik sei die Heteronormativität, so Lauren Berlant und Michael Warner. Ihnen zufolge ist Heteronormativität »mehr als Ideologie, Vorurteil oder Phobie gegenüber Schwulen und Lesben; sie wird in fast jedem Aspekt der Formen und Vereinbarungen sozialen Lebens erzeugt: Nationalität, Staat und Recht, Handel, Medizin, Bildung sowie in den Konventionen und Affekten von Narrativität, romantischen Beziehungen und anderen geschützten Räumen der Kultur«.[8] Queere Methodologien können mit ihrer »Ablehnung vom Hier und Jetzt und dem Beharren auf dem Potenzial oder der konkreten Möglichkeit einer anderen Welt«[9] als Verteidigung dagegen eingesetzt werden. Das »Queere«, wenn es so etwas als Einzelnes überhaupt gibt, richtet sich insbesondere gegen jene kulturellen Formen des Kapitalismus, die als Hetero- und Cis-Normativität definiert werden können. Dallas John Baker meint, dass wir durch die Bekämpfung jener Formen beginnen können, unsere Subjektivität nicht als etwas Statisches, sondern als einen Prozess der Generierung und Regenerierung zu begreifen.[10] Darin liegt das grundlegende Bestreben des Queeren: »Die Vorstellung vom eigenen Selbst als starr, stabil und einheitlich wird aufgebrochen und durch eine Vorstellung vom Selbst und von Subjektivität als fließend, veränderlich und flüchtig ersetzt.«[11] Während also das Kapital versucht, eine höhere Homogenität in Denkprozessen, Praktiken und Lebensweisen zu erreichen, eröffnet das Queere die Möglichkeit, jene Aspekte unserer Selbst aufzubrechen, die die kapitalistische Kultur zu naturalisieren versucht: jene von Sexualität und Gender.

Der geschriebene Text ist dann ein performatives Objekt, in dem Narrative und Selbste auf vielfältige Art und Weise präsentiert und repräsentiert, gelesen und neu gelesen werden können, wobei er Fragen zum Selbst der Leser*innen und der Autor*innen aufwirft, während sich diese selbst produzieren und reproduzieren. Der queere narrative Text schafft nicht nur die Möglichkeit zur Produktion und Imagination multipler Selbste, sondern er produziert auch seine eigenen (unsere eigenen) Realitäten. Er ermutigt zur Vorstellung unerzählter Geschichten und zu neuen Versionen des Selbst, die noch geschaffen werden müssen. Wie Maria Tamboukou darlegt: »Geschichten machen viele verschiedene Dinge, sie produzieren ebenso Realitäten, wie sie durch diese produziert werden, und innerhalb ihrer eigenen diskursiven Zwänge und Grenzen schaffen sie immer wieder Bedingungen für die Möglichkeiten anderer Geschichten, die erzählt und geschrieben werden können.«[12]

Eine queere Methodologie beim Schreiben anzuwenden, eröffnet Möglichkeiten des Selbst und zukünftiger Selbste und kann außerdem ein Mittel sein, um gegen die Gentrifizierung der Psyche und des Geistes anzukämpfen. Dabei darf aber nicht unerwähnt bleiben, dass das Thema aufgrund seines fluiden Charakters sowohl für die Gentrifizierung als auch für die Rekuperation zum Zwecke der Gentrifizierung anfällig ist. Der fluide Charakter lässt offen, was als queer gelten kann und was nicht. Dadurch entsteht die Gefahr, dass einfach alles als queer bezeichnet wird – was aber im Widerspruch zu dem steht, was viele als den eigentlich grundlegenden Charakter des Begriffs verstehen würden.

Die Wiedererlangung des Selbst und des Narrativs ist eines der Hauptanliegen dieses Buches. Wie Brophy und Husain darlegen, ist die heutige queere Literatur Großbritanniens »tief in Prozesse der Verbürgerlichung und Normalisierung verstrickt«.[13] Dies gilt ebenso für Belletristik wie für Sachbücher, die das Leben von Menschen der Armuts- und Arbeiterklasse beschreiben. Erzählungen von solchen Lebenserfahrungen gibt es in der zeitgenössischen Literatur als Belletristik, oft geschrieben von Menschen ohne diese Erfahrungen, und als Sachbücher in Form von Autobiografien, als kapitalistisches Thema und als individualistisches Narrativ, in denen armutsbetroffene Menschen in das von der Mittelschicht dominierte Terrain aufgenommen werden. Dazu müssen diese Erzählungen allerdings in gewisse Paradigmen passen, die grob als »Opfer-Narrative«, als »Guter-Bürger-Narrative« oder »Ausnahme-Narrative« definiert werden können. In jedem dieser Paradigmen ist die Subjektivität der Hauptperson entweder statisch oder in ein festgeschriebenes, lineares Narrativ eingebunden. Das Opfer überwindet seine Notlage, der Kriminelle lässt seine Vergangenheit hinter sich und wird zu einem guten Bürger, die außergewöhnliche junge Frau aus ärmlichen Verhältnissen lässt ihre soziale Position hinter sich und wird erfolgreich. Diese Arten von Narrativen verfestigen und reproduzieren Vorstellungen des Individualismus, von Gut gegen Böse, würdig gegen unwürdig; sie unterstützen die unterdrückende Architektur und den unterdrückenden Apparat der Gesellschaft. Sich mit queeren Methodologien auseinanderzusetzen, ist für mich ein Mittel, um diese Narrative beim Schreiben zu dekonstruieren. Wenn ich über meine Erfahrungen sowohl in Armut als auch außerhalb der Armut, sowohl auf der Straße als auch jenseits der Straße, über Gewalt und Trauma schreibe, helfen mir queere Methodologien dabei, statt eines linearen Wegs zur Erlösung eine Matrix aus Erfahrungen zu konstruieren, die sowohl ineinander verflochten als auch unabhängig voneinander sein können. Die Selbste im Text sind widersprüchliche und ergänzende Versionen der Selbste, die ich war, und derer, die ich gerade werde. Der Schwule, der Hetero, der Maskuline, der Feminine, der Gewaltausübende, das Opfer, nichts kann ausgelassen werden, nichts ist statisch.

Obwohl queere Methodologien und Klassenanalyse oft als Gegensätze betrachtet werden, scheint es unerlässlich, dass sie sich gegenseitig vorantreiben, um, so Kilgard, »komplexere Beschreibungen anzustreben«.[14] Es ist anzunehmen, dass die an Hochschulen betriebene Wissenschaft von den Narrativen ebenjener Hochschulen beeinflusst wird. An Hochschulen im Vereinigten Königreich ist das eine marktorientierte, patriarchale Heteronormativität, mit der die derzeitige Klassendynamik aufrechterhalten werden soll. Yvette Taylor erläutert, dass ein an queeren Methodologien ausgerichteter Forschungsrahmen nur selten Klassenfragen einbezieht, insbesondere wenn die Forschung an Hochschulen durchgeführt wird, in denen »Begriffe wie Dekonstruktion und Diversität sich immer noch unangenehm nahe an dem befinden, was nicht ausgesprochen wird, so dass Vorstellungen von Multiplizität und Situiertheit innerhalb und außerhalb der Forschung verkompliziert werden«.[15] Gemäß Kilgard haben nicht-*weiße*, queere Forscher*innen und Künstler*innen »viele Disziplinen durchdrungen und durcheinandergebracht, indem sie Möglichkeiten für wissenschaftliche und kreative Arbeiten aufzeigten, die mehr sind als nur die Inklusion multipler Sexualitäten«.[16] Es muss also unser Ziel sein, bei der Arbeit für soziale Gerechtigkeit queere Methodologien mit Klassenanalyse zu verbinden und beim Kampf für sozialen Wandel nach komplexeren Beschreibungen zu suchen, dominante Narrative in Frage zu stellen und weiterreichende Möglichkeiten zu schaffen.

Klasse: Beziehungskategorien und »Armutswissenschaft«

In ihrem Werk *Social Class in Europe: New Inequalities in the Old World* (Soziale Klasse in Europa: Neue Ungleichheiten in der Alten Welt) verwenden Cédric Hugrée, Etienne Penissat und Alexis Spire europäische Statistiken, um die sozialen Klassen in Europa abzubilden. Sie argumentieren, dass sich der Begriff Klasse »auf eine Kombination von ökonomischem und kulturellem Kapital bezieht, die sowohl die sozialen und wirtschaftlichen Positionen bestimmter sozialer Gruppen konstruiert als auch die Formen der Trennung, Unterscheidung und kulturellen Grenzen zwischen diesen Gruppen«.[17]

Allerdings sind Klassentheorien stark umstritten. Wie Hugrée et al. anmerken, gibt es drei theoretische Grundlagen zur Definition von Klasse. Die erste geht auf Karl Marx zurück und legt einen Schwerpunkt auf die Stellung innerhalb der Produktionsverhältnisse und die damit verbundenen ökonomischen Ressourcen. Die zweite basiert auf Interpretationen der Arbeiten von Max Weber und seinem Fokus auf den gesellschaftlichen Status und Merkmale der kulturell-symbolischen Differenzierung. Die dritte theoretische Grundlage ist neuer und folgt Pierre Bourdieu, demzufolge, in Kombination von Marx und Weber, Klassen durch ihr relatives ökonomisches und kulturelles Kapital definiert sind.[18] Mein eigener Ansatz ist am deutlichsten von der Arbeit Bourdieus beeinflusst. Das liegt jedoch nicht an einem Desinteresse an den anderen Ansätzen – obwohl mich viele Marxist*innen zu Tode nerven, sind Marx' Schriften durchaus wertvoll und die Zeit, in der ich mich damit auseinandergesetzt habe, war lehrreich. Ihr Fokus auf die Makroanalyse von Klassen ist allerdings keiner, den dieses Buch teilt. Es gibt viele andere Autor*innen, die sich stärker darauf konzentrieren, und einige ihrer Werke waren und sind für mich sehr bedeutend: Giovanni Arrighi, *The Long Twentieth Century;* Silvia Federici, *Caliban und die Hexe;* Walter Rodney, *Afrika. Die Geschichte einer Unterentwicklung;* Maria Mies, *Patriarchy and Accumulation On A World Scale;* Fernand Braude, *Grammaire des civilisations;* Angela Davis, *Rassismus und Sexismus. Schwarze Frauen und Klassenkampf in den USA;* Antonio

Gramsci, *Gefängnishefte;* Erik Olin Wright, *Classes;* und Satnam Virdee, *Racism, Class, and the Racialized Outsider.* In letzter Zeit hat mir *Class Power! Über Produktion und Aufstand* vom Kollektiv Angry Workers of the World sehr gut gefallen. Einige nähern sich dem Thema von einem weiten Blickwinkel aus, andere beginnen mit den Arbeitsbedingungen der Arbeiterklasse und gehen von dort aus in die Breite, einige befassen sich mit einem bestimmten Ort und wieder andere mit einem Teil der Bevölkerung und dessen Verhältnis zu strukturellen Bedingungen. Ich würde gerne glauben, dass ich mit diesem Buch auch nur etwas annähernd so Grundlegendes mache, aber in Wahrheit konzentriere ich mich auf das Blut und die Knochen der Menschen aus der Armuts- und Arbeiterklasse und auf die Art und Weise, wie der soziale und kulturelle Kontext Formen der Klassenmacht reproduziert. Wie gesagt, dieses Buch ist von Pierre Bourdieu und insbesondere von feministischen Soziologinnen wie Beverly Skeggs, Imogen Tyler, Yvette Taylor, Lisa Mckenzie und Diane Reay geprägt, die auf Bourdieus Arbeit aufbauen und von denen einige antikolonialistische[19] und queere[20] Methodologien miteinander verbinden, um die materiellen, emotionalen, psychologischen und körperlichen Gegebenheiten der Arbeiterklasse im Vereinigten Königreich abzubilden.[21]

Chav Solidarity wurde in den ersten Monaten nach der Veröffentlichung von gewissen Kreisen der revolutionären Arbeiterklasse im besten Fall belächelt. Ihrer Meinung nach war es bestenfalls naiv, eine spezifische Gruppe innerhalb der Arbeiterklasse hervorzuheben und anzunehmen, dass ihre materiellen Bedingungen, ihre soziale Lage und ihre verkörperten Erfahrungen zur Möglichkeit eines revolutionären Charakters führen könnten, der sich vom Rest der Arbeiterklasse unterscheidet. Einige glaubten, in ihrer Hingabe an Marx, ich hätte lediglich das Lumpenproletariat beschrieben, das, darauf hatte man sich vor langer

Zeit geeinigt, als konterrevolutionär gilt. Andere fanden es problematisch, dass das Buch auf persönlichen Erzählungen basierte und ich nicht materialistisch genug argumentierte. Wieder andere schüttelten den Kopf über meine Beschäftigung mit meiner Position als *weißer* Cis-Mann. Im Großen und Ganzen befanden sie, dass ich, wenn ich meine Erfahrungen als solche der Arbeiterklasse begriff und sie in einen direkten Vergleich mit linken Organisator*innen und Aktivist*innen aus der Mittelschicht stellte, ein Narrativ vom Leben in der Arbeiterklasse schuf, das nicht das Leben der Mehrheit der Menschen aus der Arbeiterklasse repräsentiert. Ich denke nicht, dass ihnen das vorliegende Buch große Freude bereiten wird.

Konkrete Verkörperungen von Klasse sind mein zentrales Thema und demzufolge auch ein zentrales Thema in meinen Texten. Die autoethnografische Methode rückt dabei mein Verhältnis zur Klasse in den Vordergrund, das durch die überwiegend armen Communitys am unteren Ende der britischen Klassenhierarchie geprägt ist, in denen ich aufgewachsen bin. Ich beschäftige mich mit dem, was Vivyan Adair »Armutswissenschaft« nennt. »Unter dem und gegen den Deckmantel der Pädagogik, Methodologie, Theorie und Praxis der Arbeiterklasse versuchen Armutsklassenforscher*innen, die spezifischen Mechanismen und Prozesse zu beleuchten und zu theoretisieren, durch die die Erfahrungen, Identitäten, Perspektiven und das Bewusstsein von Menschen, die als Kinder und/oder Eltern arm waren, artikuliert und aufrechterhalten werden. Durch die Bemühungen, das Konzept Klasse von Erfahrungen her zu theoretisieren, artikulieren sie bestimmte Standpunkte, die fließend und umstritten sind und die sich sowohl innerhalb als auch entgegengesetzt zur Kategorie der Arbeiterklasse bewegen ... Wir untersuchen, wie sich das Konzept Klasse in, durch und mit unserem Körper entwickelt, wie es gelebt und bekämpft wird, und argumentieren, dass arme alleinerziehende Mütter und ihre Kinder zwar Gemeinsamkeiten und Möglichkeiten der Solidarität mit der Arbeiterklasse haben, die Unterschiede uns aber auf einer sehr grundlegenden Ebene buchstäblich ›auf den Leib geschrieben‹ sind.«[22]

Weder habe ich eine allumfassende Analyse von Klasse, noch finde ich eine der existierenden Großtheorien besonders zutreffend. Also schnappe ich mir Teile von dieser oder jener Theorie, um damit die Analyse auszukleiden, die ich aus den verschiedenen Kontexten, in denen ich lebte und lebe, mitgenommen habe. Sich mit Kategorien herumzuschlagen, scheint oft wie eine Zeitverschwendung. Gehört diese oder jene Person zur Mittelschicht? *Gibt es überhaupt so etwas wie die Mittelschicht?* Inzwischen betrachte ich Klasse als relational: als eine Beschreibung der sozialen, kulturellen, politischen und wirtschaftlichen Machtverhältnisse zwischen Individuen und Gruppen. Wenn es auch nur eine Sache gibt, auf die sich die Linke nahezu einigen kann, dann ist es die Tatsache, dass es eine Gruppe von Menschen gibt, die *am meisten* soziale, kulturelle, politische und wirtschaftliche Macht hat. Sie können die globale Elite, die Kapitalistenklasse, die Eigentümer der Produktionsmittel, das 1% genannt werden. Es ist inzwischen hinreichend bewiesen,[23] dass dieser Teil der Bevölkerung sowohl auf nationaler als auch auf internationaler Ebene seinen Anteil an Ressourcen täglich vergrößert, was wiederum die sozialen Bedingungen, in denen wir leben, formt und es der Kapitalistenklasse ermöglicht, ihre Macht zur Kapitalakkumulation weiter zu erhöhen. Die Frage der Linken (der Sozialist*innen, der Anarchist*innen, der Kommunist*innen und aller anderen) ist, wie darauf zu antworten ist. Wie können Einigkeit und/oder Solidarität innerhalb der »Arbeiterklasse« aufgebaut werden, um diese Prozesse abzuwenden, zu verlangsamen oder zu beenden? In gewisser Weise und in einem kleinen Maßstab ist mein Schreiben eine Form von

Aktivismus. Ich schreibe, um den Diskurs innerhalb der sozialen Bewegungen, die mir wichtig sind, zu verschieben. Ich plädiere dafür, dass diejenigen außerhalb der Elite oder der Kapitalistenklasse, diejenigen, die sich als Sozialist*innen, Kommunist*innen oder Anarchist*innen definieren, ungleiche Machtverhältnisse innerhalb ihrer politischen Arbeit ansprechen, unabhängig davon, ob wir diejenigen, die in Opposition zur Kapitalistenklasse stehen, nun als eine große Arbeiterklasse oder als Mittelschicht und Arbeiterklasse, als Kleinbourgeoisie, Proletariat und Lumpenproletariat bezeichnen. Vielleicht bevorzugen wir die Begriffe, wie sie in der umfassenden britischen Klassenstudie *Social Class in the 21st Century* (Soziale Klasse im 21. Jahrhundert) definiert wurden? Also die Bezeichnungen »etablierte Mittelschicht«, »technische Mittelschicht«, »neue wohlhabende Arbeiter*innen«, »traditionelle Arbeiterklasse«, »aufstrebende Dienstleister*innen« und »Prekariat«.[24] Oder die ironische Klassifikation von Martin Rowson als »unsere weisen und schönen Herrscher«, »anständige englische Mittelschicht«, »strebsam, aber offenkundig ungehobelt«, »gerade noch so würdiger Abschaum«, »unwürdiger Abschaum«, »Freakshow-Abschaum« und schließlich »entbehrlich«.[25] Ich interessiere mich nicht für Klassifikationen um ihrer selbst willen, aber ich habe mich natürlich immer wieder an Diskussionen darüber beteiligt und Klassifikationsverfahren in gewissen Kontexten eingesetzt. Teilweise sind sie nützlich, teilweise sind sie wenig hilfreich und eher spaltend. Meine Aufmerksamkeit gilt vielmehr der Frage, wie sich die ungleiche Verteilung von Ressourcen und Macht innerhalb der Nicht-Elite, sei es in wirtschaftlicher, politischer, sozialer oder kultureller Hinsicht, auf unsere Leben und unsere Strategien zur Organisierung und zur politischen Arbeit auswirkt.

Ich bin ein selbstständig arbeitender Mindestlohnverdiener, der in den letzten zehn Jahren nicht viel mehr, aber auch nicht weniger als 15.000 Pfund pro Jahr (rund 18.000 Euro) verdient hat und inzwischen seine Miete relativ leicht bezahlen kann. Ich habe ein soziales Netzwerk, das stabil genug ist um sicherzustellen, dass es mehrere Monate, vielleicht sogar Jahre dauern würde, bis ich in die sozialen und wirtschaftlichen Risse zurückfiele, in denen ich die ersten fünfundzwanzig Jahre meines Lebens verbracht habe. Die Vorstellung, dass ich mich im Alter von vierzig Jahren noch immer in derselben Klasse befinde wie vor fünfzehn Jahren, scheint seltsam und unzutreffend. Aber falls sie dennoch zutrifft, so haben sich abgesehen von meiner Klassenkategorie doch viele Dinge verändert: meine Lebenserwartung, meine physische und psychische Lebensqualität und mein materieller Komfort. Ich habe auch die Möglichkeit, auf das aufzubauen, was ich habe, und diese Veränderungen zu nutzen, um neue zu schaffen, die mir, wenn alles gut läuft, weitere Stabilität verleihen, meine Lebensqualität und Gesundheit verbessern und die Wahrscheinlichkeit verringern können, dass ich wieder auf der Straße lande. Um das klarzustellen: Ich gebe gern zu, dass ich damals zur Arbeiterklasse gehörte und auch heute zur Arbeiterklasse gehöre, aber der Unterschied ist ziemlich deutlich. Ist das der Grund, warum wir neue Unterkategorien oder neue Klassifikationen von »Klasse« brauchen? Damit einige Stimmen gehört werden können, müssen diese neuen Unterkategorien klar definiert und sichtbar gemacht werden.

Was Adair als die »Armutsklasse« beschreibt, empfinde ich als äußerst zutreffend. Welche materiellen Verbesserungen auch immer in meinem Leben eingetreten sind, die Last der Armut und ihre Auswirkungen auf meine Psyche und meinen Körper sind nachhaltig. Ist es daher unehrlich, wenn ich mich als Schriftsteller der Armutsklasse bezeichne? Versuche ich dadurch, eine Lage für mich zu beanspruchen, die nicht mehr die meine ist? Oder verirre ich mich in unwichtigen Fragen der Klassifikation? Ich habe keine zufriedenstellende Antwort. Und, nochmals, wie stark interessiert mich denn überhaupt die Klassifikation von Klassen und Gruppen? *Class matters* – Klasse ist wichtig. So viel weiß ich sicher. Und eine Klassenanalyse, die die Kategorien Gender und *Race* miteinbezieht, hilft uns, die soziale und politische Welt, in der wir uns befinden, und ihre Entstehung besser zu beschreiben. Sie hilft uns zu verstehen, wie wir miteinander interagieren, wie wir einander wertschätzen und behandeln und wie wir einige der Schrecken dieser Welt beseitigen können.

Die Armutsklasse ist ein Teil der Arbeiterklasse; sie ist derjenige Teil der Arbeiterklasse, der am häufigsten abgewertet und dämonisiert wird.[26] Diese Abwertung und Dämonisierung durch Staat und Kapital erfolgt häufig in Komplizenschaft mit anderen Schichten innerhalb der Arbeiterklasse. Dies zeigt sich beispielsweise in der kaum nennenswerten Unterstützung von Migrant*innen oder ethnischen Minderheiten in der Geschichte vieler großer Gewerkschaften oder in der Herabwürdigung obdachloser oder behinderter Menschen, Drogenabhängiger, Trans-Personen und junger nicht-*weißer* Menschen in urbanen Zentren durch Teile der *weißen* Arbeiterklasse. Es gibt zweifellos Gründe, den Aufbau einer vereinten Arbeiterklasse und einer Bewegung zu unterstützen, die sich für all ihre Interessen einsetzt. Um dies zu tun, müssen aber all ihre Interessen gehört und miteinbezogen werden. Stimmen und Perspektiven aus ihrer Peripherie sind für die Kohärenz und Legitimität von entscheidender Bedeutung. Dieses Buch greift Loïc Wacquants These auf, dass es seit den 1970er Jahren »eine tägliche Erfahrung der materiellen Verwahrlosung, der ethnisch-rassistischen Abgeschiedenheit und der sozioökonomischen Marginalität« gibt, die sich in »der Zerstörung des Selbst [und] dem Zerreißen zwischenmenschlicher Beziehungen« niederschlägt.[27]

Während Ersteres zweifellos passierte, versuche ich hier, den aktiven Kampf jener darzustellen, die dem unterworfen sind, was Henry Giroux als die »Biopolitik der Wegwerfbarkeit« bezeichnet.[28] Die Individuen und Gemeinschaften, die einen Teil der Arbeiterklasse ausmachen, führen sehr wohl eine Art Klassenkampf in ihren Bemühungen ums Überleben, nicht nur im wirtschaftlichen Sinne, sondern auch geistig und psychologisch. Wie Diane Reay betont, ist Klasse mehr als Einkommen, Beschäftigung und Produktionsverhältnis. Vielmehr ist sie »eine komplizierte Mischung aus dem Materiellen, dem Diskursiven, psychologischen Prädispositionen und soziologischen Dispositionen«, die sich »in der Interaktion mit anderen in sozialen Feldern abspielen«.[29]

Viele der Erfahrungen, von denen ich in diesem Buch erzähle, spielen sich zwischen Mitte der 80er Jahre und 2007 ab, einem entscheidenden Zeitraum für die Marktliberalisierung, die sich im Vereinigten Königreich und in der übrigen Welt durchsetzte. Zu Beginn unserer Geschichte hatten sowohl im Vereinigten Königreich als auch in den USA neoliberale Regierungen eine zweite Amtszeit errungen und führten einen Krieg gegen die Armen und die Arbeiterklasse als Ganzes.[30] Im Vereinigten Königreich bekämpfte Margaret Thatcher die Gewerkschaften, vor allem die Bergarbeiter im Jahr 1985 und ein Jahr später die Drucker, und war damit erfolgreich. Die Industrien, die vor allem in Nordengland große Anteile der Arbeiterklasse beschäftigten, wurden vom Zentrum des Kapitalismus in dessen Peripherie gedrängt, was sowohl für die Menschen als auch für die Orte verheerende Folgen hatte. In Ländern Mittel- und Lateinamerikas, Afrikas und Asiens wurden billige Arbeitskräfte von großen Industriekonzernen ausgebeutet, unterstützt von den Regierungen Westeuropas und der USA, die wirtschaftliche, militärische und politische Gewalt gegen indigene Völker und ihr zuvor kolonialisiertes Land ausübten – das Land, in dem diese Menschen und ihre Communitys immer noch leben. Dieser Prozess wurde bereits in den 1960er Jahren vom revolutionären politischen Theoretiker und ersten Präsidenten Ghanas, Kwame Nkrumah, erkannt und als »Neokolonialismus« bezeichnet.[31] Im Vereinigten Königreich, insbesondere in den Klein- und Großstädten in Nordengland und den Midlands, in denen ich groß wurde, wuchs die Armutsklasse, in die ich hineingeboren wurde, rasant. Dieses Wachstum hielt die darauffolgenden Jahrzehnte an, und das Wohlfahrts- und Sozialsystem, das die Flut bis dahin (wenn auch sicherlich nicht für alle) aufgehalten hatte, wurde Stück für Stück ausgehöhlt.[32] Akademiker*innen und Theoretiker*innen aus verschiedenen Bereichen haben Argumente analysiert und vorgebracht, wie das passieren konnte und weiterhin passiert, aber es ist nicht das Ziel dieses Buches, dies ebenfalls zu tun. Es ist jedoch wichtig, auf den weiteren Kontext einzugehen, in den es eingebettet ist.

Die Deindustrialisierung im Vereinigten Königreich, der Wandel in der Zusammensetzung der Arbeit, die Vermarktung des Soziallebens und die technologischen Entwicklungen hatten und haben dramatische Auswirkungen auf die Lebensrealitäten der gesamten Arbeiterklasse – wie auch immer wir sie definieren. Parallel dazu hat sich die symbolische Gewalt[33], die der Armutsklasse durch die vorherrschenden sozialen und kulturellen Vorgehensweisen angetan wird, fortgesetzt und wahrscheinlich noch verstärkt.[34] Das Vorgehen, das ich in diesem Buch beschreibe, ist nicht neu: Es ist die Fortsetzung der jahrhundertelangen Bemühungen, die Armutsklasse als etwas zu beschreiben, das *deutlich weniger wert* ist als die Arbeiterklasse; als eine Klasse bestehend aus Menschen, die ihrer Menschlichkeit beraubt werden sollen und grundlegende Würde nicht verdienen. Die Menschen, die mich großgezogen haben, die Menschen, mit denen ich aufgewachsen bin, die Inhaftierten, die Abgehängten, die Traumatisierten, die illegalen Sexarbeiter*innen und Dealer*innen, der *white trash,* die BIPoC-Jugendlichen in den Innenstädten: Sie sind diejenigen, die einem Prozess unterworfen wurden, den Imogen Tyler die »Stigma-Maschine« nennt. »Stigma-Maschinen sind die Mechanismen, durch die die Macht in die Körper eindringt: Maschinen der Einschreibung, die durch gemeinsame Anstrengungen in Gang gesetzt werden, um diejenigen, die sich in ihrem Griff befinden, unbeweglich zu machen, zu verletzen, zu demütigen und/oder zu entmenschlichen.«[35]

Tyler historisiert und politisiert den Begriff des Stigmas und bezieht sich konkret auf die Machtbeziehungen, die am Werk sind, wenn Menschen und Gemeinschaften stigmatisiert werden – so wie ich und die Menschen, mit denen ich zusammenlebte. Tylers »Stigma-Maschine« ist ein Konzept, das Aspekte unserer Kerkerkultur beschreibt und abolitionistische Fragen aufwirft, die ich in dieser Arbeit direkt ansprechen werde.

Tracey Jensen und Imogen Tyler legen dar, wie die Elite im Vereinigten Königreich seit 2010 ein unerbittliches Programm der »Wohlfahrtsstigmatisierung« verfolgte, um ihre Austeritätspolitik zu rechtfertigen.[36] Dieses Programm wiederholt das historische Narrativ der »würdigen Armen« durch verschiedene kulturelle Produktionen, von Reality-TV-Shows wie »Benefits Street« bis hin zu Nachrichtensendungen über das Prinzip der sogenannten »County Lines«, Drogenvertriebswege über Kinder und Jugendliche aus der Armutsklasse.[37] Das Ziel dieses Programms ist es, Archetypen einer ungezähmten Unterschicht zu kreieren, die eine Bedrohung für legitime und anständige Familien der Arbeiterklasse darstellt. Dieser stigmatisierende Prozess konnte auch 2020 beobachtet werden, als im Zuge der Covid-19-Pandemie junge Menschen und Familien angegriffen wurden, weil sie, da sie keine eigenen Gärten hatten, öffentliche Parks nutzten.[38] Er kann sich aber auch gegen illustre Teile der Arbeiterklasse richten, wie die Berichterstattung bestimmter Medien zeigt, in deren Kontext Gewerkschaften angegriffen werden, weil sie durch den Hinweis auf Risiken, denen Lehrpersonen, Beschäftigte im Gesundheitswesen und andere systemrelevante Beschäftigte ausgesetzt sind, die Beziehungen zwischen Arbeit und Kapital in Frage stellen.[39] Während ich die Lebensrealitäten und Erfahrungen derjenigen fokussiere, die von anderen Teilen der Arbeiterklasse missachtet werden, können potenziell all jene, die kein Teil der Kapitalistenklasse sind, dieselbe Behandlung erfahren.

Abolitionismus – der Kampf für die Abschaffung der Kerkerkultur

Die Themen dieses Buches sind die Gemeinschaften, in denen ich aufwuchs, und die Menschen, die in ihnen leben. Diesen Gemeinschaften ist die Gefängnislogik der heutigen Gesellschaft ebenso vertraut wie das eigene Spiegelbild.[40] Daher ist abolitionistische Theorie und Praxis ein Grundpfeiler der Ansätze, die ich hier verfolge. In diesem Abschnitt möchte ich sowohl die intellektuelle Tradition abolitionistischer Theorie erkunden als auch meine eigene Arbeit darin verorten.

Das Konzept der Gefängnislogik entspringt der Arbeit Michel Foucaults. Mit dem Begriff »Kerker-Archipel« beschreibt Foucault die ineinandergreifenden Mechanismen, Technologien, Wissenssysteme und Netzwerke der Gesellschaft, die darauf abzielen, die Bevölkerung zu überwachen, zu kontrollieren und zu bestrafen.[41] Die heutige Gesellschaft ist eine Kerkergesellschaft, die mit der ständigen Produktion und Reproduktion von Techniken zur Regulierung des menschlichen Verhaltens verknüpft ist. Die Logik des Kerkersystems stellt eine Konstante in der Geschichte des Kapitalismus dar, die in jeder Phase verfeinert und weiterentwickelt wurde. Die Mittel, die zwischen dem 16. und 19. Jahrhundert auf Plantagen eingesetzt wurden, um die von der europäischen *weißen* Vorherrschaft versklavten Afrikaner*innen zu kontrollieren und zu bestrafen, wurden in abgewandelter Form nach Europa zurückgebracht. Militärstrategien, die in den Kolonialkriegen zur Aufstandsbekämpfung eingesetzt wurden, finden heute ihre Anwendung bei Polizeikräften in den USA und Westeuropa.[42] Die sozialen und kulturellen Verfahren der Kennzeichnung, Dämonisierung und Ausgrenzung werden an einem bestimmten Teil der globalen Arbeitskräfte erprobt, bevor sie an einem anderen angewandt und verbessert werden, um dann wieder von neuem am ersten Teil ausprobiert zu werden. Foucaults Kerkersystem beschreibt die Verbreitung und Normalisierung von Disziplinarmaßnahmen in sozialen Institutionen. Seine Erörterung endet mit der Beschreibung der »panoptischen Gesellschaft, deren allgegenwärtige Strategie die Einkerkerung ist«.[43] Das Kerkersystem geht dabei, so Foucault, über das Gefängnis hinaus und umfasst breite soziale und kulturelle Entwicklungen. Die Gefängnislogik der Gesellschaft besteht also darin, dass die Praktiken der Bestrafung im Rahmen des Strafvollzugs Teil unseres Alltags werden, in dem wir zur Steuerung unserer Lebensweise nicht nur vom Staats- und Kapitalapparat überwacht werden, sondern uns auch gegenseitig überwachen. Die Überwachung und Steuerung werden durch Machtverhältnisse ermöglicht und vor Ort von Mitgliedern der Arbeiterklasse untereinander ausgeübt. In diesem Buch möchte ich aufzeigen, auf welche Weise diese Logik in Frage gestellt wird und wo abolitionistische Prinzipien in sie einsickern.

Abolitionistische Theorie ist nicht abstrakt, sondern

stellt sowohl eine Reihe konkreter Forderungen dar als auch einen kontinuierlichen Prozess, der die Gefängnislogik der kapitalistischen Gesellschaft hinterfragt. Jeder Text in diesem Buch hat zum Ziel, sich mit abolitionistischer Praxis auseinanderzusetzen und diese vorzustellen. Eine abolitionistische Praxis, die, so Dylan Rodriguez, »eine radikale Neukonfiguration von Gerechtigkeit, Subjektivität und Gesellschaftsformation anstrebt (und vornimmt), die weder von der Existenz eines Gefängnisstaates abhängt (einem Staatswesen, das verschiedene Formen der Inhaftierung von Menschen institutionalisiert), noch von einer repressiven Macht als solcher (einer Gesamtheit staatlich sanktionierter und überstaatlicher Beziehungen geschlechtsspezifischer rassifiziert-kolonialer Dominanz)«.[44]

Der Text »Fußballmannschaften runterrattern« hat den deutlichsten Bezug zu abolitionistischer Praxis. Darin untersuche ich die Beziehung zwischen mir und meinem Großvater, wobei der Schwerpunkt nicht auf der Gewalt unserer Interaktionen liegt, sondern auf der Gewalt unserer jeweiligen Narrative und auf den Traumata, die vom kolonialistischen Kapitalismus durchdrungen sind. Ich versuche, das herkömmliche Täter-Opfer-Paradigma zu durchbrechen, mit dem Momente der Gewalt individualisiert werden, und beleuchte stattdessen, in welcher Art und Weise unsere Erfahrungen sozial und politisch konstruiert sind. Der Text legt nahe, dass auch das, was als besonders schreckliche Überschreitung der physischen und emotionalen Grenzen eines anderen angesehen werden muss, nicht rechtfertigt, denjenigen, der diese Grenzen überschreitet, durch staatliche oder sonstige Mechanismen seiner Menschlichkeit zu berauben. Es ist ausgesprochen wichtig zu betonen, dass das, was zwischen zwei Menschen passiert, tief in die Gemeinschaften ebenjener Menschen, ihre verwandtschaftlichen Netzwerke und den breiteren soziopolitischen Kontext eingebettet ist. Verantwortung, Trauma und Trauer sind in diesen Kontexten miteinander verbunden, und als Communitys, die einen sozialen Wandel anstreben, ist es unsere Aufgabe, uns von der Logik von Gefängnis und Strafe zu lösen.

»Vierzehn« kann als Gegenstück zu »Fußballmannschaften runterrattern« angesehen werden. »Vierzehn« beginnt mit einem Vorfall, bei dem ich selbst körperliche Gewalt ausgeübt habe, und erzählt dann den Tagesverlauf und die vorangegangenen Ereignisse. Während die einfachste Interpretation von »Fußballmannschaften runterrattern« mich als traumatisiertes Kind darstellt, beginnt »Vierzehn« damit, wie ich anderen ein Trauma zufüge. Ich möchte damit weniger einen Kreislauf der Gewalt aufzeigen, sondern ein Geflecht der Gewalt, das durch die sozialen und politischen Mechanismen von Staat und Kapital entsteht. Es ist ein Geflecht, das in die verkörperten Erfahrungen verschiedener Netzwerke von Menschen hineingewoben wurde und das vielfältige Erscheinungsformen haben kann. In »160 Kilometer nach Süden« versuche ich, Antworten auf dieses Geflecht aufzuzeigen, Beispiele, in denen Menschen und Gemeinschaften, die darin gefangen sind, versuchen, aus den vorherrschenden Lebensweisen auszubrechen. Wenn Menschen versuchen, sich von der Logik von Staat und Kapital zu befreien, ist das abolitionistische Praxis. Im Verlauf der Geschichte in »160 Kilometer nach Süden« hat meine Mutter Schwierigkeiten, sich aus ihrer patriarchalen Familie zu lösen und ihre eigene Autonomie zu erlangen, während sie sowohl mit dem Erbe des Traumas als auch mit dem Staatsapparat konfrontiert ist, der natürlich die Quelle des ursprünglichen Traumas war (wie in »Fußballmannschaften runterrattern« aufgezeigt wird). Die Rolle, die der Staat bei der Reproduktion des Traumas spielt, unter dem Vorwand, sich um das Wohlergehen meiner Mutter zu kümmern, wird von anderen in ihrer Gemeinschaft durch deren eigene Praxis kritisiert.

In »Vierzehn« und »Fußballmannschaften runterrattern« kontextualisiere ich zwischenmenschliche Gewalttaten, indem ich die persönlichen Geschichten der Beteiligten einbeziehe, ebenso wie die Art und Weise, wie diese durch die sozialen Geschichten kolonialer und gegen die Arbeiterklasse gerichteter Gewalt geprägt wurden. In »160 Kilometer nach Süden« beschreibe ich Formen abolitionistischer Solidarität, bei der sich Mitglieder der Armutsklasse gegenseitig unterstützen, statt einander anzuzeigen. Wie Vincenzo Ruggiero feststellt, ist Abolitionismus nicht nur »ein Programm zur Abschaffung von Freiheitsstrafen, sondern auch ein Ansatz, eine Perspektive, eine Methodologie und vor allem eine Sichtweise«.[45] Essays wie »Fußballmannschaften runterrattern«, in denen ich für die Menschlichkeit des Mannes plädiere, der mich als Kind sexuell folterte, sind eine Auseinandersetzung mit dieser Sichtweise. Eine, die es nicht nur ablehnt, sich für eine Intervention an die Staatsgewalt zu wenden, sondern die sich weigert, deren Logik der Bestrafung zu reproduzieren. Die zwischenmenschlichen Gewalttaten, die hier behandelt werden – Taten, die von und an mir ausgeübt wurden oder deren Zeuge ich wurde – *können nicht losgelöst von den politischen, wirtschaftlichen und sozialen Systemen, in denen sie stattfinden, betrachtet werden.*

Das Ziel des Abolitionismus ist es, sich Formen des gemeinschaftlichen Zusammenlebens vorzustellen, die über die Logik dieser Systeme hinausgehen. Die Überwindung staatlicher Gewaltinstitutionen als Praxis umfasst viele vergangene wie auch zukünftige »Handlungen, die von und im Namen von Völkern und Gemeinschaften durchgeführt werden, die sich unermüdlich für ihre eigene körperliche und kulturelle Integrität einsetzen«.[46] Es ist dieser unerbittliche Kampf um körperliche und kulturelle Integrität der Armutsklasse, den ich in diesem Buch darstelle. Die kriminalisierten Jugendlichen aus den Innenstädten, die von »Valerie«, »Sanjay«, »MD« und mir selbst verkörpert werden, wuchsen in einer Zeit auf, in der erst die Regierung der Conservative Party die Existenz unserer Communitys leugnete, woraufhin uns das soziale und kulturelle Projekt der New-Labour-Regierung dafür bestrafte, dass wir uns nicht in ebendiesen Communitys bewegten. Sanjay und MD, rassifizierte junge Männer, die in Armut aufwuchsen, erkundeten die Möglichkeiten, die ihre rassifizierte, klassen- und geschlechtsspezifische Position ihnen eröffnete, um sich der symbolischen und institutionellen Gewalt der Gesellschaften der *weißen* Vorherrschaft, in denen sie lebten, zu widersetzen. Mein Großvater und mein Vater verkörpern die Armutsklasse und männliche Gewalt auf eine andere Weise: Der eine wurde durch den Kolonialismus und die antiziganistischen Paradigmen im Vereinigten Königreich geprägt; der andere, mein Vater, machte sich aus seiner Position während der Deindustrialisierung Nordenglands, generationenübergreifender Armut und der nationalistischen Propaganda der 1970er und 1980er Jahre bestimmte Formen *weißer* Vorherrschaft zu eigen. Beide versuchten, sich gegen die repressive Macht von Staat und Kapital über ihre Existenz zur Wehr zu setzen, scheiterten aber, da sie Trost in patriarchaler Gewalt suchten. Als *weiße* Cis-Männer repräsentieren mein Großvater, mein Vater und ich verschiedene Konfigurationen *weißer* Vorherrschaft und deren unbestreitbare Verbindung zur Kerkergesellschaft. Wie bereits erwähnt, entstanden die Kerkersysteme der Überwachung, Kontrolle und Bestrafung auf den Plantagen, auf denen von *weißen* Europäern versklavte Afrikaner*innen gefangen gehalten wurden. Es ist daher zentral festzuhalten, dass die historische Praxis des Abolitionismus, wie Dylan Rodriguez es formuliert, »auf einer radikalen Schwarzen Genealogie der Revolte und des transformativen Aufstands gegen die rassifizierte Versklavung und den transatlantischen Handel mit gefangen gehaltenen Afrikaner*innen beruht«.[47]

Die langjährige abolitionistische Aktivistin und Theoretikerin Ruth Gilmore erklärt unmissverständlich, dass der Abolitionismus in der radikalen Schwarzen Tradition verankert ist,[48] und wenn ich abolitionistische Tendenzen auf diejenigen übertrage, die auch *weiß*-suprematistische Tendenzen zeigen, so tue ich dies mit Bedacht und Vorsicht. Es muss Teil der abolitionistischen Vorstellungskraft sein, die Komplexität des Individuums in all seinen widersprüchlichen Positionen und Tendenzen zu bewahren und niemals zuzulassen, dass Interpretation und Darstellung davon statisch werden. Es war die begrenzte Vorstellungskraft, die die abolitionistischen Tendenzen meines Vaters und meines Großvaters einschränkte, ihre Unfähigkeit, über das Konstrukt ihres »Weißseins« hinauszusehen.

Kritische Weißseinsforschung

W. E. B. Du Bois argumentiert in *Black Reconstruction in America,* dass Weißsein als ein »öffentliches und psychologisches Gehalt«[49] fungierte, das im 19. und 20. Jahrhundert armen *weißen* Menschen, die als »nicht-Schwarz« eingestuft wurden, in Form eines sozialen Status gezahlt wurde. Es dient als Kompensation für die Ausbeutung durch den Kapitalismus; diese Kompensation kann zwar auch eine finanzielle Form annehmen, ist aber in erster Linie eine psychologische und emotionale Genugtuung, die die Auswirkungen der Stigmatisierung der wirtschaftlich Marginalisierten abschwächt.[50] »Weißsein« ist ein umstrittener und mehrdeutiger Begriff. Die Kritische Weißseinsforschung hat zum Ziel, die historischen Prozesse, die rassifizierte Subjekte hervorbringen, in den Vordergrund zu stellen.[51] Während dieser historischen Prozesse wurde oft versucht, *weiß* sowohl zu neutralisieren als auch zu naturalisieren. Die Neutralität macht den *weißen* Mann der Mittelschicht zur sozialen und kulturellen Norm, gegenüber der andere als minderwertig angesehen werden.[52] Die Kritische Weißseinsforschung verortet die Kategorie *weiß* in ihrem historischen Kontext, um zu zeigen, dass es sich um eine Position handelt, die durch eine Vielzahl politischer, wirtschaftlicher und sozialer Prozesse geformt wurde und immer noch geformt wird.

Weißsein ist sowohl Performanz als auch ein historisches Konstrukt,[53] und zwar eines, das im Vereinigten Königreich eine Klassendynamik aufweist, die oft übersehen wird.[54] Deshalb muss jede Konzeptualisierung des Weißseins berücksichtigen, dass »der wirtschaftliche und psychologische Lohn des Weißseins umso geringer (und dadurch umso kostbarer) sein kann, je weiter unten in der Hierarchie das *weiße* Subjekt verortet ist«[55]. Und dennoch sichert die Performanz des Weißseins all denjenigen Privilegien, die als *weiß* rassifiziert werden. In *Chav Solidarity* habe ich mich auf Steph Lawlers Analyse bezogen, wonach sich das Weißsein der Arbeiterklasse vom Weißsein der Mittelschicht unterscheide; ersteres ist »eine Form des extremen Weißseins, oder ein Hyper-Weißsein, das als Gegenpol zum ›normalen‹ Weißsein (der Mittelschicht) fungiert«. Es wird dargestellt als ein »unreflektiertes, unumstößlich rassistisches Weißsein«.[56] Shona Hunter legt dar, dass die »Fähigkeit, explizit für vergangenes Unrecht zu büßen«[57], Teil des korrekten, gewöhnlichen Weißseins ist, das in der neoliberalen, multikulturellen Vorstellung eines guten Liberalen angesiedelt ist. Zu einem gewissen Grad setzt sich dieser Gedankengang in diesem Buch fort, doch in »MD« werden meine Versuche, mein Weißsein hinter meiner Klasse zu verbergen, von MD selbst unterbunden.

MD ist einer meiner Kindheitsfreunde, der derzeit im Gefängnis ist und vermutlich den Großteil seiner verbleibenden Lebenszeit dort verbringen wird. In »MD« teilt er seine Analyse meines Weißseins und dessen Auswirkungen auf unsere Freundschaft: »Ich weiß, dass unsere Leben beschissen waren und dass dein Leben besonders beschissen war, aber ich hatte vergessen, dass wir nicht wirklich im selben Boot saßen, nicht wirklich, nicht so. Dass du warst, wer du warst, dass du nichts hattest außer deiner *weißen* Haut und dass uns das voneinander trennte, weil ich Dinge tun musste, die du nicht mit mir zusammen machen konntest, ohne mein Leben noch beschissener zu machen. Du warst ein *weißer* Junge. Du wirst immer ein *weißer* Junge sein. Und das bin ich nicht.«

Schlussfolgerung

Durch die Autoethnografie kann ich meine persönlichen Erfahrungen vom Leben in politisch und wirtschaftlich marginalisierten Kontexten untersuchen, in denen sich die Gewalt sozialer Strukturen in unzähligen Formen zeigt. Die Narrative, die im Zusammenhang mit diesen Kontexten üblicherweise reproduziert werden, sind oft individualistisch und nehmen vor allem Opfer und Täter in den Blick. Ich versuche, diese Narrative zu durchbrechen und gleichzeitig zwischenmenschliche Gewalt als etwas zu konstruieren, das Individuen nicht »einfach so« widerfährt oder von ihnen ausgeübt wird, sondern als etwas, bei dem der soziale Körper für das verursachte Trauma verantwortlich und gleichzeitig davon betroffen ist. Damit will ich aber nicht den Individuen ihre Handlungsfähigkeit absprechen oder zu einer rein strukturellen Analyse tendieren. Stattdessen stelle ich Handlungen vor, in denen diejenigen, die der Herrschaft unterworfen sind, Widerstand gegen den Kerkerstaat und das Kapital leisten. In diesem Handlungsmuster verorte ich meinen Großvater, der seiner Verwandtschaft Schutz, Unterstützungsstrukturen und Führung bot, das Bestreben meiner Mutter, sich von der patriarchalen Gewalt derselben Strukturen und derselben Führung zu lösen, und in »Wie man einen Menschen abrichtet« auch meine eigenen Bemühungen, Formen der Freiheit sowohl innerhalb als auch außerhalb von Gewalt und Trauma zu finden. Es ist allerdings schwierig, die Auswirkungen dieser Handlungen gänzlich von den Unterdrückungssystemen zu trennen, in denen sie ausgeführt wurden. Hier besteht vielleicht das Dilemma zwischen »reformistischen Reformen« und »nicht-reformistischen Reformen«. Ich würde behaupten, dass jede Reform, die mein Großvater, meine Mutter und ich vorgenommen haben und die in diesen Texten beschrieben werden, die Situation zwar kurzfristig verbessert hat, aber als Reproduktion der gewalttätigen Strukturen angesehen werden kann, in denen wir uns bewegten. Mein Großvater erschuf ein Umfeld, in dem die Gewalt, die er erlitten hatte, nicht aufgearbeitet werden konnte, und er war Traumata ausgesetzt, die sich in seinen Beziehungen mit anderen manifestierten. Meine Mutter war nicht in der Lage, die Substrukturen wiederherzustellen, die ihr Vater erschaffen hatte, in denen sie aufgewachsen war und die ihr ein gewisses Maß an Schutz boten. Sie war deshalb gezwungen, Handlungen zum wirtschaftlichen Überleben auszuführen, die mir und ihr ein weiteres Trauma zufügten. Und ich wiederum habe im Kampf um mein eigenes Überleben Gewalt gegenüber anderen ausgeübt. Ich möchte also nochmals unmissverständlich darauf hinweisen, dass es mir nicht um eine Debatte über Handlungsfähigkeit oder Struktur geht, sondern um die Art und Weise, wie beides miteinander verwoben ist und dabei Praxis, Gemeinschaft und unsere Leben kreiert.

Autoethnografie, Kritische Weißseinsforschung, Arbeiten von Forscher*innen der Armutsklasse, Abolitionismus und queere Methodologien sind in diesen Texten miteinander verwoben, in denen durch das Auseinandernehmen gelebter Erfahrungen sowohl individualistische als auch binäre Deutungsmuster politisch in Frage gestellt werden. Ziel dieses Buches ist es nicht nur, meine eigenen Erfahrungen zu schildern, sondern sie als Erfahrungen zu betrachten, die in die Erfahrungen anderer eingebettet und von ihnen abhängig sind. Ich möchte Konzepte unterstützen, die aufzeigen, dass die Netzwerke und Gemeinschaften, aus denen wir stammen, nicht im luftleeren Raum existieren, sondern in einer konstanten Auseinandersetzung mit der historischen Entwicklung des Staates und der Kapitallogik stehen. Ähnlich wie das, was Dallas John Baker als »Queer-Werden« bezeichnet: »Beim Queer-Werden imitiert das Subjekt nicht einfach eine andere oder externe Subjektivität oder Lebensweise oder passt sich dieser an. Queer-Werden ist ein generativer Prozess, die Konstituierung einer vollkommen neuen Subjektivität«.[58]

Das Ziel besteht also darin, eine neue kollektive Subjektivität zu schaffen, die nicht statisch ist, sondern ein Prozess der Reflexion und Interaktion, der auf eine abolitionistische Zukunft zusteuert.

Fußballmannschaften runterrattern

Es heißt, er sei fünfzehn Jahre alt gewesen, als er es tat. Als er den Hammer mit seinem starken rechten Arm hochschwang und mit voller Wucht auf den Kopf seines Vaters schlug, den Alten dann über seine Schulter hob und ihn mitten in der Nacht über die Felder von Kilkenny zur Schweinefarm trug.

In einigen Versionen dieser Geschichte hat er seinen Vater zuerst zerstückelt und dann an die Schweine verfüttert. Anderen zufolge hat er die Leiche einfach in den Stall geschmissen und zugesehen, wie die Schweine sie fraßen. In wieder anderen Versionen kommen gar keine Schweine vor und er hat den Alten einfach angezündet. In einer Geschichte wurde er am Spieß gebraten und von seinen Kindern gegessen. Einige sagen, es sei eine Axt gewesen und kein Hammer. Andere erzählen, der Bruder des alten Mannes habe den Mord begangen, zusammen mit dem Sohn. Doch das Ende bleibt immer das Gleiche: Der Alte war tot – und der Fünfzehnjährige der neue Patriarch der Familie.

Bis zu diesem Zeitpunkt hatten vierzehn der Geschwister überlebt: zwei Zwillingspaare, zwei ältere Schwestern mit eigenen Kindern, insgesamt sechs Jungen, und seine Mutter war mit einem weiteren Kind schwanger. Indem er seinen Vater umbrachte, übernahm mein Großvater die Verantwortung für jedes einzelne von ihnen. Innerhalb weniger Monate heiratete er und nach ein paar weiteren wurden seine ersten eigenen Kinder geboren.

Arsenal: John Lukic, Lee Dixon, Nigel Winterburn,
David O'Leary, Tony Adams, David Rocastle,

Kevin Richardson, Paul Davis, Paul Merson,
Alan Smith, Niall Quinn.

So wie es mir erzählt wurde, hatte sein Vater – mein Urgroßvater – meinen Großvater und seine Mutter einmal zu oft geschlagen. Einmal zu oft hatte er all ihr Geld ausgegeben und ihre Tiere verkauft, um sich im Pub oder am Fluss zu betrinken. Mein Großvater – nennen wir ihn Aidan, auch wenn das nicht sein richtiger Name ist – hatte seine Familie mit elf verlassen und war quer durch Irland nach Cork und dann weiter nach Killarney gezogen, bevor er sich mit vierzehn Jahren für eine Weile in Limerick niederließ.

In dieser Zeit suchte und fand er Arbeit, suchte und fand er Frauen, suchte und fand er Ärger. Wenn ich weinte, nachdem seine Freunde und er mich vergewaltigt hatten, erzählte er mir mehr als einmal, dass es »die dunklen Dinge wie diese waren, die mich zu dem Mann gemacht haben, der ich bin«. Ich kann nur vermuten, dass er in diesen Jahren mehr einsteckte als austeilte. Seine Brüder erzählten mir von der Gewalt, die Aidan von seinem Vater angetan worden war: Wegen vermeintlichem Ungehorsam wurden ihm sorgfältig die Knochen gebrochen, er musste mit ansehen, wie seine Mutter nackt vor ihrem Haus getreten und ausgepeitscht wurde. Dieselben Großonkel erzählten mir, wie ihr Bruder von seinen Reisen durch den Südwesten Irlands mit seiner zukünftigen Ehefrau zurückkehrte: so sehr gewachsen, dass er den Vater nun überragte, und mit fünfzehn Jahren beinahe zwei Meter groß. Er hatte bereits die Größe, das Gewicht und die Breite erreicht, die er für den Rest seines Lebens beibehalten würde. Arme wie dicke Seile, ein breiter Rücken und Hände so groß wie Neugeborene.

Als ich ein Kind war, waren seine Geschwister immer präsent, und sie erzählten mir und meinen Cousins und

Cousinen von den Abenteuern und dem Unglück ihrer Irish-Travellers-Familie. Dem Kampf gegen wütende Anwohner, Auseinandersetzungen mit dem Gesetz, guten und schlechten Zeiten. Mein Großvater stand im Mittelpunkt all dieser Geschichten: ein freundlicher Riese, der seine Familie auf der Suche nach einem besseren Leben nach England führte. Ich hörte, dass er einmal einen Stier mit einem rechten Haken außer Gefecht setzte und ihn fünfzehn Kilometer nach Hause trug. Ich hörte, dass er drei bewaffnete Männer besänftigte, die ihn und seinen Bruder beim Versuch erwischten, Pferde aus einem Stall zu stehlen. Ich hörte, dass er sich vor einem Pub in Carlow mit einem halben Dutzend Polizisten anlegte.

Aston Villa: Nigel Spink, Stuart Gray, Allan Evans, Martin Keown, Derek Mountfield, Gordon Cowans, David Platt, Tony Daley, Kevin Gage, Ian Olney, Alan McInally.

Als Aidan mit seiner Familie in England ankam, hatte er selbst zehn Kinder. Es war der Beginn des IRA-Aufstandes auf englischem Boden. Vier seiner jüngeren Schwestern und drei Brüder begleiteten ihn, jede*r hatte mindestens drei eigene Kinder. Sie hatten sich daran gewöhnt, dass man ihnen in Irland ablehnend begegnete, aber das war nichts im Vergleich zu dem, was sie bei ihrer Ankunft in feindlichem Gebiet erlebten. Innerhalb eines Jahres, als sie von Liverpool in den Osten von Lancashire zogen, wurde jeder erwachsene Mann meiner Familie mindestens einmal verhaftet und ins Gefängnis geworfen. Meine älteren Cousins und Cousinen wurden vom Staat entführt und in ein Heim gesteckt, nur weil sie Kinder von Travellers waren. Mir wurde immer erzählt, dass die Familie während ihrer ersten Jahre in England überlebte, indem sie auf Baustellen und Bauernhöfen arbeitete, Wetten anbot und Altmetalle sammelte, als ob ihr Leben davon abhinge. Es hieß, sie umgingen das Gesetz zwar, hätten es aber nie gebrochen und erst angefangen, ihre ganze Energie in illegale Tätigkeiten zu stecken, als sie gezwungen wurden, in Sozialwohnungen zu leben. Ich vermute, dass das Quatsch ist. Nichts von dem, was Aidan oder irgendwer von seinen Geschwistern und ihren Kindern erzählte, deutet darauf hin, dass sie sich auch nur einen Dreck darum scherten, was legal war und was nicht. Was moralisch oder unmoralisch war, vielleicht. Verzeihlich oder unverzeihlich in den Augen Gottes, vielleicht. Aber legal oder illegal? Ich würde all mein Geld darauf verwetten, dass ihnen das als Travellers ebenso scheißegal gewesen war wie zu der Zeit, als sie sich niederließen. Sie taten, was sie tun mussten, um zu überleben. Zweifellos trugen die Verhaftungen, Entführungen und die allgemeine Verfolgung, die sie erdulden mussten, dazu bei, dass die Familie sesshaft wurde. Endgültig wurde die Entscheidung aber besiegelt, als eines Sonntagmorgens zwölf ihrer Wohnwagen in Brand gesetzt wurden, während sie in der Kirche waren.

Als ich geboren wurde, hatte sich die Familie meiner Mutter bereits seit ungefähr achtzehn Monaten in einer für das postindustrielle Nordengland typischen staatlichen Sozialbausiedlung unweit der Pennines niedergelassen. Die dortigen Communitys waren zwar noch nicht komplett vernichtet, die Auswirkungen des Neoliberalismus nahmen sie aber zunehmend in die Zange. Fabriken wurden geschlossen, die Arbeitslosigkeit nahm ebenso zu wie der Rechtsradikalismus unter der *weißen* englischen Bevölkerung und rassistische Angriffe auf die immigrierten bangladeschischen und pakistanischen Communitys, die etwa zur selben Zeit wie meine Familie angekommen waren. Obwohl die afrokaribische Diaspora in der Gegend im Vergleich zu anderen Landesteilen relativ klein war, wurde auch sie zur Zielscheibe eines ähnlichen Hasses. Mein

Großvater knüpfte Verbindungen zu den Patriarchen aller migrantischen Communitys. Verbindungen, die nicht auf gegenseitiger Solidarität basierten, sondern darauf, dass er aus ihnen finanziellen Profit ziehen konnte. Ebenso schreckte er nicht davor zurück, Geschäfte mit jenen Rechtsextremen zu machen, die mehr an Geld interessiert waren als daran, die Königin, das Land und die angelsächsische Rasse zu verteidigen. So lernte er meinen Vater kennen und stellte ihn meiner Mutter vor. Sie machten nicht gerade einen Haufen Geld, viele Mäuler mussten gestopft werden und so weiter. Aber mit ein bisschen Charme, viel Gewalt und dem Privileg seiner *weißen* Haut fand mein Großvater unzählige Wege, um sich durchzuschlagen.

Ich weiß nicht, wann er anfing, meine Mutter zu vergewaltigen, und auch nicht, wie viele andere seiner Kinder und Enkelkinder er über die Jahre hinweg sexuell missbrauchte. Ich weiß, dass er mich zwei Jahre lang vergewaltigte und andere Männer nach Hause brachte, damit auch sie mit mir machen konnten, was sie wollten. Das begann, als er mir und meinen zwei jüngeren Schwestern erlaubte, in sein Haus zu ziehen. Zu dieser Zeit war meine Mutter zwangsweise in einer psychiatrischen Klinik untergebracht und mein Vater war nicht da. Mein Großvater kam ins Zimmer, das ich mit meinen Schwestern teilte, hob mich hoch, trug mich die Treppen hinunter und stellte mich in die Mitte des Raumes. Einmal dort, fanden er und andere Männer unzählige Wege, mich zu vergewaltigen und zu foltern, oft stundenlang am Stück, während seine Frau und meine Schwestern oben schliefen. Dies geschah Hunderte von Malen. Tagsüber behandelte er mich wie alle seine Enkelkinder, mit einer Art gleichgültiger Sorge. Es interessierte ihn nicht, ob ich zur Schule ging oder nicht. Er wollte, dass die älteren Cousins den jüngeren zeigten, wie sie ein paar Pfund machen konnten, und freute sich, wenn ich bei einem Raub dabei war oder als ich lernte, Autos zu knacken.

Er freute sich, dass ich kämpfen konnte und keine Angst zu haben schien, wenn ich bedroht wurde. Er stellte sicher, dass ich Essen und ein Dach über dem Kopf hatte, aber tagsüber hatten wir wenig Interaktion.

Nottingham Forest: Mark Crossley, Gary Charles, Steve Chettle, Des Walker, Stuart Pearce, Neil Webb, Steve Hodge, Gary Crosby, Nigel Clough, Franz Carr, Lee Chapman.

Ein Mann, der seit dem Tag seiner Geburt geschlagen und verfolgt wurde, behandelte seine Kinder und Enkelkinder mit Grausamkeit und Gewalt. Nicht wirklich überraschend. Natürlich hatte mein Großvater eine gewisse Handlungsmacht, und er traf Entscheidungen, aber er traf sie, nachdem er stark traumatisiert worden war. Ich habe den größten Teil meines Erwachsenenlebens unter posttraumatischen Belastungsstörungen gelitten. Erst in den letzten zehn Jahren, als ich den Raum, die Fürsorge und die Zeit hatte, um mich auf meine Heilung zu konzentrieren, war mein Verhalten immerhin annähernd das Ergebnis bewusster Entscheidungen. Aufgrund dieser Erfahrung kann ich dem Menschen gegenüber Mitgefühl empfinden, der mir den größten Schaden meines Lebens zugefügt hat, eine Gewalt, die mich wohl immer begleiten wird.

Jetzt ist er tot, und das seit rund zwanzig Jahren. Im Idealfall wäre er zur Rechenschaft gezogen worden für den Schaden, den er den Menschen zufügte, für die er hätte sorgen sollen; nicht von der Polizei oder vor Gericht, sondern von der Gemeinschaft, die von seinen Taten betroffen war. Im Idealfall hätte er die Möglichkeit bekommen, Verantwortung zu übernehmen, sich der Gemeinschaft zu stellen und von ihr Liebe, Fürsorge und Unterstützung zu erhalten, während er versucht hätte, sich selbst zu heilen.

Man United: Jim Leighton, Lee Martin, Paul McGrath, Steve Bruce, Mal Donaghy, Gordon Strachan, Bryan Robson, Lee Sharpe, Russell Beardsmore, Norman Whiteside, Mark Hughes, Brian McClair.

Mein Großvater war sein ganzes Leben über tagtäglich mit systemischer Gewalt konfrontiert. Er lebte als Teil einer besonders dämonisierten Community in einer ehemaligen Kolonialmacht. Einer enteigneten Community, die von dem Land vertrieben wurde, auf das sie für ihr Leben angewiesen war. Einer Community, die sich dann weigerte, vor den Forderungen des britisch inspirierten Kapitalismus zu kapitulieren und einen Lohnarbeitsvertrag zu unterschreiben, und stattdessen mit Zähnen und Klauen darum kämpfte, einen Lebensunterhalt zu finden, der ihrem Charakter entsprach. Mein Großvater litt unter der zwischenmenschlichen Gewalt seines Vaters, eines Mannes, der zweifellos von derselben systemischen Gewalt erdrückt wurde, der auch sein ältester Sohn ausgesetzt war. Diese Tatsachen können als mildernde Umstände in dem Chaos gelten, das er über mein Leben brachte, doch entschuldigen können sie es nicht.

Ich habe ein paar zärtliche Erinnerungen an den Mann, die mich ihn als jemanden erkennen lassen, der Liebe und Freude empfand. Ich erinnere mich, wie er 1984 nach der Taufe meiner mittleren Schwester in einer Ecke im Pub saß, mit seiner Frau an der einen und meiner Mutter an der anderen Seite: Er hält meine Schwester in einem Arm, mit dem anderen führt er ein Pint an seine Lippen. Er strahlt in den Raum, während sein Bruder irische Rebellenlieder singt. Ich sitze in der Nähe der Theke am Boden und spiele mit meinem Cousin Jonathan. Mein Großvater stellt sein Getränk ab und streichelt seiner Enkeltochter über die Wange. Eine andere Erinnerung beginnt mit dem Tor von Ray Houghton in der Europameisterschaft 1988, durch das

England geschlagen wurde. Als abgepfiffen wurde und Irlands drei Punkte bestätigt waren, strömte meine Familie aus dem Haus durch die Siedlung und auf die Straßen. Die *weißen* Engländer blieben drinnen und spähten durch ihre Vorhänge, als über fünfzig Mitglieder meiner Familie sowie die bangladeschischen und jamaikanischen Anwohner den irischen Sieg feierten. Einige Stunden und zweifellos einige wütende Telefonanrufe der *weißen* Engländer später kam die Polizei, um die Straßenparty mit inzwischen mehreren Hundert Menschen aufzulösen. Sie kam mit Arrestwagen und Schilden, aber sie blieben am Rande der Sozialbausiedlung, um auf Verstärkung zu warten. Aidan tanzte mit seiner Frau vor den geparkten Wagen hin und her und tat so, als würde er sie nicht bemerken. Als ein Lied zu Ende ging, brachte er seine Frau zurück ins Haus, und sobald sie die Tür hinter sich schlossen, prasselte ein Hagel von gefühlt Tausenden Steinen auf die Polizeiwagen nieder. Zwei *weiße* englische Jugendliche rannten aus dem Haus, zusammen mit ein paar meiner Cousins, Halstücher ums Gesicht, und schwangen Kricketschläger. Sie flitzten um die Wagen und schlugen die Fenster mit all ihrer Kraft ein, bevor sie weit, weit wegrannten. In dieser Nacht gab es viele Verletzte und viele Verhaftungen, aber noch Wochen später war man sich einig, dass es das wert gewesen war. Aidan organisierte Spendensammlungen für die verhafteten Jugendlichen, entweder um ihre Geldstrafen zu bezahlen oder um sicherzustellen, dass die, die einige Monate absitzen mussten, etwas Geld in der Tasche hätten, wenn sie rauskamen. Alle trugen etwas dazu bei, sogar die *weißen* Engländer*innen.

Spurs: Erik Thorstvedt, Chris Hughton, Terry Fenwick, Gary Mabbutt, Gary Stevens, Paul Allen, Paul Gascoigne, Chris Waddle, Nayim, Vinny Samways, Paul Walsh.

Mein Großvater, der Mann wie der Mythos, rückt in meinen Gedanken ganz nach vorne, wenn ich sage: »Brennt die Knäste nieder.« Wenn ich über die Abschaffung von Gefängnissen spreche, taucht sein Gesicht vor meinem inneren Auge auf, wenn die Frage gestellt wird: »Was ist mit Vergewaltigern und Mördern? Was machen wir mit ihnen?« Ich denke an die Zeit, als ich ein Kind war, noch dürrer als heute, und er mich auf den Boden drückte. Als er zuließ, dass seine Freunde mich vergewaltigten. Als ich sie in mir spürte und die Namen von Fußballspielern der Mannschaften der First Division runterratterte, weil der Rosenkranz nicht mehr ausreichte. Als ich zusah, wie mein Großvater einen Mann mit einer Metallstange fast zu Tode prügelte; als ich zusah, wie er seine Frau schlug; als er mich zurück nach oben trug, mein Arsch voller Sperma. Ich wollte, dass jemand, irgendjemand, ihm sagte, er solle aufhören, wollte jemanden, *der ihn aufhielt.* Ich wollte, dass seine Kinder, meine Eltern, oder seine Enkelkinder, meine Cousins und Cousinen, ihn aufhielten. Ich wollte, dass sich die Nachbarn einmischten. Aber sie taten es nicht. Vielleicht konnte meine Familie es nicht, mit ihrer Geschichte, die so stark von institutioneller und struktureller, dann zwischenmenschlicher Gewalt durchdrungen war. Sie konnten sich nicht gegen die selbe familiäre Struktur wenden, die versuchte, die soziale und institutionelle Gewalt abzufangen, die von allen Seiten her auf sie ausgeübt wurde. Sie waren nicht imstande, die Autoritätsperson, die ihnen am nächsten stand, herauszufordern. Keine und keiner von ihnen. Von meiner jüngsten Cousine über meine Tante Marion mit dem Hinkebein, über meine mittlere Schwester, über meinen Onkel, der verschwand und sich entweder der Fremdenlegion anschloss oder in Thailand ermordet wurde, zu meinem Großvater, zu mir: Niemand von uns war imstande, Räume zu erschaffen, die uns sowohl vor der Gewalt der Gesellschaft als auch vor der

Gewalt untereinander geschützt hätten. Wir waren nicht imstande, einen sicheren Raum für uns zu erschaffen.

Ich bin froh, dass Aidan und seine Freunde, die mir Schmerzen zufügten, nie ins Gefängnis kamen für das, was sie taten. Ich wünschte, die Community, zu der ich gehörte, wäre stark genug gewesen um einzugreifen. Sie war es nicht. Aber das bedeutet nicht, dass es eine unmögliche Aufgabe wäre, dass wir, du, ich, unsere Freund*innen und Gemeinschaften und Unbekannte nicht in der Lage wären, eine Art der Gerechtigkeit zu schaffen, die keine Käfige, Schlüssel, Polizei, Gerichte und kein gewalttätiges Klassensystem benötigt. Indem wir Praktiken anwenden, die aus den Communitys stammen und auf sie fokussiert sind, können wir die Stärke entwickeln, die es braucht, um missbräuchliche zwischenmenschliche Beziehungen zu dekonstruieren und Antworten darauf zu schaffen, mit denen nicht lediglich dieselben Dynamiken reproduziert werden. Diese Arbeit muss vor Ort gemacht werden, in Haushalten, Pubs, Gemeinschaftszentren, an Bushaltestellen, in Friseur- und Maniküresalons, an Supermarktkassen, vor und hinter den Schultoren. Die Rhetorik und akademische Forschung gegen den gefängnisindustriellen Komplex und für neue Modelle der Gerechtigkeit haben ihren Sinn und Zweck und können diese Arbeit unterstützen; alleine sind sie jedoch bedeutungslos. Alleine können sie dem Ziel sogar schaden.

In der Liste der Männer, die mich in meiner Kindheit physisch und sexuell missbrauchten, fallen die Taten meines Großvaters am meisten ins Gewicht. Dennoch weigere ich mich, ihm seine Menschlichkeit abzusprechen; ich möchte seiner Menschlichkeit Raum geben. Sein Scharfsinn, sein Mut, für seine Überzeugungen einzustehen, sein Überlebenswille und der Wille, trotz unerbittlicher Gewalt so viele seiner Leute wie möglich am Leben zu erhalten, seine Fähigkeit zu lieben und sich zu kümmern, all das ist nie verschwunden. All das existiert Seite an Seite mit seiner Fähigkeit zum Missbrauch und zur Gewalt. Seine Menschlichkeit und der Schaden, den er mir zufügte, existieren Seite an Seite und so rattere ich die Fußballspieler der Mannschaften der First Division herunter.

> *Arsenal: John Lukic, Lee Dixon, Nigel Winterburn, David O'Leary, Tony Adams, David Rocastle, Kevin Richardson, Paul Davis, Paul Merson, Alan Smith, Niall Quinn.*

***

Ich stimme Hari Ziyads Essay über den sexuellen Missbrauch durch R. Kelly zu:

»Wir müssen das missbräuchliche System abschaffen, das den Missbrauch ermöglicht. Das *auf den Missbrauch trainiert.* Das System, das die Gesellschaft so stark strukturiert, dass ein stolzer Missbrauchstäter dieses Land anführt. Ich meine, dass ich dem missbräuchlichen, patriarchalen, suprematistischen Staat oder den Leuten, die er schützen sollte (Leute wie R. Kelly), keine Macht geben will, damit sie missbrauchen können, wen sie wollen und es richtig/in Ordnung/gerecht nennen. Ich sage, dass es nicht in Ordnung ist, mit Missbrauch umzugehen, indem mehr Missbrauch begangen wird. Es ist nicht in Ordnung, dass Kelly Kinder vergewaltigt, nur weil er selbst als Kind vergewaltigt wurde. Und es ist nicht in Ordnung, dass der Staat Missbrauchstäter missbraucht, nur weil er bestimmt hat, dass sie eine andere Person missbraucht haben. Missbrauch ist nie in Ordnung.«[59]

Es muss etwas anderes aufgebaut werden, wir müssen etwas aufbauen, das dieses System, das auf Missbrauch trainiert, ersetzt. Aber wir müssen nicht bei null anfangen. Andere haben bereits mit der Arbeit begonnen.

Transformative Gerechtigkeit (TG) wurzelt in der Geschichte des feministischen Abolitionismus. Organisationen wie Critical Resistance, INCITE! und Generation FIVE haben eine Theorie und Praxis entwickelt, die das Strafrechtssystem für seine Geschichte und Gegenwart kritisieren, die auf *weißer* Vorherrschaft, Patriarchat und Kapitalismus beruhen. Über die Kritik hinaus haben diese und andere ähnliche Organisationen neue Wege zu Gerechtigkeit, Verantwortungsübernahme und Gemeinschaft aufgezeigt, die nicht die systemische Gewalt des heutigen Kerkersystems reproduzieren. Noch vor diesen Organisationen haben indigene Communitys verschiedene Gerechtigkeitsmodelle außerhalb der Logik des rassifizierten Kapitalismus praktiziert. Dazu gehören Familienräte in der Kultur der Maori, Konzepte der Wiedergutmachung in Fiji, Urteilskreise bei den Völkern der First Nations in Kanada und Friedenssitzungen in Gemeinschaftssystemen indigener Amerikaner*innen. Die Traditionen afrikanischer indigener Rechtssysteme sind für den Weg der transformativen Gerechtigkeit von besonderer Bedeutung, da sie Verbrechen nicht nur als »Verletzung von Menschen und Beziehungen [begreifen], sondern auch als eine Chance für eine transformative Heilung aller – Opfer, Täter, Familienmitglieder, Zeugen und Mitglieder der Gemeinschaft«.[60] Viele der indigenen afrikanischen Rechtssysteme stellen das *weiße* westliche Denken buchstäblich auf den Kopf. »Ich bin, weil wir sind, und wir sind, weil ich bin« – diese Aussage, die dem kenianischen Theologen und Philosophen John Mbiti (1969) zugeschrieben wird, tritt eloquent der liberalen Vorstellung von Individualismus entgegen und stellt die Verbundenheit der Menschheit in den Mittelpunkt.

Es ist unerlässlich, wenigstens kurz die Genealogie transformativer Gerechtigkeit und abolitionistischer Praktiken hervorzuheben, um sie nicht fälschlicherweise *weißen* Menschen zuzuschreiben. Dass Praktiken transformativer Gerechtigkeit marginalisiert sind, liegt am *weißen* europäischen Kolonialismus, er ist auch der Grund, weshalb diese Praktiken heute so unerlässlich sind. Das koloniale Projekt ist noch nicht abgeschlossen und sucht neue Wege, um das Wissen und die Organisationsformen, die indigene Gemeinschaften und Schwarze Diaspora aufgebaut haben, zu delegitimieren. Aufgrund meiner Position, als Mensch mit *weißer* europäischer Herkunft, muss ich vorsichtig sein, um nicht Gefahr zu laufen, diese Ideen als die meinen zu beanspruchen.

Transformative Gerechtigkeit ist nicht bloß die Abwesenheit von Staat und Gewalt, sondern eine aktive Beschäftigung mit den Werten, Praktiken, Beziehungen der Welt, die wir wollen. Ihre Geschichte und Entwicklung sind in den Communitys indigener Völker rund um die Welt, in Schwarzen Communitys, Communitys von People of Colour, migrantischen nicht-*weißen* Communitys, armen und geringverdienenden Communitys, behinderten Menschen, Sexarbeiter*innen, queeren und Trans-Communitys verwurzelt. Wenn ich mir vorstelle, wie transformative Gerechtigkeit in meinem Kontext hätte angewendet werden können, muss ich mir dessen bewusst sein, woher diese Ideen kommen, um keine Praktiken zu schaffen, die das Leben dieser Communitys unterbewerten.

In ihrem Handbuch mit dem Titel »Für transformative Gerechtigkeit: Ein befreiender Ansatz bei sexuellem Kindesmissbrauch und anderen Formen von Gewalt in der Partnerschaft oder der Gemeinschaft: Ein Handlungsaufruf für die Linke und Organisationen im Bereich sexueller und häuslicher Gewalt« hat Generation FIVE das grundlegende Ziel transformativer Gerechtigkeit vorgestellt:

»Transformative Gerechtigkeit ist eine Antwort auf das Fehlen – und die dringende Notwendigkeit – eines befreienden Ansatzes im Umgang mit Gewalt. Ein befreiender Ansatz strebt Sicherheit und Verantwortungsübernahme an, ohne sich dabei auf Entfremdung, Bestrafung, den Staat oder systemische Gewalt einschließlich Inhaftierung und Überwachung zu verlassen. Der in dieser Arbeit entwickelte Ansatz der transformativen Gerechtigkeit basiert auf den folgenden drei Grundüberzeugungen:

- Individuelle Gerechtigkeit und kollektive Befreiung sind gleichermaßen wichtig, unterstützen sich gegenseitig und sind grundsätzlich miteinander verwoben – die Verwirklichung des einen ist unmöglich ohne die Verwirklichung des anderen.
- Die Bedingungen, unter denen Gewalt entsteht, müssen verändert werden, um Gerechtigkeit in individuellen Fällen von Gewalt zu ermöglichen. Daher ist transformative Gerechtigkeit sowohl eine befreiende Politik als auch ein Ansatz zur Gewährleistung von Gerechtigkeit.
- Staatliche und systemische Reaktionen auf Gewalt, einschließlich des Strafrechtssystems und der Kinderschutzbehörden, scheitern nicht nur daran, individuelle und kollektive Gerechtigkeit zu ermöglichen, sondern dulden auch Gewaltkreisläufe und halten sie aufrecht.«[61]

Bei transformativer Gerechtigkeit geht es nicht darum, die Person, die den Schaden verursacht hat, zu disziplinieren. Es geht darum, an der Transformation der Bedingungen teilzunehmen, durch die der Schaden entstanden ist. Indem Gemeinschaften weiterentwickelt und aufgebaut werden und die Formen, in denen sich die systemische Unterdrückung auf den Alltag ausdrückt, benannt werden, hat transformative Gerechtigkeit zum Ziel, alle am Prozess Beteiligten zu fordern und zu verändern. Es ist eine experimentelle und fantasievolle Arbeit, die von uns verlangt, die besten Seiten in uns und anderen zu finden.

Abgesehen davon, dass unsere Gesellschaft grundlegend von *weißer* Vorherrschaft, Kapitalismus und Patriarchat geformt ist, ist sie auch durch ein Wertesystem geprägt, das festlegt, was einen unversehrten und normalen Geist und Körper ausmacht. Daher hätte ein Prozess transformativer Gerechtigkeit in meiner eigenen Familie während der Zeit, in der mir mein Großvater Schaden zufügte, einen Umgang finden müssen mit dem hohen Anteil an Personen in meiner Familie, die Verhaltensweisen zeigten, die Anzeichen einer komplexen posttraumatischen Belastungsstörung (KPTBS) sind. Dies muss nicht zwangsläufig hinderlich sein, ebenso wenig wie eine gewisse Loyalität einiger dieser Personen gegenüber patriarchaler und rassistischer Gewalt. Wie Leah Lakshmi Piepzna-Samarasinha feststellt, sind »viele Menschen, die TG-Arbeit machen, auch ich, Überlebende mit einer generalisierten Angststörung oder KPTBS, und dieses Identitäten-Zusammentreffen von behinderten Menschen und Überlebenden hilft uns in unserer Arbeit und setzt uns einer Menge stellvertretender Traumata aus«.[62] Jeder Prozess der transformativen Gerechtigkeit, der im Kontext der Familie meines Großvaters und mir hätte stattfinden können, wäre durch die Art und Weise geprägt gewesen, mit der sich das Trauma in unseren Verhaltensweisen zeigt. Wir hätten aber auch die Möglichkeit gehabt, von unseren gelebten Erfahrungen und jener unserer Vorfahren zu profitieren.

Zu dieser Zeit gab es keine Struktur eines Gemeinschafts- oder Familiennetzes oder eine Kultur, die ermöglicht hätte, sich mit ihm, mir und anderen Mitgliedern unserer Familie oder Gemeinschaft zu beschäftigen, die in all die missbräuchlichen Interaktionen verwickelt waren, die sich zwischen uns abspielten. Wie könnte also Verantwortungsübernahme in unserem Fall aussehen? Noch wichtiger, was hätte für ihn, mich und den Rest unserer Familie oder Gemeinschaft transformativ sein können?

Ejeris Dixon legt nahe, dass die Arbeit der transformativen Gerechtigkeit viele verschiedene Formen annehmen kann: »Einige Gruppen unterstützen die Überlebenden, indem sie ihnen helfen, ihre Bedürfnisse und Grenzen zu identifizieren, während sie sicherstellen, dass ihre Angreifer*innen diese Grenzen respektieren und für den Schaden, den sie verursacht haben, Abbitte leisten. Andere Gruppen unterstützen Menschen, die vor Gewalt fliehen, indem sie Schutzräume und Zufluchtsorte schaffen. Es gibt auch Kampagnen, in denen die Mitglieder einer Gemeinschaft über die spezifische Dynamik der Gewalt aufgeklärt werden, wie ihr vorgebeugt werden kann und welche gemeinschaftsbasierten Programme es gibt.«[63]

All diese verschiedenen Strategien wären in unterschiedlichen Formen notwendig gewesen, um die vielfältigen und sich überschneidenden Schäden zu bewältigen, die an und innerhalb unserer Familie angetan wurden und werden. Es hätte eine Gruppe von Familien- oder Gemeinschaftsmitgliedern gegründet werden können mit dem Ziel, die Gewalt innerhalb unserer Familie, unserer Gemeinschaft zu beenden. Das Kollektiv Bay Area Transformative Justice Collective bezeichnet solche Gruppen als »Pods«[64]. Pods bestehen aus nur wenigen Menschen, die sich aufeinander verlassen, wenn es darum geht, auf Gewalt und Verletzungen zu reagieren, die zwischen Menschen innerhalb ihrer Netzwerke entstehen. Dieser Pod müsste Verbündete außerhalb der engsten Gemeinschaft finden; Menschen, die bereit wären, sie mit Unterkunft, Nahrung und anderen Grundbedürfnissen zu versorgen, falls sie von ihrer Familie, ihrer Gemeinschaft gemieden würden oder dort mehr Schaden zu erwarten hätten. Falls es ihnen gelingen würde, eine solche Unterstützungsstruktur zu schaffen, müsste diese damit beginnen, die Sicherheit der schwächsten Personen in unserer Familie zu gewährleisten. In meinem Fall hätten sie zunächst andere Mitglieder unserer Familie bzw. Gemeinschaft einbeziehen können. Oder sie könnten einfach Wege finden, um die Sicherheit derjenigen zu gewährleisten, denen Schaden und Gewalt zugefügt wurde. Sie hätten beispielsweise vorschlagen können, mich bei sich zu Hause aufzunehmen, statt mich weiter bei meinem Großvater wohnen zu lassen. Irgendwann hätten sie die Vermittler*innen werden müssen zwischen denjenigen, die Gewalt zufügten (in diesem Fall mein Großvater), und denjenigen, denen Gewalt angetan wurde (mir selbst).

Es ist unwahrscheinlich, dass mein Großvater die Schuld in irgendeiner Weise oder gar sofort anerkannt hätte, aber wenn die Möglichkeit bestanden hätte, meine Sicherheit und die Sicherheit anderer zu gewährleisten, hätte der Pod wiederholt und auf verschiedene Weise versuchen können, mit ihm ins Gespräch zu kommen. Dabei wäre es auch um seine Menschlichkeit gegangen, die Kämpfe, die er durchgemacht hatte, und den Schmerz, den er zweifellos immer noch spürte. Wenn die Ressourcen nicht begrenzt gewesen wären, hätten sich die Podmitglieder in einer Reihe von traumafokussierten Beratungsmethoden ausbilden lassen und nach neuen Wegen suchen können, um meinen Großvater bei seiner Selbstheilung zu unterstützen. Neben meinem Großvater hätte auch Zeit mit dem Rest der Familie verbracht werden müssen, in der viele Mitglieder sowohl ihrer gewalttätigen Dynamik unterworfen waren als auch Gewalt gegen andere in ihr ausübten.

Würde so etwas funktionieren? Nun, wir würden vielleicht nicht am Ende Händchen haltend Volkslieder singen. Jeder, der in seiner Kindheit ein Trauma erlitten hat, weiß sehr gut, wie schwierig und langwierig der Prozess der Aufarbeitung und Heilung ist. In einer Großfamilie, in der das Leid in viele Richtungen wirkte und von breiteren sozialen und politischen Kräften ausging (und immer noch ausgeht), kann das nicht innerhalb weniger Jahre geschafft werden. Zweifelnd zu fragen, ob es funktionieren würde, setzt allerdings voraus, dass die derzeitige Straf- und Kerkerkultur für Communitys wie diejenige, in der ich aufgewachsen bin, funktioniert. Das tut sie aber nicht. Sie schadet uns und ist auch die Ursache für einen Großteil des ursprünglichen Schadens. Die Praxis der transformativen Gerechtigkeit strebt danach, die Reproduktion dieser Kultur und ihres Schadens aufzubrechen.

Ruby und Robbie

»Geschichten sind Denkmäler für Erfahrungen, die uns an bestimmte Zeiten und Orte binden: Geschichten bewegen uns nicht nur emotional, sondern auch auf eine verkörperte, physische Art und Weise.« STACY HOLMAN-JONES/ANNE M. HARRIS, Queering Autoethnography[65]

Ich komme von der Frühschicht. Mit dem Fahrrad nach Hause. Sitze im Wohnzimmer. Kaffee in der Hand. Starre an die Wand. Ich habe gerade Spätschicht, Nachtbereitschaft und Frühschicht hinter mir, was im Pflegeheim, in dem ich arbeite, bedeutet, dass ich gar keinen Schlaf bekomme. Wenn ich jetzt versuche zu schlafen, werde ich es in der Nacht nicht können und im Arsch sein, wenn ich morgen früh wieder dran bin. Die Sonne kotzt mich durchs Fenster an und ich ziehe die Kapuze über meine Augen. Das Handy klingelt. Es ist Robbies Mutter. Robbie hat sich umgebracht. Ein Jahr aus dem Knast und er hat seinem Leben ein Ende gesetzt. Er wurde bereits begraben. Seiner Mutter tut es leid, dass sie mich nicht eher angerufen hat. Sie hat meine Nummer gerade erst gefunden, als sie seine Sachen in Kisten verpackte. Das ist alles, was von ihm übriggeblieben ist. Gepackte Kisten. Früher waren wir jung und so verzweifelt voller Hass. Früher verkauften wir unsere Körper auf der Straße an mittelalte Männer. Früher dachten wir nicht an unsere Vergangenheit, weil sie uns zu dem gemacht hatte, was wir waren. Früher dachten wir nicht an unsere Zukunft, weil wir wussten, dass sie uns kaputtmachen würde. Früher rannten und rannten wir einfach, mit Rucksäcken voller Traumata auf unseren Schultern.

Als ich das Telefonat beende, dreht sich mir der Magen um. Meine Gedanken wandern zurück in den Forest-Rec-Park 1992. Während wir geklaute Bierflaschen weiterreichen und fest an billigen Zigaretten ziehen, schaue ich Robbie zu, wie er sich mit seinen Händen durch die Haare fährt. Unsere Freundinnen und Freunde lachen so hart, dass ihr ganzer Körper durchgeschüttelt wird. Robbie blinzelt, als ob er durch ein kurzes Schließen der Augen den Moment für immer einfangen könnte. Wir sind zu sechst. Er ist der Große. Ich bin der Kleine. Niemand von uns bedeutet irgendjemandem wirklich viel. Robbies Mutter ist verschwunden, so wie Mütter es halt tun. Sie ist auf einer Sauftour, die mit seiner Geburt begann. Meine Mutter hat sich vermutlich in einem Schlafzimmer verkrochen, vermutlich mit einer Nadel im Arm, vermutlich wird sie gefickt von ... irgendjemandem. Unsere Väter? Eine Frage ohne Antwort. Robbie steht auf und zerdrückt eine Kippe in seiner Hand. Er sieht etwas und wir anderen drehen uns um. Chantelle läuft den Hügel hinunter, von blauen Flecken übersät. Ihr Gesicht sieht aus wie ein hübsches Farbmuster, wie die Zeichnung eines Kleinkindes in Blau- und Violetttönen. Sobald sie bei uns ankommt, erzählt sie uns, was wir bereits wissen: Sie wurde von einem Freier verprügelt. Er wollte nicht bezahlen. Er dachte, er muss nicht bezahlen. Er wusste, dass er nicht bezahlen muss.

Als ich erfahre, dass Robbie tot ist, treffe ich eine Reihe schlechter Entscheidungen. Ich fange an zu trinken. Ich gehe in einen Pub, dem das Haus eines Dealers gegenüberliegt. Ich trinke und schicke Nachrichten an Menschen, denen ich keine Nachrichten schicken sollte. Wenn schlechte Erinnerungen in mir hochkommen, dränge ich sie nicht zurück. Ich starre sie nieder und tue so, als ob ich die Oberhand hätte. Ich erinnere mich an den Geruch meines Großvaters, wenn er mich festhielt, seine Hände um meinen Hals geschlungen. An den Geruch von Whiskey und Kippen. An das Lachen seiner Kumpel. An den Porno-Soundtrack im Fernseher. Ich spüre seinen Schwanz in mir. Ich spüre, wie mein Kopf an den Haaren nach oben gezogen wird. Ich spüre den Schwanz eines anderen Mannes in meinem Mund. Das sind Dinge, an die ich nur denken sollte, wenn ich mich stark und stabil fühle. Nicht, wenn ich trinke und voller Trauer und Selbsthass bin. Nicht, wenn ich mir die Schuld dafür gebe, dass sich mein Freund umgebracht hat. Nicht, wenn ich mich daran erinnere, wie ich aufgehört habe, diesen Freund zurückzurufen, und auch aufgehört habe, ihm zurückzuschreiben. Nicht, wenn Robbies Erinnerungen ihm das Leben genommen haben.

Robbie und Chantelle führten uns an. Wir marschierten die Mansfield Road hinauf, bis zum äußeren Rand des Stadtteils Woodthorpe. Robbie wirft den ersten Ziegelstein, der in die Haustür des Typen kracht. Ohne mit der Wimper zu zucken, folgen wir anderen ihm. Wir buddeln Schlamm und Kies aus dem Garten und werfen alles gegen die Hausfassade. Um uns herum: Vorhänge, die zucken, Augen, die aus Fenstern spähen. Nun ruft jemand die Polizei. Chantelle fängt an, das Haus und wer auch immer drin ist anzuschreien. Robbie macht einem Mann, der seinen Hund ausführt, klar, dass er sich verpissen soll. Ich schmeiße einen Ziegelstein durch das Fenster. Dann rennen wir weg. Wir hören Sirenen näherkommen. Aber ganz egal, ob wir erwischt werden oder nicht, wir haben uns etwas, ein kleines bisschen, zurückgeholt, sind ein kleines bisschen für uns eingestanden. Wir teilen uns in Zweiergruppen auf, Robbie und ich rasen wie wild durch den Woodthorpe-Park. Robbie springt förmlich über das Metallgeländer, ich klettere hinterher und lande mit den Händen voran auf dem Bürgersteig. Er hilft mir hoch, nimmt mein Gesicht in seine Hände und nickt. Ich nicke – und weiter geht's. Wir joggen, langsamer jetzt, und halten die Ohren offen, bis wir fast wieder beim Forest-Rec-Park sind. Robbie gibt mir einen Schubs und fängt an zu lachen. Wir halten an. Wir lachen und schnappen nach Luft. Ein junges versnobtes Paar mit einem schicken Kinderwagen läuft tadelnd und kopfschüttelnd an uns vorbei. Robbie zieht seine Zigarettenpackung hervor und bietet dem Paar eine an, das sich daraufhin schnell in ein Gartencenter verzieht.

Ich und Robbie waren beide kaputtgemacht worden. Unsere Familien waren auf ihre jeweils eigene Art und Weise kaputt. Männer und Frauen, die geschlagen, vergewaltigt, kolonialisiert und auf mehr Arten und Weisen traumatisiert wurden, als sie zählen konnten, und die diese Zerstörung dann an mir und Robbie ausgelassen hatten. Sie ließen sie mit Schlägern, Gürteln und Schwänzen an unseren Körpern aus. Sie versuchten, sich für einen kurzen Moment mächtig zu fühlen, indem sie in unseren Köpfen Chaos anrichteten. Aber ab Mitte zwanzig gingen Robbie und ich getrennte Wege. Ich hatte Glück und bekam die Möglichkeit, diesem Trauma-Kreislauf zu entkommen, bekam eine Chance zu denken, mich zu erholen, zu schlafen. Robbie hingegen bekam diese Chancen nicht, für ihn gab es keinen Ausweg aus dem Kreislauf des Traumas. Mit fünfundzwanzig wurde er zum letzten Mal verhaftet und geriet in die Falle des Gefängnissystems, das den größten Teil seines Lebens hinter ihm her gewesen war.

Ich begegnete Robbie während meiner ersten Wochen auf den Straßen rund um die Forest Road und den Forest-Rec-Park. Er war vierzehn und ich irgendwas um die elf Jahre alt. Er war groß, aber noch nicht so massig, wie er später werden würde. Er trug einen Minirock, hohe Absätze und eine Perücke aus langem schwarzen Haar, das sein kantiges Gesicht umrahmte. Dazu hatte er lila Wimperntusche aufgetragen. Er lehnte gegen eine Wand, rund hundert Meter von der Highschool entfernt. Er wurde mir als

Ruby vorgestellt, aber er flüsterte mir ins Ohr, ich solle ihn Robbie nennen. Ich grinste und dachte: »Schwuchtel, Transe, Freak.« Ich ekelte mich und entfernte mich schnell von ihm und seiner Gruppe. Eine gewisse Zeit lang sah ich ihn tagsüber im Park oder im Jugendclub, in Air Jordans, Baggy-Jeans und T-Shirt. Er nickte mir zu und grüßte mich, und ich ignorierte ihn. Dann sah ich ihn nachts, in seinem Minirock und mit Make-up. Er grüßte mich, und ich ignorierte ihn. Doch letztendlich gab es in diesen Nächten zu viele Momente, in denen ich für ihn da war und er für mich. Ich hörte nicht plötzlich auf, es seltsam zu finden, dass er das trug, was ich damals Frauenkleider nannte, aber irgendwann fiel es mir nicht mehr auf. Eines Morgens fand ich ihn vor unserem Wohnblock, immer noch so gekleidet wie in der Nacht zuvor, aber mit einem verprügelten Gesicht. Robbie war frühmorgens nach Hause gekommen und war in der Küche einem Mann begegnet, den seine Mutter vom Pub mit nach Hause genommen hatte. Dem Mann hatte Robbies Anblick nicht gefallen. Ich nahm ihn mit in unsere Wohnung, wo zu der Zeit nur meine Mutter und meine jüngste Schwester lebten. Meine Mutter, die eine gute Woche hatte, wusch sein Gesicht, und ich ließ ihm ein heißes Bad einlaufen.

An dem Tag, an dem Robbie starb, war ich seit dreizehn Jahren clean. An dem Tag, an dem ich erfuhr, dass Robbie gestorben war, war es damit vorbei. Sein Tod stieß Türen zu Erinnerungen auf, die ich versucht hatte zu ignorieren. Wieder zu konsumieren, riss Mauern ein und ließ alles hineinstürzen. In den ersten paar Tagen verschwamm alles. Aber ich traf eine gute Entscheidung. Ich bat um Hilfe. Und die Freund*innen, die ich innerhalb der letzten zehn Jahre kennengelernt hatte, halfen mir. Mehrere Wochen lang erlebte ich Flashbacks, Dinge, die von ganz tief unten kamen und mich an die sexuellen Übergriffe, Schläge und Folter erinnerten, die die Grundlage meiner Kindheit gebildet hatten. Diese Erinnerungen schlugen mit voller Wucht ein. Ich war mir sicher, sie wieder zu erleben. Ich war mir sicher, dass sie sich in der Gegenwart abspielten. Mein Körper verspannte sich, als ich geschlagen wurde; weinte, als ich penetriert wurde. Manchmal kamen sie ohne Vorwarnung. Wenn ich am Fenster saß und der Unterhaltung zuhörte, dem Plaudern derer, die mich unterstützen, wurde ich plötzlich gegen meinen Willen auf den Boden gepresst. Ich war wieder acht Jahre alt. Andere Male sah ich sie kommen, einige Bilder, die vor meinem inneren Auge erscheinen, jedes neue etwas länger bei mir bleibend als das letzte. Teilweise zogen mich meine Gedanken von einem Erlebnis zum nächsten, von den 1980er Jahren zu den 1990er Jahren und wieder zurück. Sie dauerten zwischen zwei und dreißig Minuten, und ich kam verzweifelt, aufgebracht, wütend und verwirrt in die Gegenwart zurück. Nach einer gewissen Zeit fand ich, mit Unterstützung, Wege, wie ich in der Gegenwart bleiben konnte. Indem ich mich auf die Stimmen meiner Freund*innen konzentrierte oder auf die Hände, die meine hielten. In den ersten Wochen ging es darum, mich daran zu erinnern, dass nichts davon wieder passierte, dass es nur Erinnerungen waren. Nach dem ersten Monat ging es darum zu versuchen, sie vollkommen in Schach zu halten, die Erinnerungen aus der Ferne betrachten zu können. Das brauchte Zeit. Das brauchte Energie. Das brauchte eine Menge Unterstützung. Meine Freund*innen wichen während meiner Flashbacks nicht von meiner Seite. Sie hielten meine Hand und streichelten mir über den Arm. Sie erinnerten mich daran, dass die Dinge in meinem Kopf nicht jetzt passierten, dass ich in Sicherheit war und alles gut werden würde. Zwei Monate lang blieben sie bei mir, 24 Stunden am Tag, 7 Tage die Woche. Als ich versuchte, wieder aus dem Haus zu gehen, kamen sie mit und begleiteten mich zum Arzt, zur Therapie und zum Lebensmitteleinkauf. Sie taten das, von dem ich sagte, dass ich es brauchte. Sie vertrauten darauf, dass ich am besten wusste, was mit mir geschah. Sie glaubten mir, dass ich wollte, dass es mir besser geht. Sie glaubten mir, dass ich mein Leben zurückhaben wollte.

»›Besser am Leben bleiben‹, sagte ich. ›Wenigstens, solange es eine Chance gibt, freizukommen.‹ Ich dachte an die Schlaftabletten in meiner Tasche und fragte mich, ob ich noch heuchlerischer hätte sein können. Es war so einfach, anderen Leuten zu raten, mit ihrem Schmerz zu leben.« OCTAVIA BUTLER, Kindred – Verbunden[66]

Als ich neunundzwanzig Jahre alt war, bekam ich mit, dass Robbie im Knast war. Ich besuchte seine Mutter und wir sprachen darüber, was mit ihm geschehen war. Sie sagte, sie würde ihn fragen, ob er Besuch von mir wollte. Er wollte, und daher fing ich an, regelmäßig bei ihm vorbeizuschauen. Als wir jünger waren, war Robbie immer breiter gewesen als ich. Er war größer und hatte dickere Arme und Beine, dunkelbraune Augen und dazu ein sanftes Lächeln. Als ich ihn besuchte, war er nicht mehr so breit. Er war zweiunddreißig Jahre alt, sah aber wesentlich älter aus. Sein dunkelbraunes Gesicht, einst engelsgleich, war nun hager und angespannt. Seine Stimme war tief und rau. Seine Arme und sein Nacken waren mit selbstgestochenen Tattoos bedeckt. Es war gut, ihn zu sehen, und während der nächsten sieben Jahre ging ich einmal im Monat hin. Er sprach über seine Genesung. Er aß so viel, wie er konnte, stemmte Gewichte und versuchte zu lernen. Als er rauskam, schien es ihm gutzugehen. Wir tauschten uns ab und zu aus, aber über die Monate hinweg wurde es immer schwieriger, mich zu erreichen. Das *ach-so-wichtige* Leben eines Aktivisten und Organisators. Ich vergaß zurückzurufen. Wenn wir redeten, hörte ich nicht wirklich zu. Er sagte, dass er das Leben draußen zu schwierig fand. Ich entgegnete, dass es das doch wert ist und er es weiterhin versuchen soll. Das war alles, was ich ihm anbot: vage Verallgemeinerungen. Und auch die bekam er nur dann, wenn er sich bei mir meldete.

Zu der Zeit war ich davon überzeugt, dass meine Zeit und Energie in politischen Aktivismus investiert werden sollten. Ich hatte eine sehr spezifische Vorstellung davon, wie das auszusehen hatte. Es ging darum, die Machtverhältnisse öffentlich anzufechten. Es ging darum, sich mit Genoss*innen zusammen die Straßen zurückzuerobern. Es ging um Barrikaden und Protest-Camps. Es ging um direkte Aktionen mit Pressemitteilungen und Kommuniqués. Es ging darum, bei Demonstrationen Faschisten zu verprügeln. Es ging um Treffen, bei denen man sich über politische Theorie und Strategie stritt. Es ging nicht um Care-Arbeit. Es ging nicht darum, meinem Freund beizustehen und gemeinsam die Auswirkungen zu entwirren und aufzulösen, die die Kerkerkultur auf unsere Leben hatte. Es ging nicht darum, mir für jemanden Zeit zu nehmen und für jemanden da zu sein, der nach fast dreißig Jahren der Kolonialisierung seines Körpers und Geistes taumelte. Ich wollte mich nicht mit seinen Gefühlen auseinandersetzen. Ich wollte nicht den Raum mit jemandem teilen, der auf diese Weise litt. Ich dachte, ich hätte meinen Weg da rausgefunden, und war nicht bereit, auch nur einen Moment stillzustehen, aus Angst, dass ich wieder hineingezogen würde. In diesen paar Jahren war ich mehr daran interessiert, meinen Wert in aktivistischen Kreisen unter Beweis zu stellen, als mich in den Communitys, aus denen ich komme, nützlich zu machen oder denjenigen, mit denen ich aufgewachsen bin, Fürsorge und Mitgefühl entgegenzubringen. Menschen, die von den schlimmsten Auswüchsen der Kerkergesellschaft verschont blieben, streichelten und tätschelten mein Ego; Menschen, die den patriarchalen Kapitalismus der *weißen* Vorherrschaft anprangerten, aber in der Lage waren, ihn als Theorie zu sehen statt als täglichen Angriff auf ihr Leben. Ich selbst *wollte* ihn als Theorie verstehen und die täglichen Angriffe hinter mir lassen. Das war ein Verrat. Nicht nur ein Verrat an Robbie, sondern an meiner gesamten Klasse. Damals war ich ein paar Jahre lang darauf bedacht, mich um mich selbst zu kümmern, und ich entfernte mich dadurch immer weiter von den Menschen, die sich um mich gekümmert, mich beschützt und mein Überleben gesichert hatten. Von jenen Menschen, die mich am Leben hielten, als ich umherzog, als ich auf der Straße lebte, als ich im Gefängnis war und wieder rauskam. Es waren immer Menschen, die sich selbst gerade noch am Leben halten konnten. Wenn ich einen ruhigeren Ort gefunden hatte, einen Ort, an dem Sicherheit kein Mangel war, handelte ich oft egoistisch. Ich schuf einen Raum für mich allein und vergaß, wo ich herkam.

Robbie war nicht der erste Mensch in meinem Leben, der sich das eigene nahm – und ich bezweifle, dass er der letzte sein wird. Ich weiß nicht, wie lange er darüber nachdachte. Anders als meine Mutter war er kein Mensch, der regelmäßig damit drohte, sich das Leben zu nehmen, oder Suizidversuche unternahm. Es ist für mich unmöglich zu sagen, ob sein Tod der hohen Zahl der Suizide innerhalb der Transgender-Community zugerechnet werden sollte, weil er nie sagte, dass er sich als ein Teil dieser Community verstand. Dass er sich das Leben nahm, stand im Zusammenhang mit seiner Inhaftierung, seiner rassifizierten Identität, dem sexuellen und physischen Missbrauch, den er als Kind erlitt, und ja, ich glaube auch mit der Dissonanz, die er im Zusammenhang mit seiner Geschlechtsidentität empfand. Diese Dinge prallten im Laufe seines Lebens aufeinander und schufen dabei nicht nur ein Trauma nach dem anderen, sondern auch ein süßes, treues, entschlossenes und witziges Kind und dann einen warmherzigen, sanften und angepissten jungen Menschen.

Ich bin nun seit fast drei Jahren wieder clean; ebenso lange, wie Robbie tot ist. Ich und Robbie haben allen möglichen Scheiß zusammen durchgemacht, genau wie viele unserer Freund*innen und Familienangehörigen, genau wie viele Fremde im ganzen Land, die uns ähnelten. Robbie hat es fast geschafft, aber am Ende war es zu viel für ihn. Ich mache weiter. Ich habe Erinnerungen, die mich wieder nach unten ziehen wollen, aber ich habe Beziehungen sowie Vertrauens- und Fürsorgenetzwerke, die sich bisher als stärker erwiesen haben. Eines der Ziele abolitionistischer Praxis ist es, genau diese Vertrauens- und Fürsorgenetzwerke auszuweiten. Im Zuge der Covid-19-Pandemie wurden wir Zeug*innen der Stärkung, und in vielen Fällen des Aufbaus solcher Netzwerke. Und wir werden erst im Laufe der Zeit feststellen können, was daraus wird. Ihre Gründung und Anfänge boten eine Vielzahl unterschiedlicher Entwicklungsrichtungen und Möglichkeiten. Einige davon werden zweifellos die Prinzipien und Methoden der Kerkerkultur reproduzieren. Sie werden Grenzen ziehen, um gewisse Arten von Menschen auszuschließen. Sie werden zur Überwachung und zur Anhäufung von Macht eingesetzt werden. Sie können aber auch einen anderen Weg einschlagen.

Patrisse Cullors erinnert uns, dass Abolitionismus eine kulturelle Intervention sein muss: »Er muss selbst in den herausforderndsten und schwierigsten Momenten eine neue Seinsweise hervorbringen. Wir haben Abolitionismus bisher nicht kollektiv praktiziert, daher ist es für uns schwierig, seine Bedeutung zu verstehen. Wenn wir aber eine neue Praxis verwirklichen, in deren Mittelpunkt Fürsorge und Würde stehen, könnten wir eine Praxis entdecken, die unseren Instinkt, uns gegenseitig zu ›canceln‹, in Frage stellt.«[67] Mit dieser Anleitung können wir die Gruppen der gegenseitigen Hilfe und Unterstützung aufrechterhalten. Diese neuen und sich entwickelnden Räume können das Spielfeld sein, auf dem wir Praktiken einüben, mit denen wir die Machtbeziehungen untereinander dekonstruieren können – und zwar indem wir Wege finden, uns kollektiv umeinander zu kümmern. Räume, in denen Menschen wie Robbie von anderen Liebe und Mitgefühl erfahren können, was der Grundstein für seine eigene Entwicklung hätte sein können. Diese Netzwerke müssen Wege finden, um einen Teil jener Praktiken zu reproduzieren, die wir in unseren engsten Beziehungen anstreben: gegenseitige Fürsorge, Unvoreingenommenheit und eine Form der Vergebung, die mit Verantwortung einhergeht. Was ist unsere Antwort, wenn adrienne maree brown fragt: »Übst du dich aktiv in Großzügigkeit und Verletzbarkeit, um die Verbindungen zwischen dir und anderen klar, offen, verfügbar und nachhaltig zu gestalten?« Mit Großzügigkeit meint brown, »zu geben, was du hast, ohne Bedingungen oder Erwartungen daran zu knüpfen. Verletzbarkeit heißt, deine Bedürfnisse zu äußern.«[68] Inwieweit sind wir imstande, das zu tun? Ich glaube, dass es zu diesem Prozess gehört, Transparenz und Offenheit in Bezug auf die ungleiche Verteilung von sozialer, kultureller, politischer und ökonomischer Macht innerhalb dieser Netzwerke zu entwickeln. Für unsere Versuche, die Reproduktion der Logik der Kerkergesellschaft und des Kapitalismus zu durchbrechen, ist es unerlässlich, Gespräche zu führen, die sich mit dieser Ungleichheit auseinandersetzen. Wenn wir dies tun, können wir Räume schaffen, die Offenheit und Intimität fördern, in denen wir dadurch eine tiefgreifende Solidarität untereinander aufbauen können.

Sanjay

»Science-Fiction ist ganz einfach eine Möglichkeit, gemeinsam die Zukunft zu üben. Ich vermute, dass es das ist, was viele von euch wollen: gemeinsam Zukünfte üben, gemeinsam Gerechtigkeit üben und in neuen Geschichten leben. Es ist unser Recht und unsere Verantwortung, eine neue Welt zu schaffen.«

ADRIENNE MAREE BROWN, Emergent Strategy[69]

2003 wurde ich aus dem Brixton-Gefängnis entlassen, wo ich eine zehnmonatige Haftstrafe wegen eines Raubüberfalls abgesessen hatte. An einem Frühlingsmorgen gegen neun Uhr trat ich vor das Gebäude. Ich erinnere mich an den hellen Himmel und daran, dass ich leicht humpelte; mein Knöchel erholte sich immer noch von dem Bruch, den mir ein paar Typen einige Monate zuvor zugefugt hatten, weil sie mich nicht leiden konnten. Ich trug denselben Oversized-Hoodie und dieselben Jeans, die ich getragen hatte, als ich fast ein Jahr zuvor verhaftet worden war. In meiner Hosentasche befanden sich dieselben vier Pfund und neunzig Cent und eine Packung Tabak. Ich kannte mich im Süden Londons nicht aus. Meine Zeit in der Hauptstadt hatte ich bis dahin im Osten verbracht: Barking, Hackney, Dalston, Stoke Newington, das sind Orte, die ich zwar nicht wiedererkenne, wenn ich jetzt fast zwanzig Jahre später dahin zurückkehre, die ich aber eine Zeit lang in- und auswendig kannte.

Ich beschloss, dem Osten Londons einen Besuch abzustatten und zu schauen, ob ich jemanden finden würde, mit dem ich umherziehen und versuchen könnte, etwas

Bargeld für die Busfahrt zurück nach Nottingham zu bekommen. Zumindest sagte ich mir, dass ich das tun würde. Generell hatten das, was ich mir vornahm, und das, was tatsächlich geschah, selten viel gemeinsam. Ich wusste, dass ich Richtung London Bridge gehen musste und dann östlich nach Whitechapel, dann wäre ich in vertrauter Umgebung und könnte jemanden oder etwas finden, den oder das ich kannte.

Als ich das Kricketstadion The Oval erreichte, hämmerte mein Kopf. Die Lichter, der Lärm – mein Körper begann zu entgiften. Ich ging in ein Spirituosengeschäft, zahlte drei Pfund für eine Drei-Liter-Flasche Cider, lief in den Kennington Park und fand eine Bank, auf der ich mich ausruhen konnte. Ich öffnete die Flasche und hob sie an meine Lippen. Es war der erste richtige Alkohol, den ich trank, seit mein Zellengenosse Gavin mir an Weihnachten eine eingeschmuggelte Flasche Whiskey geschenkt hatte. Ich nahm einige Schlucke, dann fingen meine Arme an zu schmerzen. Früher hatte ich im Knast Gewichte gestemmt oder, wenn ich konnte, Fußball gespielt, aber in Brixton war es anders gewesen. Ich war als ganz und gar Süchtiger hineingegangen. Das Einzige, wofür ich mich interessiert hatte, war, an Stoff zu kommen, und sobald mir das gelungen war, tat ich alles Nötige, um high zu bleiben. In der ersten Woche wurde ich zusammengeschlagen, und alle hielten sich von mir fern, weil sie genau wussten, dass ich kein nützlicher Freund sein würde. Sogar die, die nach mir eingebuchtet wurden, waren schlau genug, sich von mir fernzuhalten.

Mein erster Zellengenosse, Harry, hatte mir unmissverständlich klargemacht, dass er mich von seinen Kumpels in der Dusche vergewaltigen lässt, wenn ich auch nur ein Wort zu ihm sagen würde. Ich hatte entgegnet, dass das nicht das erste Mal wäre, und so sorgte er dafür, dass ich mich fragte, wann das letzte sein würde. Harry wurde entlassen und Gavin zog ein. Gavin war anständig zu mir, er war um die fünfzig und wegen etwas relativ Harmlosem in den Knast gekommen, Import von Hehlerware oder so was in der Art. Er kannte genug Menschen auf dem Flügel, um in Ruhe gelassen zu werden, und plauderte gerne mit allen anderen. Er sorgte dafür, dass ich nicht mehr verprügelt und vergewaltigt wurde oder zumindest nicht mehr jede Woche von denselben Leuten. Wenn ich aber jemandem auf die Nerven ging, und das tat ich oft, und sie mir dafür eine reinhauen wollten, dann hatte Gavin kein Problem damit. Wenn er Leckereien bekommen hatte, teilte er sie trotzdem mit mir. Solange ich ihn und unsere Zelle nicht ins Chaos stürzte, war er anständig zu mir. Wie gesagt, er hat mir zu Weihnachten eine Flasche Whiskey geschenkt.

Ich stellte den Cider auf den Boden zwischen meine Füße und holte meinen Tabak raus. Ich drehte mir eine Zigarette und suchte nach einem Feuerzeug. Ich hatte keins und ich glaube, so nah war ich den Tränen seit fast zehn Jahren nicht mehr gewesen. Ich schaute mich um in der Hoffnung, einen morgendlichen Raucher auf einem Spaziergang zu sehen. Die einzigen anderen Leute im Park waren ein paar Jogger, einige Schulkinder, und auf einer Parkbank nicht weit von mir entfernt ein Typ, der wie ein entfernter Verwandter von Samuel L. Jackson und Charles Bukowski aussah. Während ich mich auf der Bank hätte hinlegen können und immer noch jemand anderes darauf Platz gehabt hätte, war seine unter ihm fast nicht mehr zu erkennen. Er kritzelte in ein Notizbuch, Stift in der einen Hand, Zigarette in der anderen, Thermoskanne neben sich. Ich rief ihm ein Hallo zu, oder zumindest dachte ich, dass ich das tat. Er ignorierte mich, also rief ich nochmal, nur um zu realisieren, dass meine Stimme schwach und kaum zu hören war. Ich nahm den Cider und ging zu ihm hinüber. »Hey, Kumpel, hast du Feuer?« Er schaute mich an, schaute die Cider-Flasche an, griff nach seiner Thermoskanne und öffnete sie. Er hielt mir den Deckel hin. »Etwas Cider für Feuer.«

»Na klar, was auch immer.« Ich öffnete die Flasche und schenkte ihm etwas Cider ein.

»Etwas mehr.«

»Zuerst Feuer.« Ich stellte den Cider wieder auf den Boden.

Er reichte mir das Feuerzeug, ich nahm es und zündete meine Zigarette an.

»Ich habe ein neues Gedicht geschrieben«, sagte er.

»Aha? Na und?«

»Willst du es hören?«

»Nein.«

»Ich habe auch eine Kurzgeschichte. Über einen Mann, der eines Morgens einen Spaziergang macht und diesen Typen trifft, nun, zumindest wirkt er wie ein Typ, aber eigentlich kommt er von einem anderen Planeten in einer anderen Galaxie, auf dem sie das ganze Mann-Frau-Ding nicht durchziehen. Alle sind einfach all diese Dinge. Sie plaudern ein bisschen und das Alien kehrt zurück zu seinem Planeten. Von da an träumt unser Mann jede Nacht von dem Alien und lebt sein Leben, und als er stirbt, stirbt er nicht wirklich, sondern schließt sich einfach dem Typen auf seinem Planeten an.«

Er trank etwas Cider aus dem Deckel seiner Thermoskanne.

»Was denkst du?«

»Worüber?«

»Die Geschichte.«

»Alter ...«

»Du wolltest nur Feuer?«

»Ja.«

»Okay. Behalte das Feuerzeug.«

»Okay.«

Ich ging zurück zu meiner Bank und setzte mich. Starrte

auf den Boden. Mein ganzer Körper tat weh. Mein Knöchel brachte mich um. Ich trank und drehte mir eine neue Zigarette. Ich sah, wie er zu mir kam.

»Ich will mehr Cider«, sagte er, während er sich setzte und die Bank zum Schwanken brachte.

»Scheiße, bedien dich halt.«

Das tat er.

»Ich bin Sanjay.«

»Schön für dich.«

»Wann wurdest du entlassen?«

»Was?«

Wir redeten eine Weile, oder besser gesagt, er redete. Er erzählte mir, dass sein Vater ein indischer Geschäftsmann ist, der dubiose Sachen macht, und dass er im Keller seiner Mutter lebt und sie eine Mystikerin aus Barbados ist.

Er erzählte mir, dass er vor einigen Jahren selbst aus dem Knast entlassen worden war. Er hatte dort vier Jahre verbracht, weil er einen Konkurrenten seines Vaters mit einer Metallstange verprügelt hatte, nachdem ihn sein Vater dafür bezahlt hatte. Und so kamen wir uns näher. Wir tranken Cider und rauchten auf der Bank, bis uns der Cider ausging. Er lud mich zu sich nach Hause ein, sagte, dass er dort mehr Alkohol habe. Er sagte, ich könnte bei ihm übernachten, wenn ich wollte. Ich sah ihn an mit seinen weit über hundert Kilo und wusste, dass ich hier draußen im Park von ihm wegkäme, wenn ich das wollte. Aber in seinem Keller? In seinem Keller wäre ich gefangen. Aber ich wollte sterben, ich war müde von alldem. Ich wollte, dass er eine Metallstange nahm und mir den Schädel einschlug. Es wäre mir egal gewesen, wenn er mir die Haut abgezogen und mich als Hut getragen hätte. Es wäre mir egal gewesen, wenn andere ausgestopfte Körper an seiner Wand gehangen hätten. Es wäre mir egal gewesen, wenn er sich entschieden hätte, mich jahrelang anzuketten und zu foltern. Es wäre mir egal gewesen. Ich war müde und es machte mir nichts aus zu leiden, und es hätte mir nichts ausgemacht zu sterben.

Er tat aber nichts von alldem. Wir gingen in seinen Keller, der dreckig und etwas schräg war, die Wände voller Poster von Fernsehsendungen und Planeten. Er hatte etwas Rum, er hatte etwas Wein, er hatte ein paar Pillen und wir dröhnten uns zu. Er machte uns ein paar Schinkensandwiches.

Ich schlief auf seinem Boden ein.

Als ich aufwachte, saß er im Bett. Er sah fern und band sich den Arm ab. »Bedien dich.« Er nickte in die Richtung seines Nachttisches, auf dem etwas Heroin und Spritzbesteck lagen. Und ich bediente mich.

Das lief die nächsten paar Wochen so. Wir dröhnten uns zu, und wenn uns das Geld ausging, hingen wir in Studentenvierteln herum. Wenn wir einen oder zwei von ihnen allein sahen, gingen wir auf sie zu; ich schrie sie an, während ich mit einem Messer herumfuchtelte, und er starrte sie nieder, mit seinen zwei Metern und weit über hundert Kilo. Sie gaben uns ihre Brieftaschen, ihre Handys, ihre Laptops, und wir verkauften sie billig weiter. Dann dröhnten wir uns wieder zu.

Wir lebten in Sanjays Keller, aßen Schinkensandwiches und manchmal holten wir uns ein Sechserpack Spicy Chicken und Pommes für ein Pfund fünfzig vom *Chicken Hut* um die Ecke. Wir hörten seine Mutter singen, aber ich sah sie nie, nicht einmal, wenn ich hochging, um zu pissen oder das Haus zu verlassen. Oft roch es nach Jerk Chicken, Jollof-Reis und Kochbananen, aber nie eine Spur von jemandem, der all das aß. Sanjay sagte, dass sie zu Hause koche und das Essen dann zu ihren Freund*innen oder seinen Brüdern, die in der Nähe lebten, bringe. Er sagte, sie hätten eine Abmachung: Er könne so lange bleiben, wie er wolle, ohne Miete zu zahlen, solange er sie nicht störe – und dasselbe gelte für mich.

Sanjay verbrachte viel Zeit damit, in seine Notizbücher zu schreiben. Er las mir seine Geschichten und Gedichte vor, aber ich hörte nicht zu. Ich konnte nicht zuhören. Was ich darin hörte waren Versprechungen, dass es noch Hoffnung gab, dass alles hell, schillernd und großartig werden würde. Fast all seine Geschichten drehten sich um Menschen von einem anderen Planeten, mit einer anderen Lebensweise, einer anderen Art, die Sachen anzugehen, die auf die Erde kommen, um die Menschen im Hier und Jetzt zu retten. Manchmal retteten sie Sanjay, manchmal seine Familie, manchmal einfach irgendwelche Menschen. Aber nie mich. Das überstieg seine Vorstellungskraft. Nach drei Wochen dieser Art trafen wir uns mit seinem Vater.

Sein Vater war eine etwas gesünder aussehende Version von Sanjay, und wir trafen ihn in einem schmuddeligen Imbissladen. Er verdrückte gerade ein Full English Breakfast und trank einen Energydrink, als sein Sohn und ich auftauchten. Sanjay setzte sich seinem Vater gegenüber. Ich wollte mich gerade hinsetzen, als der alte Mann seinen Kopf schüttelte. Sanjay sagte mir, ich solle beim Fenster warten. Ich zuckte mit den Schultern und tat, wie mir befohlen wurde. Für eine Weile saß ich da und schaute aus dem Fenster, während sich Vater und Sohn unterhielten.

Gerade als ich für eine Kippe nach draußen gehen wollte, wurden eine Tasse Tee und etwas Rührei an meinen Platz gebracht. Ich stocherte eine Weile darin herum und ging dann eine rauchen. Ich mochte den Süden Londons immer noch nicht. Ich wusste, dass ich zu stark von Sanjay abhängig war. Ich dachte darüber nach, einen Bus zurück nach Nottingham zu nehmen. Es wäre ein Leichtes gewesen, das Geld von Sanjay zu bekommen, oder das nächste Mal, wenn wir einen Studenten ausraubten, einfach direkt zum Victoria-Bahnhof zu gehen. Oder auch einfach nur nach Hackney zu schlurfen.

Sanjay kam nach draußen. »Komm und sag meinem Vater Hallo.«

»Was will er?«

»Er hat Arbeit für uns.«

»Ich will keine verdammte Arbeit.«

»Komm einfach und hör ihm zu.«

Ich drückte die Selbstgedrehte aus und steckte sie für später in meine Hosentasche.

Sein Vater jammerte ewig herum. Dass es Menschen gebe, die sich Freiheiten herausnehmen. Dass sein Sohn zu weich sei. Dass unsere Generation faul und selbstverliebt sei. Er sagte, Sanjay hätte ihm erzählt, dass ich gerne Menschen verprügele, aber dass ich nicht wie jemand aussehe, der das kann. Ich starrte die Wand an und er redete weiter.

Eine Woche später waren Sanjay und ich auf der gegenüberliegenden Straßenseite eines Nachtclubs. Wir taten so, als ob wir uns unterhalten würden, aber eigentlich trug mir Sanjay nur eines seiner Gedichte vor. Ein *weißer* Typ in Anzug verließ den Club, überquerte die Straße und lief an uns vorbei. Ich und Sanjay folgten ihm um die Ecke. Er holte seine Schlüssel hervor, drückte einen Knopf und entriegelte eine Autotür. Sanjay sprang ihn von hinten an und zerrte ihn in eine Gasse. Wir hatten vorher einen ruhigen Ort ohne Videoüberwachung gefunden, an dem wohl niemand vorbeikommen würde. Sanjay schüttelte den Mann, drückte ihn und warf ihn dann auf den Boden. Der Mann schnappte nach Luft, als ich anfing, auf seinen Knien auf und ab zu springen. Ich hörte auf, nur um ihm andere Dinge anzutun.

Sanjays Vater hatte uns erzählt, dass dieser Mann eine seiner Nichten, eine von Sanjays Cousinen, vergewaltigt habe.

Eine Woche später fanden wir heraus, dass Sanjays Vater uns einen Scheiß erzählt hatte. Sanjay kam in den Keller zurück und erzählte mir, dass noch eine seiner Cousinen vergewaltigt worden sei. Und dann eine andere und dann noch eine. Jedes Mal verlor ich etwas mehr die Kontrolle, wenn ich mich dazu hinreißen ließ, die Männer zu verletzen, die Sanjay vor mir auf den Boden geworfen hatte. Eines Nachts, als wir einen Mann blutend in der Nähe des Brixton-Gefängnisses liegen ließen, sagte ich Sanjay, ich würde ihn in seinem Keller treffen, ich müsste gehen, um etwas zu erledigen. Als er mich fragte, was los ist, ignorierte ich ihn.

Ich ging in den Osten Londons und verbrachte zwei Monate damit, durch die Straßen zu ziehen und tagsüber in Häuser einzubrechen, um Schmuck und Bargeld zu stehlen. Ich fand einen Schlafplatz im Victoria Park und richtete mir dort ein kleines Zuhause ein. Ich fand einen Stammdealer, der zwar Scheißware hatte, aber anstelle von Geld auch Kameras, Ketten, Handys und DVD-Player annahm.

Eines Nachts wurde ich auf dem Weg zu meinem Versteck von zwei Teenagern angegriffen. Sie behaupteten, ich wäre ins Haus ihrer Mutter eingebrochen; sie brachen mir mehrere Rippen und einen Arm und sagten, sie würden mich aufschlitzen, wenn sie mich nochmals sahen.

Von da an, als der Sommer zum Herbst wurde und der Herbst zum Winter, ist alles etwas verschwommen. Was ich aß, stammte meistens aus Mülltonnen. Ich wurde immer wieder aus Suppenküchen geworfen, weil ich betrunken oder high war und/oder Schlägereien anzettelte. Als Sanjay mich das nächste Mal sah, lag ich vor einem Tesco in Whitechapel auf dem Boden. Er brachte mich ins Krankenhaus, wo sie mir den Arm eingipsten, meine Schnittwunden nähten und mich an eine Infusion hängten. In der Nacht verließ ich das Krankenhaus.

Es wurde wieder Frühling und es war nun ein Jahr her, seit ich aus dem Brixton-Gefängnis entlassen worden war. Eines Abends wurde ich niedergestochen. Eine junge Frau fand mich. Sie und ihr Partner nahmen mich für eine Weile in ihrer besetzten Fabrik auf. Sie säuberten mich und schickten mich wieder weg.

Monate vergingen und irgendwie fand ich mich vor Sanjays Haus wieder und rief, aus welchem Scheißgrund auch immer, seinen Namen. Niemand reagierte, daher brach ich die Tür auf und ging hinein. In seinem Keller fand ich etwas Koks, und ich zog, bis nichts mehr da war. Ich taumelte durchs Haus, als plötzlich Sanjay in der Tür stand. Er schaute das Wohnzimmer seiner Mutter an, das ich auf den Kopf gestellt hatte, knurrte und stürzte sich auf mich. Ich hob den kleinen Schwarzweiß-Fernseher in der Ecke hoch, schmiss ihn durchs Fenster und versuchte, durch das Loch zu springen, das er hinterlassen hatte. Ich landete auf dem Gehweg, das Glas schnitt meine Arme und Beine auf und ich rannte weit, weit weg.

Sechs Monate später lebte ich in einem anderen Keller. Anders als in Sanjays gab es in diesem kein Bett, keine Möbel, rein gar nichts ... Nur mich und das, was ich auftreiben konnte, um meine Gedanken zu betäuben.

Ich konnte keinen klaren Gedanken fassen; durch meinen Kopf rauschte eine sich schnell verändernde Ansammlung von Bildern, Momente des Schmerzes und des Leids, die ich erfahren hatte, und Momente des Schmerzes und des Leids, die ich verursacht hatte. Meine Familie. Die Faust meines Vaters. Die blutenden Wunden meiner Mutter. Meine weinenden Schwestern. Mein schreiendes Gesicht. Hände, die mich auf den Boden drücken. Meine Faust, die auf Gesichter einschlägt. Fremde, die schluchzend darum betteln, in Ruhe gelassen zu werden. Blut an meinen Händen. Meine Familie. Die Faust meiner Mutter. Die blutenden Wunden meines Vaters. Meine schreienden Schwestern. Meine Hände, die Menschen zu Boden drücken. Fäuste, die auf mein Gesicht einschlagen. Wie ich anderen Menschen ins Gesicht lache. Wie ich Menschen niedersteche. Schüsse. Knochen, die brechen. Meine Familie.

Die blutenden Wunden meiner Schwestern. Die Faust meines Vaters. Mein schreiendes Gesicht. Hände. Wunden. Fäuste. Knochen. Gesichter. Schwänze. Blut. Der Boden.

So ging es tagelang. Ich trank und stach mir die Nadel in den Arm. Ich rauchte aus einer Pfeife. Ich nahm einen Hammer und hob ihn hoch. Ich schlug den Hammer auf meinen Knöchel. Ich hob ihn hoch und schlug nochmals zu. Ich hörte mich nicht einmal schreien. Sanjay hob mich hoch. Er hatte mich gefunden. Er brachte mich an einen sicheren Ort. Irgendwo, wo es in Ordnung war, den Schmerz zu fühlen.

Ich habe Sanjay nun schon sehr lange nicht mehr gesehen. Auf seine eigene, seltsame Art tat er sein Bestes, um mir zu helfen. So wie andere fand er mich kaputt auf der Straße, und so wie andere nahm er mich auf. Genau wie bei vielen anderen riss auch sein Geduldsfaden aufgrund der Art und Weise, wie sich mein Trauma manifestierte. Und letztendlich hatte er zusätzlich zu meinem auch mit seinem eigenen Scheiß zu kämpfen. Er konnte sich, neben anderen Dingen, nicht von der Beziehung zu seinen Eltern lösen, die ihn beide seit seiner Kindheit sexuell, physisch und verbal misshandelten.

Sanjay hatte vier Geschwister, zwei ältere und zwei jüngere. Ich habe immer nur Fotos von ihnen gesehen, und sie waren gemäß jeglicher sozial tradierter Norm wunderschön. Sanjay wurde schon früh beigebracht, dass er das hässliche Entlein war, und er wurde deshalb verstoßen. In den letzten Jahren, in denen seine Eltern zusammen waren, ließen sie Sanjay im Schuppen schlafen. Er kam von der Schule nach Hause und ging direkt an seinen Platz, wo er las, schrieb, Fernsehen schaute und Bilder von Menschen von anderen Planeten zeichnete, die kamen und ihn retteten, bis er hörte, wie sich die Hintertür öffnete und ein Essensteller vor dem Schuppen auf den Boden gestellt wurde. Er erzählte mir, dass er, wenn er den Essensteller holte, sehen konnte, wie der Rest der Familie um den Tisch saß und gemeinsam aß. Ich schlug vor, sie umzubringen. Sanjay schüttelte den Kopf und sagte, das würde unsere Chancen, gerettet zu werden, zunichtemachen. Und dann las er mir eine seiner Geschichten vor. Erst als sein Vater ging und alle Geschwister mitnahm, durfte Sanjay wieder ins Haus. Seine Mutter sagte, allein im Haus werde sie nervös und er könne, solange er ihr aus dem Weg ginge, im Keller leben. Damals war er dreizehn. Sein Vater erklärte ihm, dass er für seine Miete und sein Essen arbeiten müsse, also packte und stapelte Sanjay nach der Schule vier Stunden lang Kisten.

Er war der erste Mensch, den ich kennenlernte, der fiktive Geschichten und Kunst als Fluchtweg aus dem Schmerz seines Daseins nutzte, dabei aber immer noch ziemlich in der Realität verhaftet blieb. Es war etwas, das ich nie vollkommen begreifen konnte. Ich verstand weder die Sprache, die er benutzte, noch die Metaphorik oder die Symbolik. Alles, was er beschrieb, erschien so sinnlos losgelöst von der alltäglichen Realität, in der wir lebten. Auch Jahre später berührt mich der Großteil an Fantasy- und Science-Fiction-Geschichten immer noch nicht. Ich weiß nicht, ob es daran liegt, dass Sanjay in mir eine tiefe Irritation für dieses Genre schuf, die bis heute anhält, oder an mangelnder Vorstellungskraft meinerseits oder vielleicht an etwas ganz anderem. Ich wünsche mir aber, ich wäre in der Lage gewesen, den Wert anderer Bewältigungsmechanismen zu erkennen, um die traumatischen Erfahrungen, die ich gemacht hatte, zu verarbeiten. Stattdessen behandelte ich das Leben wie etwas, das mich entweder zerbrechen würde oder auch nicht; als einen harten Kampf ohne Nuancen, der nur aus zwei Kräften bestand, die ihre Köpfe gegeneinanderschlagen. Sanjays Liebe zur Kunst, zu Science-Fiction und zu den Metaphern, die er darin fand, waren sein Weg, um über Binaritäten hinauszugehen, über hetero/homo hinaus, über Schwarz/*weiß* hinaus, über männlich/weiblich hinaus, über gut/böse hinaus. Um den Schmerz und das Trauma zu bewältigen, die er und jene um ihn herum erfuhren, erschuf er seine eigene Praxis queerer Methodologie, die José Muñoz als »Ablehnung des Hier und Jetzt und Beharren auf dem Potenzial oder der konkreten Möglichkeit einer anderen Welt«[70] beschreibt. Er fand seine eigenen Werkzeuge für das seelische Überleben und bot mir Anleitung für mein eigenes. Seine Handlungen kann man mit Octavia Butler so beschreiben: »Das ist alles, was man noch tun kann. Leben. Aushalten. Überleben. Ich weiß nicht, ob jemals wieder bessere Zeiten kommen. Aber ich weiß, dass das nicht der Fall sein kann, wenn wir nicht diese Zeiten überstehen.«[71]

Der geschriebene Text, der fiktive von Sanjay oder der nicht fiktive, den ihr gerade lest, in dem Narrative und Selbste auf vielfältige Art und Weise präsentiert und repräsentiert, gelesen und neu gelesen werden können, stellt Fragen zum Selbst der Leser*innen und der Autor*innen, während diese sich selbst produzieren und reproduzieren. Das ist das Queering narrativer Texte, was nicht nur die Möglichkeit zur Erschaffung und Vorstellung multipler Selbste erschafft, sondern auch seine eigenen (unsere eigenen) Realitäten produziert. Es ermutigt dazu, sich unerzählte Geschichten und neue Versionen seines Selbst auszudenken. Oder, in den Worten Tamboukous: »Geschichten machen viele verschiedene Dinge, sie schaffen ebenso Realitäten, wie sie durch diese geschaffen werden, und innerhalb ihrer eigenen diskursiven Zwänge und Grenzen schaffen sie immer wieder Bedingungen für die Möglichkeiten anderer Geschichten, die erzählt und geschrieben werden können«.[72] Queere Methodologien eröffnen Möglichkeiten des Selbst und zukünftiger Selbste und können ein Mittel sein, um gegen die Gentrifizierung der Psyche und des Geistes anzukämpfen, die in der heutigen Gesellschaft tagtäglich stattfindet. Im Essay »Impoverishment of Thought« (Verarmung des Denkens) erläutert Mick Harvey die psychologisch abstumpfende Wirkung der Arbeit der Arbeiterklasse.[73] Die Lohnarbeit, zu der viele von uns gezwungen sind, ist repetitiv und betäubt den Geist. Gleichzeitig sind viele von uns einem Ansturm von Stress und Belastungen ausgesetzt, was dazu führt, dass wir auch in unserer Freizeit Zuflucht in geistig abstumpfenden Tätigkeiten suchen. Angesichts dieses Kampfes müssen wir Strategien entwickeln, die es uns ermöglichen, über Binaritäten hinauszudenken, über die Formen des Seins hinaus, die uns angeboten wurden. Sanjay schien etwas davon im Geschichtenerzählen zu finden und in der Kunst und der Literatur, die er liebte. Ich weiß nicht, wohin es ihn geführt hat, aber dadurch, dass ich seine Bemühungen beobachtete und mich an sie erinnere, gab er mir einen Einblick, wie ich eine ähnliche Reise beginnen könnte. Es würde noch einige Jahre dauern, bis ich so weit war, die Bedeutung seines Beispiels anzuerkennen, und noch etwas länger, bis ich erkannte, inwiefern es eine abolitionistische Praxis darstellte. Ich erkannte dies erst bewusst, als ich die Werke von adrienne maree brown und Octavia Butler las. Erst dann begann ich allmählich zu begreifen, wie sehr ich mich auf koloniale und patriarchale pädagogische Muster gestützt hatte; dass die Arbeit, die ich geleistet hatte, um Gewalt und Unterdrückung zu verlernen, in der Sprache der gewalttätigen und unterdrückenden Kräfte stattfand. Ich hatte mich dagegen gewehrt, aus meinen Emotionen zu lernen, aus meinem Körper zu lernen. Diese Entfremdung von meinem Erbe und den biologischen Communitys, aus denen ich komme, führte dazu, dass ich nicht von ihnen lernen konnte, als sie versuchten, durch meinen Körper zu sprechen. Auf der Suche nach queeren und postkolonialen Methodologien und Praktiken müssen wir unsere Vorstellungskraft in einer Form einsetzen, die nicht auf individualistischer Ideologie gründet, und Wege finden, wie wir uns miteinander verbinden können. Ich habe das Gefühl, dass wir durch diese kollektive Vorstellungskraft Wege jenseits unserer derzeitigen Kerkerkultur finden werden.

Valerie

Wir sind in einem kleinen, rostigen Wohnwagen, der zwar keine Räder, dafür aber eine ordentliche Schieflage und Fenster aus Plastiktüten hat. Wir beide liegen auf und unter dreckigen Decken und Schlafsäcken. Sie liegt neben mir auf dem Bauch. Ich starre die Sonnenstrahlen an, die durch die Risse in der Decke kommen. Aus den Augenwinkeln sehe ich, wie eine Hand unter der Bettdecke auftaucht, nach einer Packung Käseflips tastet und die Chips zurück unter die Decke zieht. Ich höre das leise Knuspern, ihr Kiefer bewegt sich kaum. Der Wind weht und rüttelt den Wohnwagen durch. Der Regen der letzten Nacht, der sich auf dem Dach angesammelt hat, läuft durch die Risse hindurch auf unser Bett. Einige Tropfen spritzen auf mein Gesicht und ich wische sie mit meinem Ärmel weg. Ich greife nach einer leeren DVD-Hülle, durchforsche ihre Innenseiten in der Hoffnung auf vergessene Überbleibsel. Die Hülle ist leer und ich schmeiße sie weg. Ich suche nochmal den Wohnwagen ab. Eine halbe Toilette, die jetzt direkt auf die Erde führt, gleich daneben das Waschbecken, leere Sprite-Dosen, lila Tango, orangene Tango, Pepsi, Pepsi light, Zweiliterflaschen Cola von Asda, Zweiliterflaschen Cola von Tesco, Dutzende und Aberdutzende von Saftpackungen. Einige Burger-Papiere, wesentlich mehr Chipspackungen. An dem Ort, wo früher das Ausziehbett und die Matratze waren, lagern wir jetzt unseren Müll. Wir haben nie in dem Bett geschlafen, waren nie gleichzeitig mit dem Bett hier. Wir und das Bett führten parallele Leben, die sich nie wirklich kreuzten. Ich greife über sie hinweg nach ihrer selbstgebauten Pfeife. Ich nehme das Einweg-

Feuerzeug aus meiner Hosentasche und versuche, etwas zum Laufen zu bringen. Sowohl das Feuerzeug als auch die Pfeife sind so gut wie leer. Ich erinnere mich, dass ich das vor zwanzig Minuten schon mal versucht habe. Oder sie hat es vor dreißig Minuten versucht. Sie oder ich haben es definitiv vor einer Stunde versucht. Nichts funktioniert mehr. Einer von uns muss nach draußen. Ich stupse sie an. Ich stoße sie an. Ich halte ihren Kopf und presse ihn ins Bett. Sie schubst mich weg und bleibt unter der Bettdecke.

»Ich gehe raus«, sage ich.

»Gut«, sagt sie.

»Kommst du mit?«

»Nein.«

Ich versuche aufzustehen. Meine Teenagerbeine verkrampfen sich. Ich reibe sie, wärme sie, bringe das Blut wieder in Gang. Ich steige über Valerie hinweg und hebe die Tür hoch, um sie draußen wieder an ihren Platz zu bringen. Wir leben zwischen einem unbenutzten Steinbruch und einem kleinen Waldstück. Es ist entweder Frühlingsbeginn oder Hochsommer. Wir sind bereits einige Wochen oder einige Monate hier. Mein linker Arm ist in einer Schlinge und mein rechtes Auge ist immer noch teilweise geschwollen. Ich laufe ein bisschen im Steinbruch umher, dehne meine Beine und drücke meine Reeboks fest in den Boden, während ich ein Bein nach vorne stemme, wobei die Löcher in meiner marineblauen Trainingshose mit jedem Schritt größer werden. Ich fange an zu joggen, sammle Schleim in meinem Mund und spucke ihn auf den schlammigen Weg. Es gibt vier Dörfer und zwei Kleinstädte in der Nähe. Die Dörfer sind zu klein, als dass wir uns tagsüber dort aufhalten könnten, aber in den Städten ist es okay. Dort tummeln sich noch viele andere Menschen wie wir, genug, damit ein kurzer Abstecher unsererseits die Einheimischen nicht beunruhigt. Wir sind schon lange genug hier, um das örtliche Ökosystem zu kennen. Wir wissen, wer was verkauft und von welchen Gebieten wir uns fernhalten müssen, weil sie bereits besetzt sind. Wir haben eine Ahnung davon, wer gefährlich ist und wer nur so tut. Und, was am wichtigsten ist, wir kennen mehrere Wege hinein und hinaus. An diesem Morgen mache ich mich auf den Weg in eine dieser Städte. Es sind fünfzehn Minuten zu Fuß entlang einer Hauptstraße. Zu einem großen Teil gibt es keinen Bürgersteig, zum Teil aber schon, und daher kreuze ich den Weg einiger einheimischer Arschlöcher. Auf dem Bürgersteig halte ich Ausschau nach Kippen. Wenn Menschen, die ihre Hunde ausführen, an mir vorbeigehen, schaue ich auf den Boden und mache schnell einen Schritt zur Seite. Ich kann hören, wie sie abfällig schnaufen, tuscheln und vor sich hinmurmeln, während sie meinen Charakter treffend einschätzen.

Etwas außerhalb der Stadt gibt es einen Supermarkt. Ich versuche, so unauffällig wie möglich über den Parkplatz zu schlendern. Ich suche nach nicht abgeschlossenen Autos und beim fünften Versuch habe ich Glück. Ich schaue mich um, und als ich sicher bin, dass niemand in der Nähe ist, gleite ich auf den Fahrersitz. Ich schaue ins Handschuhfach und die Seitenfächer; keine Brieftasche, aber ein paar Handvoll Münzen, hauptsächlich Silber und Bronze, aber trotzdem fast zehn Pfund. Ich werfe nochmals einen Blick über den Parkplatz und steige schnell aus dem Auto aus. Ich mache mich wieder daran, unauffällig die Tür jedes schicken Wagens auszuprobieren. Nach einem langsamen fünfminütigen Spaziergang habe ich rund zwanzig Pfund zusammen, die in meiner Tasche klimpern und meine Hose nach unten ziehen. Ich gehe in den Supermarkt, kaufe eine Flasche billigen Cider, eine Packung Amber Leaf und Blättchen und ein Schinkensandwich. Ich packe alles in eine Plastiktüte und gehe weiter in die Stadt hinein. Ich gehe zum Park in der Nähe des Obdachlosenheims und unterhalte mich mit ein paar Typen, die etwas älter sind als ich.

Ich teile den Tabak und den Cider mit ihnen. Sie erzählen mir von einer unausgegorenen Idee, einen der örtlichen Grasdealer zu überfallen, anscheinend ein ehemaliger Student, der immer zehntausend bei sich hat. Er hat etwas Verstärkung, aber nicht viel, nur einen anderen ehemaligen Studenten, anscheinend ein massiger Rugbyspieler oder so was. Die zwei Typen glauben, sie kommen gegen ihn an. Sie planen, ihn diesen Sonntag abzuziehen, weil er dann den größten Teil seines Geschäfts abgewickelt haben wird. Das ergibt für mich Sinn, aber ich entscheide, es diesen Abend selbst zu machen, ohne die beiden, die es sicher vermasseln würden. Als wir drei den Cider austrinken, fangen die beiden an, sich über Man United und Arsenal zu streiten, darüber, wer den Titel gewinnen wird. Mir wird klar, dass ich nicht mal mehr die Namen aller Spieler kenne, und ich bin überrascht, dass Arsenal überhaupt in Frage kommt.

Als ich den Parkplatz verlasse, ist ihr Streit eskaliert; sie stoßen und schubsen sich und ein paar Leute kommen, um zuzuschauen. Ich mache mich langsam auf den Weg zur Haupteinkaufsstraße. Ab und zu halte ich an, tue so, als ob ich meine Selbstgedrehte anzünden würde, und schaue mich nach etwas Einfachem um. Ein Wachmann vor einem Topshop funkelt mich böse an, ich grinse zurück und gehe weiter. Vor einem Fast-Food-Laden hat jemand eine Handtasche auf einem Kinderwagen liegen gelassen. Sie haben auch das Baby im Kinderwagen gelassen, aber das will ich nicht. Die Tasche ist um den Griff gewickelt. Ich sehe den Vater im Eingang mit der Mutter drinnen sprechen. Ich sehe, dass die Tasche zu gut befestigt ist, also gehe ich weiter. Einige Teenager, etwas jünger als ich, mit schicken, glänzenden Haaren und Klamotten tummeln sich um einige Bänke. Sie teilen sich einige Milchshakes von McDonald's, die Jungen stolzieren um die Mädchen herum, die Mädchen posieren für die Jungen. Einige Handtaschen auf dem Boden, wahrscheinlich ein paar Pfund, aber es scheint den Aufwand nicht wert zu sein. Ich sehe einen Typen mittleren Alters in Anzug und mit Aktentasche in eine Gasse abbiegen, um eine Abkürzung zur Parallelstraße zu nehmen. Ich gehe ihm schnell hinterher und ramme ihm einen Ellenbogen in den Rücken. Er stolpert und lässt die Aktentasche fallen. Ich trete ihm seine Beine weg und nehme die Tasche. Noch bevor er wieder auf den Beinen ist, bin ich in der Parallelstraße. Ich renne rüber und springe dabei über ein oder zwei Motorhauben. Der Anzug schreit hinter mir her, aber als ich mich umschaue, sehe ich, dass er mich nicht verfolgt. Stattdessen steht ein junger Typ vor mir, der mitbekommen hat, was passiert ist. Wir sehen uns in die Augen. Ich weiß, dass er überlegt, ob er etwas tun soll oder nicht. Um ihm die Entscheidung zu ersparen, renne ich eine andere Gasse hinunter, über einen Parkplatz und schaue mich nochmals um. Niemand ist hinter mir her. Ich werde langsamer, überquere die Straße und lasse mich dann hinter einen Container fallen. Ich öffne die Aktentasche. Papiere und Stifte, keine Brieftasche, keine elektronischen Geräte. Fuck. Ich werfe die Aktentasche in den Container und mache mich auf den Weg zurück zum Wohnwagen.

Ich komme am Steinbruch vorbei und beim Wohnwagen an. Das ist auch schon alles, was es ist. Es ist kein Zuhause, es ist nicht da, wo wir wohnen, es ist ein Wohnwagen. Es ist offensichtlich, dass sie drinnen jemanden fickt. Ich setze mich aufs Gras und drehe eine Zigarette. Er grunzt, sie stöhnt, der Wohnwagen quietscht irgendwie und ich blase Rauch in die Sonne. Der Wohnwagen bewegt sich in die eine, dann in die andere Richtung, der Rahmen hat Mühe, wenn sich das Gewicht verlagert. Ich nehme an, dass er jetzt von ihr heruntersteigt. Er sagt, er käme ein anderes Mal zurück, sie sagt, sie könne es kaum erwarten. Ich höre, wie er ihr etwas Geld reicht und irgendetwas anderes als Geschenk. Er hebt die Tür hoch und steigt hinaus. Er sieht mich und grinst. Er ist Ende dreißig, dunkelbraune Haare, hinten und an den Seiten kürzer, dünne Lippen, ein paar Bartstoppeln, pinkes Ralph-Lauren-Polohemd und eine gottverdammte Calvin-Klein-Jeans. Er sieht aus wie ein Assistent der Geschäftsführung und nickt in meine Richtung. Sie taucht nackt im Türrahmen auf und sagt, dass er sie beschissen hat. Er sagt, dass das Koks, dass er ihr gegeben hat, dreimal so viel wert ist wie das, was er ihr schulde, und dass sie sich verpissen soll. Ich stehe auf, hebe ein Metallstück auf, das einmal den Wohnwagen aufrechtgehalten hat, und schlage ihm damit auf die Beine. Er schreit und stürzt zu Boden. Ich hebe die Stange über seinen Kopf und sie brüllt mir zu, dass ich die Brieftasche nehmen und ihn dann gehen lassen soll. Ich warte, senke die Metallstange und biete ihm meine freie Hand an. Er zuckt vor Schmerzen zusammen, greift dann in seine Hosentasche und wirft mir sein Portemonnaie zu. »Dafür werde ich wiederkommen«, sagt er und ich trete ihm ins Gesicht. Sie ruft, er soll sich verpissen, und kommt aus dem Wohnwagen, während Blut aus seiner Nase läuft. Sie tritt ihn, er soll endlich aufstehen, und als er zurück auf seine Füße stolpert, Hände über seinem Gesicht, schubst sie ihn weg. Er taumelt davon, über den Steinbruch, und überlegt sich schon eine Ausrede, die seiner Frau sein abgefucktes Gesicht erklären soll.

»Er wird zurückkommen«, sage ich.

»Ich ziehe mich an«, sagt sie.

»Ich packe«, sage ich.

Im Wohnwagen zieht sie ihre Trainingshose und ihr T-Shirt von Nottingham Forest an. Wir werfen unsere Klamotten in eine Tüte. Bevor wir gehen, ziehen wir zwei kurze Lines. Dann laufen wir im Steinbruch umher und suchen ein Auto.

Sie sieht es zuerst: ein kleines grünes Auto, das von irgendwelchen Spaziergängern geparkt wurde. Ich nehme das Aufsperrwerkzeug aus dem Rucksack und öffne die Vordertür. Innerhalb einer Minute haben wir den Motor zum Laufen gebracht und ich fahre auf die Straße. Valerie durchsucht die Kassettensammlung, bis sie eine findet, die sie mag. Sie wirft sie ein und lässt sie auf voller Lautstärke laufen. Sie dreht mir eine Zigarette, zündet sie an und reicht sie mir, dreht sich selbst eine und lässt das Fenster hinunter. Mit der Selbstgedrehten im Mund streckt sie ihre langen Zahnstocher-Arme aus dem Fenster, um den Wind zu fühlen. Mit all den Einstichnarben, Verbrennungen von Zigaretten, Schnitten von Rasierklingen und mit Marker aufgemalten Smileys auf ihren Armen macht sie eine One-Woman-La-Ola-Welle.

Wir sind nicht gesprächig. Wir haben weder einen Plan für unser Leben, noch haben wir unsere Hoffnungen und Träume miteinander geteilt. Wir huschen von einem Ort zum anderen, angetrieben von einer zwiespältigen Verpflichtung zum Leben. Wir haben uns nur widerwillig zum Überleben entschlossen, doch jetzt halten wir uns ohne zu murren daran, auch wenn wir regelmäßig Dinge tun, die diese Verpflichtung aufs Spiel setzen. Ich dachte nie daran, was wohl in ihrem Kopf vor sich ging, und daher kam es mir auch nie in den Sinn, sie danach zu fragen. Es könnte schon sein, dass sie während unserer gemeinsamen zwei Jahre bewusste Entscheidungen traf. Es scheint mir aber eher unwahrscheinlich, wenn ich daran denke, wie losgelöst ich von meinen eigenen Gedankenabläufen war und wie oft meine Instinkte mit ihren überlappten. Wir stritten uns nur in den ersten paar Wochen unserer Beziehung – und dann in den zwei letzten. In den ersten Wochen schrien und brüllten wir uns an und hielten uns weder emotional noch physisch zurück, obwohl wir nur sehr lose aneinander gebunden waren. In den letzten wurde ich egoistischer und behielt Drogen für mich; sie zog sich zurück und ging eine andere Beziehung ein, in der es für mich keinen Platz gab. Sie beschimpfte mich und schrie mich an, weil ich weder für mich selbst noch für sie kämpfte. Zwischen Anfang und Ende unserer Beziehung lagen wilde Entscheidungen und träge Bewegungen.

In der Mitte unserer gemeinsamen Zeit wurde ich zu einer sechsmonatigen Haftstrafe verurteilt, und als ich entlassen wurde, kam ich in eine halboffene Übergangsinstitution, gleich außerhalb einer Sozialbausiedlung in Rugby. Sie tauchte innerhalb einer Woche auf und wir verschwanden. Ich fragte sie einmal, wie sie mich gefunden hatte; sie zuckte nur mit den Schultern und reichte mir die Pfeife. Wenn sie weggesperrt worden wäre, hätte ich sie auch gefunden? Hätte ich sie überhaupt gesucht? Von all den wichtigen Menschen in meiner Vergangenheit gibt es keinen anderen, der für mich so schwer zu begreifen ist wie sie. Keiner ist so rätselhaft. Es gibt keinen anderen, bei dem es so wahrscheinlich ist, dass seine Persönlichkeit meinen Projektionen zum Opfer fällt. Ich erlebte Valerie als eine Reihe von Handlungen: ein Lauf, ein Schlag, ein Nasehochziehen, ein Schrei, ein Lachen. Meine Aufmerksamkeit richtete sich nicht darauf, was sie dachte oder fühlte, sondern darauf, was sie tat und welchen Einfluss dieses Tun auf mich hatte. Ich habe sie zum letzten Mal vor zwanzig Jahren gesehen, und in diesen zwanzig Jahren wurde ihre Persönlichkeit weiter und weiter weggespült. Jede Klammer, jeder Rahmen, in die ich sie einzuordnen versuche, wirkt gezwungen, unzuverlässig, eher Teil meines eigenen schematischen Denkens als eine genaue Widerspiegelung dessen, was sie war. Ich vermute, dass ich sie mit der Persönlichkeit ausstattete, die ich brauchte. Die erste heteronormative Beziehung im Leben dieses jungen Mannes war mit einer Manic Pixie Dream Chav.[74] Ich suchte nach einem Ausweg aus der Straßengewalt, in der ich aufgewachsen war. Ich suchte nach einer Möglichkeit, den Traumata meines familiären Kontexts zu entfliehen. Ich versuchte, dem Staat zu entfliehen, während er meine Existenz in Nottingham verwalten wollte. Sie ermöglichte all das. Ich wollte etwas, um die Wut, die Traurigkeit, die Angst und die Ablehnung zu filtern, die sich in mir aufbauten und für die ich keine Worte fand. Ich wollte jemanden, der dies mit mir zusammen aushielt. Sie war diese Person. Vielleicht war ich das auch für sie, aber ich denke nicht, dass mich das damals interessierte. Vielleicht hat sie diese Rolle in meinem Leben ganz natürlich übernommen, ohne dass sie ihre Gedanken oder Handlungen anpassen musste, aber ich hatte mich das nie gefragt. Ich suchte nicht bewusst nach ihr oder irgendjemandem für diese Rolle. Aber als ich sie fand, als wir miteinander lebten, nahm sie sie ein.

Eines Abends im Frühling 1998, uns blieben vielleicht noch einige gemeinsame Monate, lebten wir in einem kleinen, verlassenen Industriegebäude in Surrey. Das Gebäude war nicht viel größer als einige Reihenhäuser und bestand aus einem großen, offenen Raum, einem kleinen Büro und einem Klo. Früher war ein Unternehmen zur Verpackung und zum Vertrieb von Disketten und anderem Computer-Krimskrams darin gewesen. In der einen Ecke des Raumes schliefen wir, im Rest streiften wir umher. Ab und zu spielten wir Fangen oder Völkerball, wofür wir Disketten und Festplatten als Bälle benutzten. An jenem Abend lag ich in unserer Ecke und wartete auf sie. Sie war tagsüber weggegangen, wahrscheinlich um Stoff von einem Dealer zu holen, mit dem sie sich angefreundet hatte. Ich hatte keine Uhr und wusste daher nicht, wie lange sie schon weg war, wusste aber, dass es länger dauerte, als es dauern sollte. Vielleicht fing ich an, mir Sorgen zu machen, oder vielleicht dachte ich, unsere Beziehung wäre zu Ende und dass es in diesem Gebäude nun nur noch mich allein gab. Vielleicht wusste ich nicht, wie ich allein mit meinem Schmerz umgehen könnte. Vielleicht war ich nur eifersüchtig. Jedenfalls schlug ich sie, als sie zurückkam. Eine harte rechte Gerade, mitten ins Gesicht, die ihren Kopf zurückschleuderte und sie zu Boden warf. Wir hatten uns schon vorher geprügelt; wir hatten uns gegenseitig geschnitten und verbrannt und auf verschiedene Arten gekämpft. Doch es war nie überraschend gekommen. Es war immer eine Ausdrucksform gewesen. Es war immer ein Weg gewesen, um unsere Verbindung zueinander auszudrücken. Dieser Schlag war anders. Dieser Schlag war ein Weg, um meine Macht über sie auszuüben. Auf dem Boden zusammengekauert, griff sie in ihre Hosentasche und reichte mir eine kleine Kugel Alufolie. Ich riss sie ihr aus der Hand und ging zurück in meine Ecke. Ich nahm den Stein raus und legte ihn in unsere selbstgebaute Pfeife. Sie rappelte sich hoch und kam zu mir, setzte sich an meine Seite. Als ich tief einatmete, legte sie ihren Kopf auf meinen Schoß und wartete darauf, dass ich meinen Körper auf unseren Decken ausstreckte. Sie nahm mir die Pfeife ab und führte sie an ihre Lippen. Sie zog tief ein und ließ nur die kleinste Menge Rauch aus ihrem Mund entweichen. Für eine Weile lagen wir eng umschlungen da und sie fing an, mir ins Ohr zu flüstern. Sie erzählte mir von einem Bauernhof, den sie am Stadtrand entdeckt hatte. Es wäre leichtes Spiel, die Telefonleitung zu kappen und sich nachts hineinzuschleichen. »Sieht so aus, als würde eine junge Familie dort leben, keine Bauern, nur Yuppies, die Hühner halten. Ein paar Kinder, aber es wäre ziemlich einfach.« Sie könnte nachts zum Haus gehen und so tun, als ob ihr Auto eine Panne hätte. Der Ehemann würde nach draußen kommen, um ihr zu helfen, und ich könnte ihm ein Messer an die Kehle halten. Wir würden die Ehefrau dazu bringen, ihn zu fesseln, und dann sie fesseln. Wir würden uns an die Kinder anschleichen, sie knebeln und fesseln und dann hätten wir das ganze Haus für uns. Sie sagte, sie sei sicher, dass sie Schmuck, Elektrogeräte und Bargeld hätten. Wir könnten uns Zeit lassen, um alles

Wertvolle zu finden, was später leicht zu Geld zu machen ist. Wir könnten uns sogar etwas Gutes zu Essen kochen und hätten immer noch Stunden um Stunden, um uns davonzumachen. Bis jemand überhaupt anfinge, uns zu suchen, wären wir bereits unten in Brighton oder Bristol oder oben im Norden. »Es ist ein großartiger Plan«, sagte sie. »Leichtes Spiel.« Ich nickte und lächelte und streichelte ihr über die Haare und starrte auf das Blut, das aus ihrer Nase lief.

Am nächsten Tag klaute ich einen Wagen aus einer Seitenstraße in der Nähe des Supermarktes. Ich holte Valerie ab und wir fuhren zum Bauernhof. Wir parkten an der Straßenseite. Die Sonne fing gerade an unterzugehen. Das Auto hatte sich bereits mit Rauch gefüllt, als wir uns stillschweigend dazu entschieden, nicht ins Haus zu gehen. Seit wir am späten Nachmittag aufgewacht waren, hatten wir nicht mehr als ein paar Worte miteinander gewechselt. Mit diesem einen Schlag hatte ich deutlich und unvermittelt das Vertrauen zerbrochen, das wir in fast zwei Jahren aufgebaut hatten. Korrektur – das *sie* aufgebaut hatte. Die unzähligen Kämpfe, die Dutzenden von Verhaftungen, die Monate, in denen ich eingesperrt war, die Abtreibungen und die Überdosen. Sie hatte uns durch all das hindurch zusammengehalten und ich hatte mein Bestes getan, um sie dabei zu unterstützen. Sie wollte, dass ich herausfinde, wie ich mich um jemanden kümmern kann, und es auch tue. Ich weiß nicht, ob ich es überhaupt versucht habe. Ich handelte instinktiv, und meistens bedeutete das, bei ihr zu sein und zu versuchen, ihr zu helfen, aber meine Instinkte waren auch selbstzerstörerisch. Sie waren auch schlichtweg egoistisch. Meine Instinkte, bei ihr zu sein und ihr zu helfen, wurden angetrieben von meinem Bedürfnis, sie an meiner Seite zu haben. Als wir im Auto saßen, Zigaretten rauchten und den Bauernhof beobachteten, sah ich, dass sie aufgegeben hatte. Dass ich, wenn ich bereit war, sie einmal so unvermittelt zu schlagen, es auch wieder tun würde. Als die Lichter im Haus ausgingen, sagte sie, dass wir den Wohnwagen nehmen würden. Eine Stunde später stiegen wir aus dem Auto und machten uns an der Einfahrt entlang auf zum Haus. Valerie sagte, ich solle bei der Haustür warten, falls der Mann oder die Frau vom Lärm geweckt hinauskämen, um zu sehen, was los ist. Sie lief zum Auto und öffnete die Tür mit zwei Metalldrähten. Sie löste die Handbremse und schob das Auto einige Meter weiter nach hinten vor den Wohnwagen. Sie befestigte die beiden aneinander. Als ich hörte, wie sich die Fahrertür schloss, drehte ich mich um und sah sie auf dem Fahrersitz sitzen und geradeaus starren. Es kam mir in den Sinn, sie gehen zu lassen, aber ich war sehr schwach. Ich schaute sie an und wartete, und als sie in meine Richtung blickte, rannte ich schnell zu ihr, zum Auto, zu unserem neuen Wohnwagen. Wir fuhren die ganze Nacht und redeten, als ob dies ein neuer Anfang für uns wäre, als ob alles in Ordnung wäre. Als ob wir nicht den Schaden ansprechen müssten, den ich unserer Beziehung angetan hatte.

Innerhalb von zwei Monaten fand sie jemand anderen, ich zündete den Wohnwagen an und war auf dem Weg ins Gefängnis. Es vergingen Jahre, bis ich mich wieder mit jemandem so sicher fühlte. Valerie hatte Notoperationen an mir durchgeführt, hatte die abgetrennten Verbindungen zu Fürsorge, Empathie und Liebe wieder angenäht, die während meiner Kindheit weggerissen worden waren. Sie tat dies, während sie versuchte, ihre eigenen Wunden zu versorgen und Teile ihres eigenen Selbst zu reparieren. Ich hatte sie nicht nur geschlagen, um meine Macht über sie auszuüben, ich hatte mich, wenn auch unbewusst, auch geweigert, für sie da zu sein. Sie hat die Grundsteine dafür gelegt, dass ich heute in der Lage bin, starke Verbindungen der Fürsorge zu knüpfen, zu lieben und eine emotionale Intimität mit anderen zu haben. Ich hingegen reproduzierte die mir vertrauten patriarchalen Muster. Ich nahm mir von ihr, was ich brauchte, und weigerte mich, etwas von mir preiszugeben, das mich verwundbar machen würde. Alles, was mich dazu hätte bringen können, die Toxizität, die ein Teil von mir geworden war, aufzulösen, wurde von meiner eigenen Feigheit ferngehalten. In den Jahren nach unserer Trennung dachte ich oft an sie, aber ich dachte nicht über das hinaus, was sie mir bedeutete. Ich vermisste sie. Ich wünschte mir, dass sie in meiner Nähe wäre. Ich wünschte mir, dass sie für meine Bedürfnisse verfügbar wäre. Natürlich sorgte ich mich darum, ob sie tot oder lebendig war und sogar darum, ob sie zufrieden war oder litt, aber immer nur in Bezug auf die Möglichkeit, dass sie für mich zur Verfügung stehen würde. Es vergingen weit über zehn Jahre, bis ich darüber hinaus an sie dachte, und das geschah aus einer Position neu gewonnenen Komforts und Sicherheit, als ich andere Menschen hatte, die sich um mein emotionales Wohlbefinden kümmerten. Ich frage mich, wie ich Verantwortung übernehmen kann für mein Verhalten ihr gegenüber – und ob ich nicht einmal mehr nur in meinem eigenen Interesse darüber nachdenke. Wie sieht Verantwortungsübernahme in diesem Zusammenhang aus?

Du bist nur ein *weißer* Junge

»Weißsein als Kategorie wird zum Teil durch ritualisierte Gewalt gegen Schwarze und den weißen *Konsum von spektakulären Bildern antischwarzer Gewalt aufrechterhalten. Die* weiße *Identität wird in den Momenten gefestigt, in denen die Position als Zuschauende geteilt wird und in denen* Weiße *die Gelegenheit haben, denselben Wirkungsraum wie andere* Weiße *zu bewohnen, etwa wenn sie als Zuschauende kollektiv an Lynchmorden teilnehmen.«*

Jackie Wang, Carceral Capitalism[75]

Ich erinnere mich an das Blut. Ich erinnere mich an das Weiße seiner Augen. Das Blut, das aus seinem Bauch lief, durch sein T-Shirt von Derby County hindurch, über den hölzernen Messergriff und auf meine rechte Hand. Er sagte: »Motherfucker«, doch seine weißen Augen sagten: »Hilf mir.«

Ich mache einen Schritt zurück und er kommt auf mich zu. Im Hintergrund das Treiben der Goose Fair, des Nottinghamer Jahrmarkts: unsere Freund*innen, die auf der Achterbahn schreien, unsere Schwestern, die im Autoscooter lachen, blinkende Lichter im Hintergrund und Garage-House-Musik aus allen Richtungen. Die Tür hinter mir öffnet sich, MD steht im Gang, den Kopf schräg zur Seite gelegt, einen Joint in seinen Fingern. »Verdammt, was hast du getan?«, muss er gedacht haben. Während ich mich zu MD umdrehe, schlägt Ray nach mir. Seine Hände klatschen auf meinen rasierten Hinterkopf. Ich zucke überrascht zusammen, drehe mich wieder zu ihm um und hebe die

Fäuste. Ein paar Jungs, die illegale Autorennen fahren, fliegen förmlich am Haus vorbei, für ein paar kurze Sekunden erfüllt beschissene Technomusik die Luft. Ray holt wieder aus, aber er ist schwach und sein Haken leicht wegzuschlagen. Ich sehe zwischen MD und Ray hin und her, während beide auf mich zukommen. Ich weiche in eine Ecke zurück und starre auf das Messer, das in Ray steckt. Ich erinnere mich fast, worüber wir uns gestritten haben, als MD mich packt und wegzieht. Zur Tür hinaus und in den Gang. Er befiehlt mir, dort zu warten, und geht in den Raum zurück.

Ich schätze, dass er ein paar Sekunden lang weg war, vielleicht Minuten. Als er zurückkommt, schickt er mich einen Wagen holen, egal woher. Ich laufe nach unten zur Sophie Road. Mit den Händen in den Hosentaschen gehe ich rasch die Straße entlang, biege um die Ecke auf die Claypole ab und entdecke einen grauen Mazda. Ich knacke das Schloss, starte den Wagen und mache eine Kehrtwende zurück zur Sophie Road. Ich springe aus dem Wagen und öffne die Tür, während MD Ray aus dem Haus hilft. Das Messer steckt immer noch in ihm und er hält es fest. Sie steigen hinten ein und ich fahre los: von der Bentick Road über die Alfrenton Road zur Derby Road. Ich bin noch nie so schnell an der Polizeistation Canning Circus vorbeigefahren. MD sagt, er habe den Messergriff abgewischt und dass Ray behaupten wird, er wisse nicht, wer ihn niedergestochen hat. Er wird sagen, dass er auf dem Heimweg überfallen wurde. Ein Teil davon stimmt ja auch. Ray schuldet ihm sowieso noch was, erklärt MD. Ray ist einfach froh, dass er nicht auf dem Boden seines besetzten Hauses zum Sterben zurückgelassen wurde.

Als ich MD im Nottinghamer Gefängnis besuche, erzählt er erneut diese Geschichte. Als sie passierte, war er sechzehn und ich fast fünfzehn. Ihm zufolge war dies der Punkt gewesen, an dem er genug von mir und meinem Scheiß hatte. Er war dabei, sich hochzuarbeiten und den Ruf eines Top-Kids aufzubauen, ein smarter Typ, der das Richtige tat. Ich hatte einen Ruf als jemand, der bald als Leiche enden würde. MD betrachtete mich damals zwar immer noch als Freund, aber es war ihm wichtiger, sich aus Schwierigkeiten herauszuhalten und Geld zu verdienen, als mir immer wieder den Hals zu retten. Er stellt klar, dass ich schließlich immer noch *weiß* war, bei allem, was ich sonst noch war. Ein dreckiger, lächerlicher, irgendwie irischer, trashiger, armer *Weißer,* aber immer noch *weiß.* Und wenn er dieselbe Richtung eingeschlagen hätte wie ich, wären die Konsequenzen für ihn weitaus härter gewesen.

MD sagt auch, er wisse nicht, wie viel von meiner Bereitschaft, in jeder beliebigen Situation die schlechtestmögliche Entscheidung zu treffen, auf der Annahme beruhte, dass ich davonkommen würde, weil ich *weiß* bin. Oder ob es einfach daran lag, dass ich kaputt im Kopf war. Er deutet an, dass die Scheiße, die über die Jahre hinweg aus dem Mund meines Vaters kam, sicherlich viele verschiedene Auswirkungen hatte, aber die ständig wiederholte Erinnerung daran, dass ich als *weißer* Mensch zwangsläufig besser sei als Schwarze, hat ganz sicher dazu geführt, dass ich davon ausging, dass einige der Gesetze und andere Konsequenzen nicht für mich gelten würden. Für *weiße* Menschen gelten einige dieser Konsequenzen tatsächlich nicht, erwidere ich. Er nickt, aber schaut weit über meine Schulter hinweg, als er sagt: »Und ich gehe davon aus, du findest, dass sie es auch nicht sollten.«

Es macht mir immer noch zu schaffen, wenn er mich auf diese Weise herausfordert. Ich besuche ihn nun seit acht Jahren mindestens einmal im Monat, selbst jetzt mit einer Hin- und Rückfahrt von drei Stunden. Und ohne mich würde er Monate ohne jeglichen Besuch verbringen.

Ich sorge dafür, dass sein Proviant aufgestockt wird, schicke ihm Bücher, und falls jemand aus seiner Familie (seine Tochter, sein Sohn, seine Mutter) in Schwierigkeiten steckt, besuche ich sie und sehe nach, um ihn beruhigen zu können. Ich tue dies, obwohl wir uns vor meinem ersten Besuch über zehn Jahre lang nicht gesehen hatten. Wenn er also anfängt herumzustochern, wenn er anfängt, mich herauszufordern, wenn er mich nicht als solidarisch anerkennt, werde ich etwas angespannt. Ich ziehe mich für einige Minuten zurück, was zum Teil auf mein schwieriges Verhältnis zu meiner Vergangenheit zurückzuführen ist und darauf, wie schmerzhaft die Distanz zu den Menschen, mit denen ich meine Jugend verbracht habe, für mich ist. Obwohl ich versuche, mit den Communitys, aus denen ich komme, und mit meinen Lebenserfahrungen verbunden zu bleiben, pflege ich keine engen Beziehungen zu den Familienmitgliedern und Freund*innen, die mich während der 1980er, 1990er und 2000er Jahre begleiteten. Außer mit MD. Wenn er mich also auf diese Weise herausfordert, trifft mich das – als ob es eine Ablehnung meiner Person wäre. Was es zum Teil ja auch ist. Er erinnert mich daran, dass es viele Grenzen zwischen uns gibt, und die bedeutendsten davon sind die Tatsache, dass er Schwarz ist und ich *weiß* bin, und die Tatsache, dass er eingesperrt ist und ich nicht. Und beides hängt miteinander zusammen. Ich gehe ebenfalls auf Distanz, weil ich ihn dafür bestrafen will, dass er meine Gefühle verletzt hat. Dafür, dass er mich dazu zwingt, die Grenzen der Rassifizierung und die Tatsache anzuerkennen, dass er im Gefängnis ist und ich nicht.

Ich schicke ihm diesen Textauszug, und als ich ihn das nächste Mal besuche, lacht er mich aus. Ein tiefes, herzhaftes Lachen. Er sagt, dass er zwar Schwarz und drinnen ist und ich *weiß* und draußen, aber dass er sich immerhin nicht in diesen Fragen verheddern würde. Seine Ziele für den Tag sind, ihn ohne irgendeinen Vorfall zu überstehen und sich von dem Schmerz und dem Chaos um ihn herum ablenken zu können. Das ist alles. Er mache sich über vieles gar keine Gedanken und strebe nur danach, zu überleben, während ich mich an einem Punkt befinde, an dem das Überleben relativ einfach ist und ich mich weiterentwickeln will. Ich könne tun, was auch immer ich will, aber wenn ich schon von Solidarität fasele, soll ich gefälligst nicht angepisst von einem Kumpel sein, der meine Gefühle ein wenig verletzt hat. Sicher, es ist ein Teil meiner Identität, ihn zu besuchen, und ein Teil seiner Identität, von mir besucht zu werden. Aber wenn dieser Teil unserer jeweiligen Identität eine Bedeutung haben soll, dann müssten wir in den wenigen Momenten, in denen wir uns über etwas anderes als Fußball und Bücher unterhalten, die Wahrheit aussprechen. Und ab und zu meint dies eben auch, laut auszusprechen, dass ich deshalb nicht mit ihm im Gefängnis bin, weil ich *weiß* bin. Weil ich leichter als ungefährlich wahrgenommen werden kann. Weil die Gesellschaft nicht auf dieselbe Art und Weise automatisch annimmt, dass ich gewalttätig bin, wie sie das bei ihm tut. Als sein Urteil gesprochen wurde, wodurch er noch weitere zehn Jahre eingesperrt bleiben wird, wurde nicht berücksichtigt, dass er Rays Leben gerettet hat (das ich ihm beinahe genommen hätte). Ebenso wenig, dass er, seit er elf Jahre alt war, seinen jüngeren Bruder und seine Schwester versorgte und damit erst an dem Tag aufhörte, an dem er zum letzten Mal verhaftet wurde. Während ich über zehn Jahre hinweg in einem Sumpf aus Drogensucht, willkürlicher Gewalt und Selbstmitleid versank, arbeitete sich MD die einzige Karriereleiter hoch, die einem kompromisslosen Schwarzen Mann offenstand, der einen Scheiß auf das herablassende und heuchlerische System gab. Als ich ihn am Telefon danach frage, sagt er: »Egal ob es die *weißen* Gangster auf der Straße oder die in der Vorstandsetage sind, die ganz oben, alles, was sie interessiert, ist Geld. Es ist das verdammte mittlere Management, um das ihr euch sorgt. Wenn ich versucht hätte, mich in einem legalen Geschäft hochzuarbeiten, hätte ich den ganzen verdammten Tag lang Ja, Sir und Nein, Sir sagen, mir auf die Zunge beißen und mich verbiegen müssen. Auf der Straße wirst du für diese Scheiße bestenfalls verprügelt. Auf der Straße war ich einfach voll und ganz ich selbst.«

Ich habe mich meiner Verantwortung entzogen, er hat seine übernommen. Lange bevor ich clean wurde und mit Community-Arbeit anfing, hatte er seine Community versorgt und beschützt. Ich griff wahllos Menschen auf der Straße und bei ihnen zu Hause an – er sagt, er habe nie einen Menschen verletzt, der nicht die gleichen Entscheidungen wie er getroffen hätte. Unklar, ob er deshalb so handelte, weil er wusste, dass das Leben von normalen Bürgern in den Augen der Gesellschaft mehr wert ist und es eine höhere Aufmerksamkeit der Polizei auf sich gezogen hätte, oder weil das Leben von normalen Bürgern auch für ihn mehr wert war.

Wir waren *County-Lines*-Kids, noch bevor man anfing, uns so zu nennen. Mit zwölf Jahren zogen wir eine Schuluniform an, liefen um die Ecke, klopften an eine Tür, erhielten zwei Rucksäcke und zwei Busfahrkarten und machten uns zum Busbahnhof Broadmarsh auf. Wir sahen aus wie zwei nervöse Kinder auf einem Schulausflug und reisten nach Newark, Grimsby, Scunthorpe, Leeds, Sheffield, Wakefield, Bradford und andere Orte, während unsere schweren Rucksäcke uns nach unten zogen. Wir gingen in den nächsten McDonald's, setzten uns an einen Ecktisch, die Rucksäcke auf der Außenseite unserer Sitze, aßen einen Big Mac mit Pommes und tranken einen Schokoladenmilchshake und warteten, bis einige ältere Jugendliche auf uns zukamen. Sie nahmen sich ein paar Pommes, plauderten mit uns über Man U oder Michael Jordan, nahmen dann unsere Rucksäcke mit und gingen. Wir aßen auf und fuhren mit dem nächsten Bus nach Hause.

MD erzählt eine Geschichte, an die ich mich nicht mehr erinnere, obwohl mir Teile davon vertraut scheinen:

»Es war im Hochsommer, Anfang August. Am Tag zuvor hatten wir Kaz' Geburtstag gefeiert und als ich dich vor dem Hähnchenladen traf, warst du immer noch sturzbetrunken. Ich sagte dir, du solltest abhauen. Verpiss dich und schlaf dich unter einem Baum aus. Aber du wolltest nichts davon hören. Und ich wusste genau, wenn ich zu viel Druck mache, würdest du rumspinnen und ich müsste dir am Ende eine reinhauen. Also zuckte ich nur mit den Schultern und sagte, na gut. Erster verdammter Fehler.

Wir holten bei Connie den Stoff. Ich sagte dir, du solltest beim Tor warten, denn wenn er den Alk gerochen hätte, hätte er uns beiden die Fresse eingeschlagen. Ich erzählte ihm, dass du nach einem Mädchen Ausschau hältst, das dir gefällt, und deshalb nicht mit zur Tür kommst. Er verfluchte dich als kleines, hässliches Teenager-Arschloch, und du zeigtest ihm den Mittelfinger. Ich glaube, es waren so drei Kilo pro Tasche. Als du eine davon über deine Schulter geworfen hast, bist du fast zu Boden gegangen. Auf dem Weg in die Stadt holten wir uns etwas Hühnersuppe aus der Küche meines Vaters. Ich dachte, etwas Chili könnte dich ausnüchtern.

Als wir zur Bushaltestelle gingen, hast du alle provoziert, hast einfach allen Passanten irgendeine Scheiße erzählt. Ich versuchte, dich dazu zu bringen, endlich die Fresse zu halten, aber du hast einfach weitergeredet. Ich dachte, wir wären am Arsch, und dass du, falls wir erwischt würden, nicht imstande wärst, deine Fresse zu halten. Gerade, als wir den Busbahnhof erreichten, sagtest du verdammt laut und deutlich, wir könnten einfach den Stoff selbst verkaufen und uns für ein paar Tage nach London verpissen. Ich verlor für einen kurzen Augenblick die Kontrolle und verpasste dir so einen Schlag mit dem Handrücken, dass du auf deinen Hintern fielst. Ich sagte, Junge, sorry, aber du kannst nicht so eine Scheiße erzählen. Erstens können die Leute dich hören. Zweitens, falls dich die falschen Leute hören, werden wir beide abgestochen. Ich hielt dir die Hand hin, um dir hochzuhelfen. Du hattest etwas Blut an der Nase und rote Augen. Du schlugst meine Hand weg und sagtest, ›du verdammte Schwarze Fotze, du verdammter N*****‹, und versuchtest, selbst wieder auf die Beine zu kommen. Dann kamen diese zwei Forest-Fans, große, fette Typen in ihren Zwanzigern, und sie standen vor mir und fragten mich, was mir einfallen würde, dich so zu schlagen. Ob sie mich auch mal ein bisschen schlagen sollten, um zu sehen, wie mir das gefällt. Ich ging langsam von ihnen weg und sagte, wir hätten nur herumgealbert. Und sie fragten dich, ob es so war, ob wir nur herumalberten. Ich und du, wir schauten uns fest in die Augen. Ich wollte dir am liebsten nochmal eine reinhauen, und du wolltest mir ins Gesicht spucken. Du hast gegrinst, weil du es wusstest, weil du verdammt nochmal einfach wusstest, und ich wusste, und du wusstest, dass ich es verdammt nochmal wusste, dass dies alles für mich so viel schlimmer werden würde als für dich. Die fetten Forest-Fans hätten mich verprügelt, die Bullen uns beide verhaftet. Ich hätte gesagt, dass mir die Taschen nicht gehören – sie hätten mir nicht geglaubt. Du hättest gesagt, dass dir die Taschen nicht gehören – du hättest eine 50:50-Chance. Du hattest ein längeres Vorstrafenregister als ich, aber du wusstest verdammt nochmal ganz genau, wie es ausgegangen wäre.

Du hast dein überhebliches Grinsen präsentiert, wie es deine Art war, und hast gelacht. ›Ja, Jungs, wir albern nur herum.‹ Sie musterten uns beide von oben bis unten und verpissten sich, aber die Leute beobachteten uns jetzt. Wir gingen zu unserem Bus. Du hattest dich etwas beruhigt und fragtest: ›Alles gut?‹, und was konnte ich groß sagen? Ich sagte: ›Alles gut‹, wir schlugen ein und gingen davon.

Und, Alter, ich weiß, dass unsere Leben beschissen waren und dass dein Leben besonders beschissen war, aber ich hatte vergessen, dass wir nicht wirklich im selben Boot saßen, nicht wirklich, nicht so. Dass du warst, wer du warst, dass du nichts hattest außer deiner *weißen* Haut und dass uns das voneinander trennte, weil ich Dinge tun musste, die du nicht mit mir zusammen machen konntest, ohne mein Leben noch beschissener zu machen. Du warst ein *weißer* Junge. Du wirst immer ein *weißer* Junge sein. Und das bin ich nicht.«

Janet Helms bezeichnet Weißsein als »offene und unterschwellige Sozialisationsprozesse und -praktiken, Machtstrukturen, Gesetze, Privilegien und Lebenserfahrungen, die die als *weiß* gelesene Gruppe gegenüber allen anderen begünstigen«.[76] Dass ich dieses Weißsein verkörpere, muss ich, unabhängig von meinen anderen Standpunkten, als ethischen Gesichtspunkt beim Schreiben und allen anderen Aktivitäten berücksichtigen. Meine Gespräche mit MD zwingen mich dazu, mich mit meiner Form des Weißseins auseinanderzusetzen, und daher muss sich auch jede erzählerische Darstellung dieser Gespräche mit unserer jeweiligen Beziehung zum Weißsein auseinandersetzen. bell hooks zufolge tragen Autor*innen, Wissenschaftler*innen und Kritiker*innen, die sich selbst als *weiß* bezeichnen, ohne dabei weiter zu untersuchen, was *weiß* zu sein innerhalb ihrer jeweiligen Kontexte bedeutet, lediglich zur Normalisierung des Weißseins bei und suggerieren, dass es ein konkretes Wissen, einen Wert, eine Motivation und eine Richtung darstellt.[77] Das Weißsein, das in meinen Interaktionen mit MD existiert, verknüpft sich mit unseren Klassenpositionen, insbesondere mit der Tatsache, dass mir innerhalb der letzten zehn Jahre der Zugang zu mehr und mehr respektablen und privilegierten Räumen und neuen Formen des Weißseins gewährt wurde, die mit einer größeren Macht und mehr Privilegien verbunden sind; vor zwanzig Jahren hingegen verkörperte ich ein Weißsein, das als abstoßend, verdorben und als Bedrohung für den vorgetäuschten Antirassismus des neoliberalen Projekts angesehen wurde. Jetzt bin ich näher an dem, was als respektables Mittelklasse-Weißsein betrachtet werden kann. Eine weitaus mächtigere Position, die sich besser dazu eignet, die Waffe des Weißseins und die dazugehörige Macht von Staat und Kapital einzusetzen. Was MD in der Beschreibung meines Weißseins anspricht, ist die Spannung zwischen Weißsein als statischer Position und Weißsein als andauerndem sozialen Projekt. Wenn es als statische Position betrachtet wird, kann Weißsein als spezifisches Werkzeug gebraucht werden. Lawler schreibt: »Das ausgeprägte Weißsein der *weißen* Arbeiterklasse kann von der politischen Rechten als Mittel zur Verteidigung gegen das bedrohliche multikulturelle Andere genutzt werden, während die Linke es nutzen kann, um das reaktionäre, unwissende, primitive, *weiße* Andere zu etablieren. Indem von beiden Seiten die *weiße* Eigenheit nur der *weißen* Arbeiterklasse zugeschrieben wird, kann die *weiße* Mittelklasse gewöhnlich, progressiv und normal bleiben.«[78] Wenn wir Weißsein als statisch betrachten, vertuschen wir Überschneidungen mit anderen Kategorien wie Gender, Klasse, Behinderung oder Rechtsstatus. Auf diese Weise bleibt das »Weißsein der weißen Mittelschicht (im ganzen politischen Spektrum) universell, still und unmarkiert«.[79] Gerade heute, in diesem spezifischen historischen Moment, werden Weißsein und die *weiße* Vorherrschaft vermutlich mehr thematisiert als jemals zuvor. Dies hat zu einer Bewegung in Richtung der Reflexivität geführt, und Lawler merkt an, dass es »wichtig ist festzuhalten, dass für einige Gruppen der *weißen* Mittelschicht – der liberalen *weißen* Mittelschicht – das Weißsein zu einem Stigma wird, das dennoch gelebt werden kann, solange es reflexiv als Stigma anerkannt wird«.[80] Im

Zuge der Bewegungen in den USA und im Vereinigten Königreich, die die staatliche Gewalt gegen Schwarze Communitys anprangern, gab es mehr und mehr *weiße* Menschen, die lautstark betonten, antirassistisch zu sein und die *weiße* Vorherrschaft abzulehnen. Dies erfordert jetzt subtilere Manöver: Es reicht nicht mehr bloß eine Verkündung der Opposition, sondern es braucht eine Art der Hyperreflexivität, bei der erst ein Eingeständnis der Komplizenschaft erfolgt, dann ein *mea culpa,* und zuletzt das Versprechen, sich in Bildungsprozesse einzubringen, um das eigene Weißsein zu verlernen, wobei Literaturlisten von antirassistischen Schwarzen Feminist*innen geteilt werden. In diesem Setting müssen alle *weißen* Menschen dasselbe Ritual begehen, wenn nicht, werden sie als die falsche Art von *weiß* identifiziert. Aber die Unterschiede, wie Weißsein erlernt und ausgelebt wird, werden unsichtbar gemacht. Mein maskulines Arbeiterklasse-Weißsein wird dem femininen Mittelschicht-Weißsein meiner Partnerin gleichgemacht. Der Kampf gegen die *weiße* Vorherrschaft droht an diesem Punkt zu einer Reihe performativer Gesten zu verkommen, die von Individuen ungeachtet ihrer jeweiligen unterschiedlichen sozialen Positionen eingefordert werden. Ich möchte hier nicht davon ablenken, dass ich, wie MD sagt, »immer ein *weißer* Junge« sein werde. Aber ich möchte betonen, dass die Reproduktion meines Weißseins an meine Cis-Männlichkeit und meine Position in der Arbeiterklasse geknüpft ist. Um die Art und Weise, wie wir als Individuen und die Communitys, denen wir angehören, *weiße* Vorherrschaft reproduzieren, aufzuschlüsseln und wirklich herauszufordern, müssen wir uns der spezifischen Rolle bewusstwerden, die wir in diesem genozidalen System einnehmen. Weißsein ist keine konkrete Identität oder spezifische Kultur, sondern, so Noel Ignatiev, eine Reihe von Privilegien, die aufgrund der Loyalität zur dominierenden Macht verliehen werden.[81] MD meint, ich hätte schon immer solche Privilegien angesammelt und im Laufe der Zeit Zugang zu immer mehr erhalten. Privilegien, die er nie bekommen hat. Obwohl wir in ähnliche ökonomische Kontexte hineingeboren wurden, führten meine angesammelten Privilegien dazu, dass wir gegenwärtig in stark unterschiedlichen Realitäten leben und zukünftig leben werden. Dieser Umstand erinnert an Ignatievs Buch *How the Irish became white,* das beschreibt, wie die irischen Einwander*innen im Laufe der Zeit *weiße* Privilegien als Gegenleistung für ihre Loyalität und Treue gegenüber der rassistischen Infrastruktur der USA erhielten. Keine Gruppe oder kein Individuum verfügt einfach so über das Weißsein, vielmehr muss dieses erlernt, reproduziert und performt werden. Nichtsdestotrotz ist es eine Art der Entschädigung dafür, vom Kapitalismus ausgebeutet zu werden. Diese Kompensation wird nicht immer in Form von Geld ausbezahlt, aber ihr Zweck ist immer, psychische und emotionale Nahrung zu bieten, die die Auswirkungen von Stigmatisierung und Armut verringert.[82]

Am 10. Juni 2020 telefoniere ich mit MD. Wir sprachen damals zum zweiten Mal seit dem Ausbruch der Covid-19-Pandemie und dem sozialen Shutdown miteinander. Er bittet mich, den Text vorzulesen, den wir gemeinsam geschrieben haben. Als ich fertig bin, bittet er mich, das Folgende hinzuzufügen:

»D, ich verstehe, was du da tust. Es ist in Ordnung, aber teilweise klingt es einfach so, als wärst du ein verdammtes Arschloch. Wenn du rumheulst, du wärst eine spezielle Art von *weiß,* weil du zur Arbeiterklasse gehörst. Ich sage nicht, dass es für Menschen der Arbeiterklasse nicht anders ist als für Menschen der Mittelschicht oder für die verdammten Bonzenarschlöcher. Aber du musst verstehen, dass das die meisten Schwarzen Leute nicht interessiert. Wenn du das einigen Brüdern hier drin vorlesen würdest, würden sie dir deine dünnen Ärmchen brechen. Du und viele deiner Kumpels, ihr müsst einfach kapieren, dass einige Schwarze Menschen weiterhin wütend auf *weiße* Menschen sein werden. Und das zu Recht. Ihr habt viel zu lange gewartet, um euch endlich mit euren Leuten auseinanderzusetzen. Und was du, nein, verdammt, ich denke, was *wir* hier sagen, ist, dass es nicht richtig ist, alle *weißen* Menschen in denselben Topf zu schmeißen. Aber Scheiße nochmal, ihr könnt das schon ein wenig aushalten, ihr tut uns dasselbe schon verdammt lange an. Ich meine, einige der Schwarzen Männer und Frauen, denen ihr zuhört, verdammt, die haben sich nie für mich oder meine Familie interessiert. Aber du hast brav genickt und dir dafür auf die Schulter geklopft, dass du einem Schwarzen Typen zugehört hast, der sich wie ein *weißer* Gangster in der Chefetage verhält. Ihr sagt euch selbst, dass ihr Schwarze Menschen beachtet, dass ihr Schwarzen Menschen zuhört, nur weil ihr ein paar wenigen von ihnen zugehört habt. Euch hat es nichts ausgemacht, den Rest von uns den Wölfen zum Fraß vorzuwerfen, und ich wette, ihr würdet es wieder tun. Schreib das in das Buch. Ich werde hier drin sterben.«

Am anderen Ende der Leitung wird es still. Ich höre MD atmen. Ich höre Rufe auf den Korridoren.

»Ich war verantwortlich für meine Entscheidungen, und jedes Mal, wenn ich sie traf, wusste ich, dass sie mich eines Tages hinter Gitter bringen konnten. Ich übernehme dafür die Verantwortung. Aber da draußen, wo ich diese Entscheidungen traf, hatte ich nichts mit der Errichtung dieses Knastes zu tun. Schwarze Menschen bauen die Knäste nicht, wir leben nur darin. Wir sterben darin. *Weiße* Menschen bauen sie. *Weiße* Menschen nutzen sie, um uns zu töten. Sowohl hier drinnen als auch da draußen.«

Wie man einen Menschen abrichtet

Wenn Menschen meine Geschichte hören oder meine Texte lesen, fragen sie mich oft, was denn der Wendepunkt in meinem Leben war. Sie wollen ein bestimmtes Narrativ hören; sie wollen das konkrete Ereignis, das das Blatt gewendet hat. Manche wünschen sich etwas Leichtes, etwas, das das Herz ein bisschen erwärmt. Sie wollen Licht am Ende des Tunnels sehen, gewissermaßen als Belohnung nach den durch und durch von Traumata geprägten Erzählungen, die gerade zum öffentlichen Konsum vorgetragen wurden. Mich erinnert das an die Performance »Nanette« der Komikerin Hannah Gadsby. Sie spricht darüber, wie die Pointe die Anspannung auflöst, die in einem Witz aufgebaut wird. Als Beispiel nennt sie einen Vorfall, der über mehrere Jahre hinweg Teil ihres Stand-up-Programms war: eine unangenehme Begegnung mit einem heterosexuellen Paar an einer Bushaltestelle. In vorherigen Auftritten hatte Gadsby die Erzählung mit einer Pointe beendet, die Spannung aufgelöst. In »Nanette« berichtet sie, dass der Vorfall in Wahrheit nicht mit einem Witz, sondern mit physischer Gewalt ihr gegenüber endete. Sie erachtet es nicht mehr als angemessen, ihr Publikum einfach so davonkommen zu lassen. Sie wird sich nicht weiter daran beteiligen, sich selbst und die konstante Bedrohung, der LGBTQI+-Menschen andauernd auf den Straßen der heutigen Gesellschaft ausgesetzt sind, zu verschweigen. Sie verweigert dem Publikum die Erleichterung und erinnert es stattdessen an seine Komplizenschaft mit den sozialen und kulturellen Bedingungen unserer Gesellschaft. Auch ich habe früher in den Diskussionen nach Lesungen und Performances meiner Texte meinem Publikum einen ganz ähnlichen Ausweg angeboten. Wenn ich nach dem Happy End gefragt wurde, danach, wann und wie alles besser wurde, erzählte ich von dem positiven Einfluss, den einige Menschen auf mein Leben gehabt hatten, wie Lesen und Bildung mein Leben bereichert und wie Bewegungen für soziale Gerechtigkeit und die Menschen, die Teil davon sind, mir ermöglicht hatten, meine Traurigkeit und Wut in etwas Positives zu kanalisieren. Selten bleibe ich hart, ebenso selten betone ich, dass ich mitschuldig bin an den rassistischen, sexistischen und ableistischen Praktiken der Gesellschaft, die meinen Lebensweg begünstigt haben. Dass ich diese Praktiken für mich nutzen konnte, weil sie nicht mich ausschlossen, sondern andere, und ich sie auch genutzt habe, um mein eigenes Wohlbefinden zu verbessern. Das ist im Allgemeinen nicht das, was die Leute hören wollen. Sie wollen hören, dass andere mich gerettet haben und dass mein Fleiß und meine harte Arbeit, mein Wille aus mir einen besseren Menschen gemacht haben.

Wenn ich also ab und zu in gutmütiger oder unehrlicher Stimmung bin, vielleicht nachdem ich von einem besonders gewaltvollen Moment in meinem Leben berichtet habe, erzähle ich von meinem Verhältnis zum Lesen. Wie ich mit Mitte zwanzig mein Lesealter von dem eines Sechs- oder Siebenjährigen auf das eines Menschen steigerte, der an der Hochschule eine Ausbildung zur Psychiatrie-Pflegefachkraft abschließen wollte. Ich erzähle davon, wie ich durch die Lektüre von Antonio Gramsci Gedanken weiterentwickeln konnte, die ich bereits hatte; wie Dorothy Allison und Jean Genet mir Worte für meine eigenen Erfahrungen gaben; wie Angela Davis, James Baldwin, bell hooks und C. Wright Mills mich komplett umhauten und dazu zwangen, alles zu überdenken, was ich je getan hatte, tat und tun wollte. Wie Pierre Bourdieu und Paul Gilroy mir eine neue Perspektive auf die Welt eröffneten. Wie Herbert Selby Jr.

mir das Gefühl gab, verdammt nochmal gesehen zu werden. Wie eine ganze Horde von Belletristik-Autor*innen mich zum Lachen und Weinen brachten und mich Dinge fühlen ließen, die ich im wahren Leben noch nicht fühlen konnte. So viele der Autor*innen, die ich in diesen ersten paar Jahren kennenlernte, noch bevor ich an die Hochschule ging, gehören bis heute zu den wichtigsten für mich.

Das Lesen hat mich geprägt, und das Alter, in dem ich damit anfing, erscheint mir besonders wichtig. Ich hatte ein Vierteljahrhundert gelebt, ohne je wirklich ein Buch in die Hand genommen zu haben. Stattdessen war ich fünfundzwanzig Jahre lang rastlos gewesen, hatte mich in Fallen verheddert und aus ihnen befreit, war geistlos umhergezogen, hatte Verwüstung angerichtet und mich durch Dreck und Zerfall gekämpft. Als ich also diese ersten Bücher in die Hand nahm, tat ich das, was alle tun: Ich trug meine eigene Erfahrung hinein. Ich hatte das Glück, während meiner Schulzeit nicht gelernt zu haben, Bücher als Werkzeuge zu verstehen. Ich wandte mich ihnen zu, weil ich es wollte, und nicht, weil mir irgendwer sagte, ich müsste. Zu Beginn erfuhr ich sie so wie das Leben selbst: als etwas, durch das man hindurchrast, während man sich verzweifelt daran festhält und hofft, einigermaßen heil wieder rauszukommen. Es war die einzige Art und Weise, die ich kannte, irgendetwas anzugehen. Ich war immer noch dabei, Selbstbeherrschung zu lernen. Als ich mich fürs Lesen entschied, fühlte sich das an wie eine der ersten bewussten Entscheidungen meines Lebens, aber sobald ich einmal in einem Buch drin war, gab es kein Zurück. Es fesselte mich. Es raubte mir den Atem. Es schleuderte mich herum, bis es fertig war mit mir, und wenn es mich dann ausspuckte, hofften wir beide, dass ich dabei etwas gelernt hatte. Es ist kein Vergleich zu heute, wenn ich mich von Text zu Text bewege, bewusst nach Informationen suche und bei allem, was ich lese, ziemlich genau weiß, was ich davon mitnehmen will. Ich entdecke immer wieder Neues und bin ab und zu noch aufgeregt, aber nur selten raubt mir ein Buch den Atem. Heute ist das Lesen leblos, oft fast an der Grenze zur Sterilität.

Wäre meine Erfahrung dieselbe gewesen, wenn ich die Art Wissen und Ausbildung gehabt hätte, die das *weiß*-europäische Bildungssystem zur Verfügung stellt, als ich mit Mitte zwanzig mit Genet, hooks, Baldwin und all den anderen in Berührung kam? Ich habe den Verdacht, sie wäre nicht einmal halb so stark gewesen. Es wäre eine sterile Reise gewesen. Eine Methode, kein Wahnsinn. Wie wenn man Pizza mit Messer und Gabel isst statt mit von heißem Fett tropfenden Händen. Wenn ich die Literatur, die etwas in mir bewegt, entdeckt hätte, nachdem mir beigebracht worden wäre, wie man liest, hätte ich das verpasst, was ich in den ersten paar Monaten des Lesens erfuhr. Es wäre klinisch gewesen, nicht wild, durchdacht, nicht verzweifelt.

Wenn ich also danach gefragt werde, durch welches Ereignis sich das Blatt in meinem Leben gewendet hat, sprechen gute Argumente für die Antwort: durch Lesen und durch Bücher. Gute Argumente, aber keine zutreffenden. Bevor ich überhaupt erst ein Buch in die Hand nahm, wurde ich zwangsweise in eine psychiatrische Klinik eingewiesen. Ich verbrachte dort achtundzwanzig Tage. Die Erinnerungen an die Wochen um meine Ankunft herum sind, milde gesagt, sehr verschwommen. Das Erste, an das ich mich erinnern kann, ist, wie ich im Raucherraum sitze und auf den Boden starre. In der einen Ecke läuft der Fernseher mit abgeschaltetem Ton, in einer anderen spielt ein Mann um die sechzig Solitär. Er ist dünn wie eine Bohnenstange und trägt Schuhe, ohne Socken, bei denen die Schnürsenkel entfernt wurden. Seine Hosen sind zu kurz, um seine Schienbeine voller Prellungen, scharf und gelb, zu verdecken. Er trägt ein hellblaues Hemd, das ihm mindestens zwei Nummern zu groß ist und an dem einige

Knöpfe fehlen oder offen sind. Er schnalzt bei Geräuschen und Bewegungen aller anderen im Raum missbilligend vor sich hin. Beim Eingang steht eine Pflegerin und diskutiert mit einem Typen, der sich weigert, zu seinem Arzttermin zu gehen. Der Typ hat so eine modische blonde Vorhangfrisur wie ein Mitglied einer Boyband und trägt ein enges Liverpool-Trikot, das sowohl gut definierte Muskeln zeigt, als auch die schweren Rasierklingenschnitte, die sich von seinen Händen zu seinen Schultern ziehen. An der Wand zwischen mir und dem Fernseher ist ein Tisch angebracht. Auf dem Tisch halb aufgegessene, mit Schmutz und Schimmel gesprenkelte Schokoladen-Ostereier. Daneben ein Stapel mit verschiedenen Magazinen, von Modelleisenbahnen über Promi-Klatsch bin hin zu Pferdewetten, und drei Aschenbecher, die schon um zehn Uhr morgens am Überquellen sind. Neben dem alten Solitärspieler und dem jungen Typen ist noch eine afrokaribische Frau Anfang vierzig im Raum, die einen glänzenden schwarz-goldenen Trainingsanzug trägt. Sie funkelt den jungen Typen böse an, der gerade anfängt, eine Szene zu machen, dreht sich dann zu mir um, lächelt und macht jene universelle Geste, die mir sagen soll, dass er ein Wichser ist. Schlussendlich steht der Typ auf und geht mit der Pflegerin weg. Ich greife in meine Hosentasche und fange an, mir eine zu drehen. »D, du bist mit dieser hier noch nicht fertig«, sind seine ersten Worte, an die ich mich erinnere. Ich werfe einen Blick auf die Armlehne und sehe, dass ich die zur Hälfte fertig gerauchte Zigarette abgelegt habe, um mir eine neue zu drehen. Ich stecke den Tabak wieder weg und schaue zu ihm hoch. Er ist fünf Jahre älter als ich, aber wenn man uns ansieht, würde man darauf nicht kommen. Es ist ein paar Monate vor meinem fünfundzwanzigsten Geburtstag, aber meine Haut ist grau, meine Zähne und Finger gelb, aus meinen Augen, meiner Nase und meinem Arschloch fließt es ununterbrochen, und die Kombination aus den Medikamenten, die man mir verschrieben hat, und dem Entzug der Substanzen, die ich mir selbst verschrieben habe, lassen mich die ganze Zeit zittern. Er ist fast 1,80 groß, etwas größer als ich, und hat dieses absichtlich verwuschelte Haar, das Indierockstars so mögen. Seine Haut ist weich und rosig, seine Augen sind klar. Er hat den Körperbau und das Auftreten eines Squashspielers, und seine Zähne sind ein Zeugnis erfolgreicher Kieferorthopädie. Er heißt Stephen, und ich weiß innerhalb von dreißig Sekunden, dass er ein Arschloch ist. Ein bösartiges Arschloch, aber von der erbärmlichen Sorte. Er hat denselben Gesichtsausdruck wie die vierzigjährigen Familienväter, die mich im Forest-Rec-Park abholten und mich, nachdem ich ihnen einen geblasen hatte, ein bisschen herumprügelten. Die afrokaribische Frau fragt Stephen, wo er gewesen sei, und lächelt, als er ihr erzählt, dass er mit ein paar Freunden in Spanien im Urlaub war. Er fragt mich, wie ich mich fühle und was ich mir für den Tag vorgenommen hätte. Sie antwortet für mich, es ginge mir viel besser, und dass ich aufgehört hätte, in die Wände zu schlagen. Ich sage nicht viel. Er zeigt auf den Gips um meinen linken Knöchel und fragt, wann er abkommt. Ich zucke mit den Schultern. Er sagt, er werde in meiner Akte für mich nachsehen. Ich zucke mit den Schultern. Er sagt zu ihr, es sei schön, sie wiederzusehen, und sie sagt, es sei auch schön, ihn wiederzusehen. Er sagt zu mir, es sei schön, mich kennenzulernen. Ich zucke mit den Schultern.

Fünf Tage später knie ich in einer Abstellkammer mit seinem Schwanz im Mund. Zuvor war er mit mir über das Klinikgelände spaziert, ich humpelnd auf die Krücken gestützt, er schlendernd nebenher, lächelnd und die anderen Angestellten grüßend. Er schwafelte ewig über seinen Urlaub und seine Wochenendpläne. Er stellte mir Fragen und schien sich mit ein- oder zweisilbigen Antworten zufriedenzugeben. Als wir einen Korridor entlanggingen, befahl er mir anzuhalten und so zu tun, als wäre ich außer Atem. Er wartete, bis zwei Frauen vom Küchenpersonal vorbeigingen, öffnete dann eine Tür und zog mich hinein. Das Licht blieb ausgeschaltet, als er mich auf die Knie stieß. Er sagte nichts und ich fand keinen guten Grund, warum ich nicht mitmachen sollte.

Auf der Station war mir nie kalt. Ich brauchte ein paar Wochen, bis ich verstand, was nicht stimmte. Ich verstand es erst, als ich mit Stephen spazieren ging und im Korridor, der Türen nach draußen hatte, ein Luftzug zu spüren war. Nach so vielen Tagen und Nächten, die ich auf der Straße, in besetzten Häusern, Bruchbuden und im Knast verbracht hatte, war der Aufenthalt in beheizten und gut isolierten Räumen neu für mich. Ich vermisste die Brise. Ich vermisste die kalte Luft. Also sagte ich ja, als Stephen mich fragte, ob ich nochmal einen Spaziergang mit ihm machen wollte. Auf der Station wurde man ständig vom Pflegepersonal, den Ärzt*innen und den anderen Patient*innen gefragt, wie es einem ging. Letztere zerfielen in zwei Lager: Die einen wollten eine schnelle Antwort, damit sie dir dann erzählen konnten, wie es ihnen ging. Die anderen wollten, dass du so lange wie möglich redest, um sie von ihrer Langeweile abzulenken. Die Ärzt*innen fragten in genau demselben Ton wie Sozialarbeiter*innen und Bewährungshelfer*innen, und was auch immer ihre Absicht war, ich konnte nicht anders, als die Frage »Wie geht es dir heute, D?« als direkte Drohung wahrzunehmen. Das Pflegepersonal wiederum fragte stets mit ernstem, trübem Gesichtsausdruck. Sie lachten und witzelten mit dir, wenn du antwortetest. Nach einer Weile wollte ich ihnen die Antwort geben, die sie verdienten, eine, die ich ernst meinte, weil sie sich so für die Frage zu interessieren schienen und mir ein kurzes »gut« oder ein Schulterzucken wie eine Beleidigung vorkamen. Ich wusste, dass die Medikamente, die sie mir verschrieben, mich weicher machten, meine Ecken und Kanten runder wurden, aber ich wusste auch, dass bei all dem die ehrliche Antwort auf die Frage »Wie geht es dir heute, D?« hässlich und unangenehm war. Ich hatte eigentlich nicht die Absicht, darüber nachzudenken, aber ich wollte dem Pflegepersonal, das abgesehen von Stephen wirklich verdammt nett zu mir war, ehrliche Antworten geben. Fairerweise muss ich sagen, dass vielleicht auch Stephen nett war, aber es war verdammt offensichtlich, welche Absichten er verfolgte, und daher kann ich ihn nicht auf die gleiche Stufe wie seine Kolleg*innen stellen. Um ihnen eine Antwort geben zu können, von der ich dachte, dass sie sie verdienten, hörte ich den Antworten der anderen zu. Ich hielt mich während des Schichtwechsels in der Nähe des Büros auf, um zu hören, welche Antworten die Leute vom Personal einander gaben, und ich hörte den etwas klareren Patient*innen zu, wenn sie auf dieselbe Frage reagierten.

Aus »mir geht's gut« wurde »etwas besser als gestern« und dann »heute Morgen habe ich mich gut gefühlt, aber inzwischen bin ich etwas müde« und schließlich »Ich denke, die Medikamente helfen. Ich denke, dass ich einen guten Tag habe. Ich habe vorhin einen Spaziergang gemacht, das hat gutgetan. Ich freue mich aufs Mittagessen.« Schließlich gab ich mindestens einer Person pro Tag eine Antwort, die aus mindestens fünf Sätzen bestand, und teilte darin mit, was ich getan hatte, was ich noch vorhatte und wie sich diese Dinge anfühlten. Was ich nicht sagte, war: »Ich denke, die Medikamente halten mich davon ab, diesen Ort in Brand zu stecken. Ich denke, dass ich nur deshalb bleibe, weil ich weiß, dass ich hier Essen bekomme. Ich liege nur deshalb nicht im Bett, weil ich nicht sicher bin, ob mich jemand plötzlich angreift, wenn ich es nicht erwarte.« In der dritten Woche fragte mich ein Pfleger, was ich nach meiner Entlassung tun würde. Als ich antwortete, dass ich vorhätte, bei einem Kumpel zu übernachten, erwiderte er, ich solle mich für Wohnunterstützung anmelden und er würde mir Formulare zum Ausfüllen bringen. Ich hatte einen Termin bei einer Sozialarbeiterin, aber ich setzte meine neu erworbenen Fähigkeiten ein, um ihr zu versichern, dass es mir gut gehe, dass ich nur hier sei, weil ich etwas eingenommen hätte, das gestreckt worden war, und dass ich Treffen der Narcotics Anonymous besuchen und clean bleiben würde.

Alle paar Tage machte ich mit Stephen einen Spaziergang um den Block. Jedes Mal endete der in irgendeiner Abstellkammer, ich auf den Knien oder über einen Tisch gebeugt. Während er mich fickte, flüsterte er mir ins Ohr, was für ein Stück Dreck ich sei, und all die Sachen, die er mit mir machen würde, sobald wir außerhalb der Klinik wären. Wenn wir uns anschließend sauber machten und unsere Hosen wieder hochzogen, erklärte er mir, wie ich, sobald ich entlassen wäre, bei ihm einziehen könnte. Einmal drohte er mir, wenn ich irgendjemandem irgendetwas von uns erzählen würde, würde er mich zerstören. Ich packte ihn am Hals und sagte, er solle mir besser nicht drohen. Als ich später allein im Bett war, bekam ich fast keine Luft mehr und fragte mich, ob ich damit für ihn den Zauber gebrochen hatte und ob er wirklich jemanden wollte, den er verletzen und zerstören konnte. Einen Moment lang dachte ich, dass ich dieser Jemand sein könnte, dass es etwas wäre, das ich wollte, dass ich irgendwie glimpflich davongekommen wäre. Aber gleich darauf sah ich ihn als eine Art Essensmarke, einen Ort, an dem ich mich eine Weile ausruhen konnte. Ich hätte mir keine Sorgen machen müssen. Einige Tage später, als sein Schwanz in meinen Rachen drückte, flüsterte er, wie er sich darauf freue, das bei sich zu Hause zu tun, wo er versuchen könnte, mich zum Schreien zu bringen.

Stephen half mir, mich mit der Adresse eines seiner Freunde für die Arbeitsvermittlung und für Wohngeld anzumelden. Mehr als alle anderen ermutigte er mich dazu, meine Zeit auf der Station mit Lesen zu verbringen. Er hörte mir mit Geduld und Sorgfalt zu, wie ich versuchte, Worte aus den drei Büchern, mit denen ich Lesen lernte, auszusprechen. Er lachte nie, wenn ich Wörter verwechselte, und ich konnte sehen, dass er sich große Mühe gab, mich nicht zu bevormunden. Und vielleicht am wichtigsten: Er schlug mir nie meine Bitten nach Tabak ab, den er während seiner Schichten heimlich unter meinem Kissen versteckte.

Ich mochte die Pfleger*innen und fühlte mich sogar beinahe sicher in ihrer Nähe, doch sie behandelten mich wie ein Kind. Stephen wiederum stachelte mich an und provozierte mich. Ungeachtet unserer sexuellen Beziehung interessierte er sich eine lange Zeit ehrlich dafür, wer ich war, und wollte etwas davon sichtbar machen. In dieser Hinsicht war er mehr als ich daran interessiert, eine romantische und sexuelle Beziehung einzugehen. Ich war während der letzten zwei Wochen auf der Station dazu bereit und vielleicht sogar gewillt, und während der Monate danach sogar glücklich damit, mich dementsprechend zu verhalten. Mein oberstes Ziel war es, von der Straße wegzukommen und dem Gefängnis fernzubleiben. Ich hatte begriffen, dass dies möglich wäre, wenn ich niemanden verletzte und von jeglicher Selbstmedikation absah. Stephen fragte mich über meine Familie aus und darüber, was ich seit der Schule getan hatte. Ich erwiderte, dass das nicht wichtig sei, aber er stellte mir solche Fragen jeden Tag, nicht etwa, um eine Antwort zu bekommen, sondern um mich darüber nachdenken zu lassen, wie sich eine solche Antwort überhaupt anhören könnte. Er ermutigte mich, über mich selbst nachzudenken, darüber, wer ich war und wie ich mir mein Leben in der Zukunft vorstellte. Dabei sagte er mir regelmäßig, dass er mich zerstören wolle. Er erklärte mir klipp und klar, dass ich die Wahl zwischen einem langfristigen

Aufenthalt innerhalb des psychiatrischen Systems oder einem Leben mit ihm hätte, wobei er mich so zurechtbiegen würde, wie es ihm passe. Er coachte mich darin, was ich den Ärzt*innen auf der Station sagen und wie ich mit den anderen Bewohner*innen und dem Pflegepersonal interagieren sollte. Zweifellos wusste er genau, wie groß meine Angst vor einer Verlängerung meines Aufenthaltes war und dass es nicht nur die Medikamente waren, die mich zur Beruhigung zwangen.

Wenn man so lange auf der Straße gelebt hat wie ich, hört man aus erster Hand Geschichten von Menschen, die für eine längere Zeit in psychiatrischen Kliniken waren. Geschichten über die schädlichen Auswirkungen von Psychopharmaka, die die Stimmung dämpfen, den Geist ersticken und äußerst unangenehme körperliche Empfindungen auslösen. Ich will damit nicht behaupten, dass sie keinerlei positive Effekte haben oder dass sie für einige Menschen nicht genau das richtige Mittel für tiefgreifende Unterstützung und Erleichterung sein können. Was ich sagen will, ist, dass Psychopharmaka die Symptome und nicht die Ursachen bekämpfen. Dies trifft auch auf die Gesprächstherapie zu. Nochmal: Ich bin absolut dafür, dass alle Zugang zu der emotionalen Unterstützung, die die Gesprächstherapie bietet, bekommen sollen, und sie war in den letzten fünfzehn Jahren immer wieder ein wichtiger positiver Bestandteil meines Lebens. Doch die Gesprächstherapie, egal ob von Psychiater*innen oder Berater*innen anderer Art angeleitet, adressiert das Individuum und ignoriert dabei viel zu oft jegliche sozialen, politischen und wirtschaftlichen Bedingungen. Die Gesprächstherapie, die in psychiatrischen Einrichtungen und Kliniken angeboten wird, ist vorwiegend darauf ausgerichtet, Individuen wieder gesellschaftlichen Normen entsprechend abzurichten, und verortet die Verantwortung für ihre Qualen und ihre Heilung einzig und allein in ihren eigenen Handlungen. Ich konnte all dies bei meiner Mutter beobachten, und ich habe viele Menschen jeglichen Genders und jeglicher soziokulturellen Identität kennengelernt, die nach langen Klinikaufenthalten ohne jegliche Unterstützung wieder entlassen wurden.

Ich verließ die Klinik an einem Freitagmorgen, gleich nach dem Frühstück. Ich hatte zum ersten Mal, seit ich elf Jahre alt war, einen Monat ohne Alkohol oder illegale Drogen verbracht. Ich hatte eine Plastiktüte bei mir mit Papierkram, Medikamenten, Tabak und zwei Büchern, die ich nicht mal zur Hälfte gelesen hatte. Ich trug eine schwarze Lonsdale-Jogginghose und einen grauen markenlosen Kapuzenpullover, den mir mein Sozialarbeiter gegeben hatte. In der einen Hosentasche hatte ich eine Packung Amber-Leaf-Tabak, Blättchen und ein Plastikfeuerzeug, in der anderen einen Fünf-Pfund-Schein. Der Plan war, dass ich Stephen um vier Uhr vor dem Victoria Centre treffen würde, also musste ich noch mehr als sechs Stunden totschlagen. Ich ging an der Derby Road entlang in Richtung Stadtzentrum, machte dann aber Halt und lehnte mich gegen eine Wand, um eine Zigarette zu drehen. Ich wollte nicht in die Nähe von Lenton Flats, Radford oder Hyson Green kommen. Ich wollte im Grunde gar nicht in die Stadt. Ich drehte mir eine Zigarette. Ich rauchte die Zigarette. Studierende gingen an mir vorbei. Meine Medikamente hatten ihre Mühe, meine Wut in Schach zu halten. Ich stellte mir vor, wie ein kaltes Bier schmecken würde. Ich stellte mir vor, wie eine Flasche Wein schmecken würde. Ich stellte mir vor, mich zuzudröhnen. Ich überlegte, direkt nach Radford zur Luke Street zu gehen. Ich wusste, dass Gully dort wäre. Ganz egal, was sich sonst alles änderte, es gab zwei Dinge, die immer gleich blieben: Gully ist auf der Luke Street und von Gully bekomme ich Stoff. Ich drehte mich um und ging mit gesenktem Kopf in die entgegengesetzte Richtung. Als es anfing zu regnen, zog ich mir für einen Moment meine Kapuze über den Kopf, bevor ich dann doch den Regen mein Gesicht berühren ließ. Als Gedanken an meine Mutter und meine Schwestern sich in meinem Kopf breitmachten, ließ ich sie vom Verkehr überdröhnen. Ich ließ jedes vorbeikommende Auto direkt durch ihre Körper rasen. Ich ließ die Busse über ihre Köpfe fahren. Aus dem Middleton Boulevard wurde der Western Boulevard. Ich ging schneller. Ich hatte mich nicht mehr so viel bewegt, seit ich das letzte Mal von einem Tatort geflüchtet war. Mein Atem war dünn und kratzig. Schweiß lief mir den Rücken hinunter.

Wenn mir die Leute heute sagen, man muss »im Moment leben«, denke ich an diesen Tag, denn »im Moment zu leben« war nie so wichtig wie damals. Die Vergangenheit war eine Gefahr, die Zukunft eine Bedrohung. Ich sah eine alte kleine Frau mit blauen Haaren, Cardigan und Brille, die auf der anderen Straßenseite einen Einkaufstrolley hinter sich herzog. Ich dachte, dass ich die Straße überqueren sollte, dass ihre Handtasche im Trolley wäre. Ich blieb stehen. Ich rang nach Luft und lehnte mich gegen eine Wand. Ich drehte mir eine Zigarette. Ich rauchte die Zigarette. Stephen hatte gesagt, dass ich von nun an Entscheidungen treffen müsse. Dass ich entscheiden müsse, wer ich sein wollte. Ich wusste, wer ich war. Ich war Abschaum. Ich war gewalttätig. Ich war kaputt und zerbrochen. Ich war nichts als Hass. Ich schaute hoch und die alte Frau war verschwunden. In ein Haus oder eine andere Straße, und mit ihr verschwand auch meine Hoffnung. Ich lief weiter den Western Boulevard entlang, bis er in die Valley Road abzweigte. Ich ging an parkenden Autos vorbei und stellte mir vor, wie einfach es wäre, mit einem davon abzuhauen, aber ich wusste gar nicht, wovor ich abhauen würde und wo ich hinsollte. An der Nottingham Road fand ich ein Spirituosengeschäft und kaufte vier Dosen Stella. Ich fand mich oberhalb des Forest-Rec-Parks auf einer Bank wieder, den Friedhof in meinem Rücken. Der Alkohol beruhigte mein Atmen. Ich beobachtete den Park von oben, sah zu, wie Jungen Fußball spielten wie ich zehn Jahre zuvor. Bekannte Gesichter zogen an mir vorbei und ließen Erinnerungen in mir hochkommen, die ich nicht haben wollte.

Einen Monat später. Mir wird beigebracht, Spaghetti Bolognese zu kochen. Stephen zeigt mir, wie man eine Knoblauchpresse benutzt. Er benutzt Wörter wie Oregano oder Basilikum. Wir braten Lammhackfleisch an. Wir hacken Paprika und Pilze. Ich habe den Tag über in einem Second-Hand-Sozialladen Freiwilligenarbeit geleistet. Es ist nun sechzig Tage her, dass ich zum letzten Mal Drogen genommen habe. Entgegen dem Rat der psychiatrischen Pflegefachperson meiner Kommune, meinem NA-Sponsor, Stephen und auch seinen Freund*innen trinke ich immer noch Alkohol. Ich halte all meine Termine ein. Ich nehme meine Medikamente. Ich höre Menschen zu, die in den Augen der Gesellschaft und zu der Zeit auch in meinen Augen in jeglicher Hinsicht besser sind als ich, und ab und zu rede ich auch mit ihnen. Ich verbringe meine Tage damit, langsam zu lesen. Ich gehe zur Therapie, in der mir beigebracht wird, dass nur, weil es mir in den Sinn kommt, etwas kaputtzumachen, ich es nicht tun muss. Ich gehe ein Jahr lang zur Therapie – und das ist alles, was mir dort beigebracht wird. Das steht definitiv auf der Liste der wichtigsten Lektionen, die ich je gelernt habe. Noch besser ist, als ich lerne, dass es manchmal, nur manchmal, auch in Ordnung ist, Sachen kaputtzumachen.

Sechs weitere Monate später habe ich alle Medikamente abgesetzt. Ich bin nicht mehr in psychiatrischer Behandlung. Ich habe nun seit bereits vier Monaten einen geregelten Tagesablauf. Ich wache um fünf Uhr morgens auf, trinke einen Kaffee und esse Toast. Ich gehe ins Büro einer Arbeitsvermittlung und warte mit anderen Männern, bis wir aufgerufen werden, ein Ticket erhalten und in ein Fahrzeug steigen. Wir fahren aus der Stadt raus in eine Fabrik, in der wir Kisten packen, Kisten verschieben und Kisten aufladen. Verschiedene Fabriken, verschiedene Kisten. Einige Male putzen wir, andere Male räumen wir auf. Um sechs Uhr abends verlassen wir die Fabrik, steigen wieder in dasselbe Fahrzeug und werden zum Büro zurückgefahren. Sie bezahlen uns in bar; etwa fünf Pfund pro Stunde. Ich gehe zurück zu Stephens Haus und hole auf dem Rückweg ein paar Bier. Im Haus ist es immer warm. Es gibt immer Essen im Kühlschrank. Ich sitze am Esstisch, weil er einen Esstisch hat. Wenn Stephen zu Hause ist, hat er bereits Abendessen gekocht. Wenn er es nicht ist, koche ich etwas. Ich kann Hühnchen-Curry, Chili und Bolognese kochen. Ich esse mein Abendessen. Ich sitze, trinke Bier und lese. Manchmal kommt Stephen mit einigen Freunden nach Hause. Er filmt, wie ich von ihnen gefickt werde, bis ich ihm eines Tages, vielleicht ein Jahr nach meinem Einzug, sage, dass das nicht mehr passieren wird. Wir streiten uns. Er gibt mir eine Ohrfeige. Ich schlage ihn. Er sagt, er werde mich aus dem Haus werfen, auf die Straße, wo ich hingehöre. Ich sage, dass er das nicht tun wird. Er tut es nicht. Er übernimmt beim Sex mehr die Kontrolle, schlägt mich häufiger. Im ersten Jahr beruhigt mich das. Es funktioniert besser als die Medikamente. Dann funktioniert es nicht mehr. Dann hat es gar keine Wirkung mehr, außer, dass es mich langweilt. Ich sage es ihm. Zu dem Zeitpunkt sind wir einundzwanzig Monate zusammen. Er zertrümmert sein Haus. Er droht mir, mich bei der Polizei anzuzeigen. Er droht und droht. Ich sitze am Esstisch, trinke mein Bier und lese mein Buch. Sechs Wochen später komme ich von der Arbeit nach Hause und finde das Haus fast leer vor. Wo früher der Esstisch war, stehen nun fünf Kisten und zwei Tüten mit meinem Hab und Gut. Auf dem Herd liegt ein Brief. »Lieber D, ich bin nach Brighton gefahren. Du musst bis morgen Mittag aus dem Haus sein. In Liebe, Stephen.« Ich schaue all meine Sachen an und lächle. Ich kann es nicht fassen, dass ich so viel besitze. Ich telefoniere Stephens Freunde durch und frage, ob ich eine Weile bei jemandem von ihnen unterkommen kann. Einer sagt, dass ich bei ihm im Haus seiner Eltern wohnen könne.

In unserer beinahe zweiundzwanzig Monate dauernden Beziehung gab es Momente, in denen sie auf gegenseitigem Einverständnis beruhte. Als unser Sex von beiden Seiten begehrt und gewollt war. Als ich ihn auch dann nicht verlassen hätte, wenn meine anderen Optionen nicht ganz so prekär gewesen wären. Es gab Zeiten in unserem häuslichen Leben, in denen ich eine Ruhe und Leichtigkeit empfand wie noch nie mit einer anderen Person zuvor. Wenn wir stillschweigend Frühstück machten oder DVD-Boxen von West Wing, The L-Word und sogar Dawson's Creek durchschauten. Bis dahin hatte es sich bei allen Menschen, mit denen ich Zeit verbrachte, immer so angefühlt, als wären sie kurz davor auszurasten. Stephen hatte auch nicht gerade seine innere Mitte gefunden, aber er war weit von dem Straßenleben entfernt, an das ich mich so sehr gewöhnt hatte und in dem Flucht oder Angriff die einzigen Optionen waren. Mit ihm zusammen fühlte ich mich etwas weiter weg von diesem Leben, ein bisschen weniger kurz vor dem Abgrund, etwas weniger verzweifelt, und vor allem lernte ich, ruhig dazusitzen und nicht ständig bereit zu sein, mich zu verteidigen oder jemand anderen anzugreifen. Es gab Zeiten, in denen sein Drang, mich sexuell zu dominieren, und mein Verlangen, kontrolliert zu werden, physische und emotionale Schmerzgrenzen zu überschreiten, einvernehmlich waren. Soweit es mir möglich war, empfand ich Zuneigung für ihn, da er mir den Raum gab zu lernen, einige Momente still und ruhig zu sein, und da er mir die sexuelle Intimität gab, die ich mir damals wünschte. Andererseits erinnerte er mich tagtäglich an die

Tatsache, dass er mich jederzeit auf die Straße setzen konnte. Es gab viele Momente, in denen ich keinen Sex mit ihm oder seinen Freunden wollte und in denen sie sich weigerten, mein Nein zu akzeptieren. Er wiederholte immer wieder, dass er mich bei der Polizei für verschiedenste Sachen anzeigen könnte, einige davon real, andere erfunden. Wenn seine Freunde zum Abendessen vorbeikamen, legte er es darauf an, mich vor ihnen bloßzustellen, und stachelte sie an, sich über mich und meine Herkunft lustig zu machen.

Zweiundzwanzig Monate lang hatte ich Wärme und ein Dach über dem Kopf, Ruhe und Frieden. Ich dachte nie daran, dass mich jemand im Schlaf überfallen könnte. Ich lernte, andere Menschen nicht im Schlaf zu überfallen. Ich lernte, aufzuwachen und mich ausgeruht zu fühlen. Ich lernte die Vorteile von mindestens einer Mahlzeit am Tag kennen. Fast zwei Jahre lang gab mir Stephen den Raum, um über die Entscheidungen nachzudenken, die ich getroffen hatte. Er war ein Arschloch, ein Wichser und ein Idiot. Er hielt sich für etwas Besseres und in vielerlei Hinsicht nutzte er eine verletzbare Person aus, aber das tat ich auch. Ich empfand ihm gegenüber selten Fürsorge oder Mitgefühl. Als ich dieses erste Mal in der Klinik kapiert hatte, was er wollte, wusste ich, was seine Schwächen waren, und ich wusste, wie ich von ihm bekommen konnte, was ich wollte. Ich wollte Essen und ein Dach über dem Kopf und ich bekam es, weil das, was er von mir wollte, mir nichts bedeutete, und ich es ihm gerne gab. Mir war viel klarer als ihm, dass unsere Beziehung eine Transaktion zwischen zwei Parteien war. Er dachte, er könnte die Situation kontrollieren. Ich hatte schon vor langer Zeit gelernt, nicht so dumm zu sein. Als er nach Brighton zog, lebte ich seit fast zwei Jahren nicht mehr auf der Straße. Zwei Jahre, seit ich mir das letzte Mal in den Arm gestochen oder etwas aus einer Pfeife geraucht hatte. Ich ging zur Uni. Ich hatte einen Job im Pflegebereich. Ich hatte wieder Kontakt zu einigen alten Freund*innen und Familienmitgliedern. Ich begann, durch Bücher mein Leben zu verstehen. Die Welt ergab für mich Sinn. Durch die Ruhe und den Frieden, die Stephen mir ermöglicht hatte, konnte ich mich selbst verstehen, sie gaben mir eine Vorstellung davon, was ich mit meinem Leben machen wollte. Und dafür bin ich ewig dankbar.

Vater unser

Er ist ein großer und schlanker Mann mit Armen wie aus Stahl und Händen, die beinahe immer zu Fäusten geballt sind. Mit dem Alter haben sich seine meerblauen Augen beruhigt; einst huschte ihr Blick verstohlen hin und her, nun bewegen sie sich langsam, so dass der Eindruck entsteht, sie würden alles genau beobachten und in sich aufnehmen. Ich denke oft an ihn und wenn ich es tue, versteift sich mein Rücken, meine Zehen verkrampfen und mein Kiefer verspannt sich. Die schlimmsten Prügel meines Lebens habe ich durch ihn erlitten. Nicht, weil sie den größten körperlichen Schaden anrichteten, sondern weil sie von der Person kamen, von der ich mir damals am sehnlichsten Zärtlichkeit wünschte. Während meiner gesamten Kindheit und bis ich Valerie traf, war er mein Bezugspunkt, war er der, der Antworten auf die Fragen lieferte, die in meinem Kopf wie Rauchschwaden auftauchten und verschwanden. Was sollte ich tun? Wer sollte ich sein? Wo komme ich her? Bin ich wichtig? Wessen Körper ist das? Ich war sein Sohn, ich würde zu ihm werden, weil ich von ihm kam, und ich war wichtig, weil er es war, und es war nicht wichtig, wessen Körper es war. Wichtig war, dass er nicht kaputtgemacht werden konnte.

Die Eltern meines Vaters zogen einige Zeit nach dem Krieg von Teesside nach Lancashire. Die Geschichte über diesen Umzug variiert je nachdem, wen man fragt, aber die Quintessenz davon ist, dass mein Großvater verfolgt und meine Großmutter in die ganze Aufregung mit hineingezogen wurde. Sie waren schweigsame Menschen, das exakte Gegenteil meiner Großeltern mütterlicherseits, als ob sie versuchten, so sehr angelsächsisch-protestantisch zu sein, wie die anderen irisch-katholisch waren. Obwohl die Stadt klein war, haben wir nur selten die Eltern meines Vaters besucht. Der einzige Grund, der mir dafür genannt wurde, war, dass sie auf der anderen Seite der Stadt lebten – und das war genug.

In ihrem Wohnzimmer standen zwei Sessel um den unbenutzten Kamin herum. Auf dem Tisch dazwischen standen ein Kofferradio, Aschenbecher und der Tageszeit entsprechend entweder Teetassen oder Bierdosen. Die dicken, marineblauen Vorhänge blieben, außer im Hochsommer, fast durchgehend zugezogen. Bis auf einen fleckigen Teppich, der nur einen kleinen Teil des Raumes ausfüllte, war der Holzboden kahl. Überall lagen einige Wochen alte Ausgaben von *The Racing Post* und *The Sun* verstreut. Mein Großvater rauchte fast ununterbrochen; die Asche fiel, wohin sie wollte, und wenn sie auf ihn fiel, streifte er sie nur dann ab, wenn er sich bückte, um das Wettbuch und den Stift aufzuheben. Er war Buchmacher und bot Wetten für alle möglichen Sportarten an, hauptsächlich aber für Hunderennen und Boxkämpfe. Er sagte, es gäbe einen zu großen Wettbewerb bei den Pferderennen, wo sich die Buchmacher gegenseitig unterboten. Die Eltern meines Vaters saßen üblicherweise auf den Sesseln, aber wenn er zu Besuch war, gab seine Mutter ihren Platz für ihn auf und nahm sich einen Holzstuhl aus der Küche. Alle anderen standen entweder oder saßen auf dem Fußboden. Für gewöhnlich kam nur ich mit, und meine Großmutter beschwerte sich, dass ihre Enkeltöchter nicht dabei waren. Doch wenn meine Schwestern kamen, ignorierte sie sie oder beschwerte sich, sie seien zu laut, bis sie sie zum Spielen nach draußen schickte. Einsilbige Gespräche über das Versagen der Fußballmannschaften waren das hauptsächliche Kommunikationsmittel.

Mein Vater arbeitete manchmal für seinen Vater und

sammelte das Geld der Verlierer ein, wobei er sich in der Regel mehr als seinen Anteil nahm, bevor er ihm den Rest zurückbrachte. Ich bezweifle, dass meine Großeltern viel verdienten, aber es war genug, um sich mit Zigaretten, Pie and Mash, Bier und Zeitungen auszustatten, so dass sie das Haus nur verlassen mussten, um in den Pub zu gehen. Das angeregteste Gespräch zwischen meinem Vater und seinen Eltern, an das ich mich erinnere, war als mein Großvater entschied, Wetten von pakistanischen Männern aus der Nachbarschaft anzunehmen. Mein Vater, damals in seiner National-Front-Hochphase, weigerte sich, mit irgendjemandem in Kontakt zu treten, der nicht seiner Herrenrasse angehörte. Die Dynamik zwischen den beiden Männern war schon immer angespannt, in erster Linie aufgrund der Prügel, die mein Vater in seiner Kindheit eingesteckt hatte, bis er mit fünfzehn zurückschlug und meinen Großvater damit ins Krankenhaus brachte. Es war eine polternde Auseinandersetzung, bei der keiner von beiden zu irgendwelchen Kompromissen bereit war. Die Drehungen und Wendungen dieses Streits waren für meinen kindlichen Verstand viel zu komplex und ich verstand sie erst weitaus später. Trotzdem erinnere ich mich ganz genau an fast jedes Gespräch, das sie führten. Ich liebte es, im selben Raum wie sie zu sein. Ich saß still mit dem Rücken gegen die Wand gelehnt auf dem Boden und hörte den einzigen zwei Männern zu, die denselben Namen trugen wie ich. Ihre Präsenz in meinem Leben war flüchtig, und doch fühlte ich, wie ich durch diese Osmose weiser und stärker und mir meiner Identität sicherer wurde. Mein Großvater grinste, als sie die Vorteile diskutierten, ihren nicht-*weißen* Nachbarn Geld abzunehmen; aus seiner Sicht war die Position meines Vaters kindisch und kurzsichtig. Mein Großvater war eher Misanthrop als Rassist und verachtete alle gleichermaßen. Seiner Ansicht nach wäre der einzige Grund, mit seiner nicht-*weißen* Nachbarschaft keine Wetten abzuschließen, dass dies die *weißen* Nachbarn vergraulen könnte – und selbst dann müsse man berücksichtigen, dass diese weitaus mehr Möglichkeiten hätten, um ihre Wette zu platzieren. Die pakistanischen, bangladeschischen und afrokaribischen Communitys hatten zwar ihre eigenen Buchmacher, aber insbesondere in der pakistanischen Community gab es viele, die ihre Wette im Geheimen platzieren wollten, aus Angst, von ihrem Umfeld verachtet zu werden. Mein Großvater fand es nur gut und recht, ihnen diese Möglichkeit zu geben, und bot ihnen zu seinem eigenen Vergnügen schlechtere Gewinnquoten. Es dauerte eine Weile, bis dieses Argument meinen Vater überzeugte. Später in seinem Leben würden seine Gier und Selbstsucht seinen Rassismus übertrumpfen, aber das war ein langsamer Prozess, der Mitte der Achtzigerjahre gerade erst begann. Wie wir alle wissen, ist es ein lebenslanger und beschwerlicher Prozess, die Ideologie der *weißen* Vorherrschaft abzulegen. Mein Vater machte später die kapitalistische Version dieses Prozesses durch. Er lernte und wuchs über sich hinaus und mit der Zeit verstand er, dass es besser war, jede Minderheit auf spezifische Art und Weise auszubeuten, als sie alle umzubringen oder abzuschieben. Das Gespräch endete an diesem Tag damit, dass mein Vater wütend die Namen und Adressen dreier pakistanischer Männer in der Nachbarschaft entgegennahm und voller Verachtung davonging. Ich zog hinter ihm her, während mein Großvater uns hinterherbrüllte: »Halt dich ein bisschen zurück!«

Als ich geboren wurde, war mein Vater sechzehn oder siebzehn Jahre alt. Ich bin mir nicht sicher, da man mir sagte, ich sei 1979 und 1980 geboren. Die Verwirrung entstand, da meine Eltern meine Geburt erst viel später eintragen ließen, obwohl ich offensichtlich getauft worden war. Warum meine Existenz erst so spät offiziell registriert wurde, bleibt unklar. Einer der Gründe, mein Geburtsjahr mit 1980 anzugeben, könnte darin liegen, meinem Vater einen Knastaufenthalt wegen Geschlechtsverkehrs mit einer sexualunmündigen Vierzehnjährigen zu ersparen. Aber auf der Liste all der Dinge, die meine Identität und meine Selbstwahrnehmung verwirren, steht das Unwissen darüber, wann ich geboren wurde, definitiv nicht weit oben. In seinen Jugendjahren wurde mein Vater immer wieder in Erziehungsanstalten untergebracht. Seit er seinen Vater krankenhausreif geprügelt hatte, lebte er nicht mehr bei seinen Eltern. In Kombination mit dem Hakenkreuz-Tattoo auf seinem Nacken, seinem rasierten Schädel und den gewalttätigen Stimmungsschwankungen, der hohen Arbeitslosigkeit, dem Beginn der Thatcher-Regierung und dem langsamen Kollaps der Industrie im Westen Lancashires führte das dazu, dass nicht nur seine soziale Mobilität, sondern sein ganzes Überleben vollkommen von der informellen Wirtschaft abhängig war. Andere haben besser und ausführlicher über die Auswirkungen der neoliberalen Wende Ende der Siebziger- und Anfang der Achtzigerjahre in den Industriestädten im Norden des Vereinigten Königreichs geschrieben, als ich das an dieser Stelle tun werde. Große Konzerne verlegten ihre Produktion dorthin, wo Arbeitskraft billiger war. Berufe, die von Familien über Generationen hinweg ausgeübt worden waren, wurden nicht länger gebraucht, und das Kapital verlangte von den Familien eine Neuorientierung in Bereichen mit niedrigeren Löhnen und schwächeren Gewerkschaften. Wenn sie das nicht konnten oder wollten, wurden sie in die stetig wachsende Unterschicht verdrängt, was Armut und sozialen Ausschluss bedeutete. Dies trifft nicht wirklich auf meinen Vater zu; die einzige formelle »Arbeit«, die er je ausgeführt hatte, beschränkte sich auf den einen oder anderen Tag auf der Baustelle und auf Türsteherjobs. So hatte es auch sein Vater gemacht und auch ich, bis ich fünfundzwanzig war – auch wenn ich viel zu klein bin, um als Türsteher ernst genommen zu werden. Mein Großvater und mein Vater: zwei

Männer, die schlau ohne Schulbildung und stark ohne Macht waren; die beide an der Peripherie einer Gesellschaft lebten, die sie ihr ganzes Leben hindurch verachtete. Sie überlebten, indem sie auf den Schwächsten derjenigen, die sich mit ihnen im selben Boot befanden, herumhackten sowie auf denen, die sich dicht über ihnen abmühten. In der Zeit, als er in meinem Leben wichtig war, war der Vater meines Vaters in seinen späten Vierzigern und hatte sich eine kleine Nische geschaffen, in der er genug Geld verdiente, um sich selbst und seine Frau durchzubringen. Später gelang dies auch meinem Vater. Für die große Mehrheit derjenigen von uns, die Jahrzehnte unterhalb der Arbeiterklasse verbracht haben, sind Solidarität, gegenseitige Hilfe und kollektive Selbstverteidigung überlebensnotwendig. Für manch andere, wie für diese zwei Männer, die ihre schwelende Verachtung für andere sorgfältig pflegten, sind Solidarität und gegenseitige Hilfe fast immer nur im Weg. Sie überleben, indem sie das Leben auf dieselbe Art und Weise angehen, die auch der Kapitalistenklasse Erfolg verspricht: indem sie sich die Hobbes'sche Logik der Macht über die Schwächeren zur Befriedigung der eigenen Bedürfnisse und Wünsche zu eigen machen.

Ich habe keine Zweifel daran, dass die Prügel, die mein Vater während seiner Kindheit hat einstecken müssen, gnadenlos waren. Wenn er mich schlug, sprach er davon, wie sein Vater ihn geschlagen hatte und dass ich viel besser davonkäme. Ich kann ihn vor mir sehen, wie er mit neun oder zehn Jahren in die Schule geht, der ganze Körper schmerzt, Prellungen, ausgerenkte Gelenke, in ungewaschenen Kleidern und mit knurrendem Magen. Ich kann ihn vor mir sehen, wie er sich hinten im Klassenzimmer hinsetzt und versucht, jede Emotion zurückzuhalten, hoffend, dass er eine Stunde übersteht, ohne dass ihm gesagt wird, er sei dumm, ohne an seine soziale Position erinnert zu werden. Ich kann die anderen Kinder vor mir sehen, die über seine Antworten lachen, wenn er aufgerufen wird, ich fühle sein Blut kochen. Ich kann das Klingeln der Schulglocke hören und ich weiß, dass er auf dem Pausenhof immer jemanden gefunden hat, den er verletzen und demütigen konnte.

Die schönsten Momente mit meinem Vater haben alle mit Fußball zu tun. Bei den meisten davon war ich sechs oder sieben Jahre alt, aber es gab auch später noch vereinzelte. Er nahm mich zu meinen ersten Fußballspielen mit – einige Auswärts-, aber meistens Heimspiele. Auswärtsspiele bedeuteten, in einem Minibus voller Skinheads auf dem von Bierdosen und Kippenasche übersäten Boden zu sitzen, meine Beine eng um die eines Sitzes geschlungen. Mir wurden Chipspackungen, halbgegessene Fleischpasteten und Dosen mit dem letzten Fünftel *Skol* oder *Special Brew* runtergereicht. Rund zwölf Männer sangen über Stunden Fußballlieder und skandierten rassistische Parolen, bis wir am Zielort in irgendeiner Provinz ankamen. Dort sah es fast immer so aus wie in unserer Heimatstadt: mit Brettern vernagelte Läden, armselige Pubs, in die Männer hineingingen, ein Woolworths, in dem man Süßigkeitentüten selbst zusammenstellen konnte, was mich ins Tagträumen versetzte, und viele Jugendliche, die in den Straßen herumhingen. Wir suchten einen Ort, an dem wir den Bus parken konnten, der nicht weit vom Stadion entfernt und, weitaus wichtiger, nahe beim zuvor ausgesuchten Pub war. Vor dem Pub lauerte jedes Mal mindestens ein Dutzend Bullen, an denen wir beim Hineingehen vorbeimussten. Einer der Bullen rief fast immer den Namen meines Vaters oder den eines seiner Kumpel, nur um uns wissen zu lassen, dass wir beobachtet wurden. Ihnen wurde der Mittelfinger gezeigt, oder, wenn jemand richtig angepisst war, der Hitlergruß. Meistens kamen wir kurz nach Mittag an, so dass wir einige Stunden zur Verfügung hatten, um im Pub zu trinken. Das war zu der Zeit, als die Spiele noch nicht von Sky Sports übertragen wurden und im Fernseher des Pubs andere Sendungen das Spiel begleiteten. An den meisten Tagen standen über hundert Fans unserer Mannschaft Schulter an Schulter im Pub. Mein Vater stieß Leute weg, um hinten einen Tisch zu finden, an den er mich setzte, und befahl mir dortzubleiben. Er verschwand dann für eine Weile und einer seiner Kumpel würde mir eine Cola kaufen; manchmal mit etwas Whiskey drin, manchmal ohne. Andere Fußballtypen quatschten mit mir und rissen Witze darüber, dass mein Vater sich nach Hause verpissen und mich zurücklassen würde. Meistens schwafelten sie aber einfach über Fußball. Zu der Zeit war unsere Mannschaft ausgesprochen schlecht, fast am unteren Tabellenende in der untersten Liga, weit entfernt von den glorreichen Fünfziger- und Sechzigerjahren und selbst von den aufregenden Momenten in den Siebzigern. Wenn ich heute daran zurückdenke, glaube ich, dass der Abstieg ihrer Mannschaft einige der älteren Männer stärker getroffen hat als die neoliberale Offensive, die zur selben Zeit stattfand. Die Jüngeren konnten sich nicht an die guten alten Zeiten erinnern und ich denke, sie nahmen wohl einfach an, dass ihre Mannschaft scheiße war, weil auch ihr Leben scheiße war. Sie lebten für die zwölf Stunden an Spieltagen, an denen sie sich zulaufen lassen konnten, so lange brüllen konnten, bis ihre Herzen leer waren und, hoffentlich, jemanden so hart schlagen konnten, wie es ihnen möglich war. Die älteren Männer in ihren Fünfzigern unterhielten sich mit mir, ließen die Magie der früheren Spieler aufleben und erzählten, was ihrer Meinung nach beim modernen Fußball falsch lief. Es war nicht lange nach der Valley-Parade-Feuerkatastrophe und der tödlichen Massenpanik im Heysel-Stadion. Thatcher wollte daraufhin durchsetzen, dass sich alle Fußballfans vor dem Stadion ausweisen müssen, die Mittelschicht dachte, alle Fußballfans seien gewalttätige Hooligans, und wenn man unseren reisenden Fans Glauben schenkte, hatte die Qualität des englischen

Fußballs ganz allgemein einen Tiefpunkt erreicht. Aber ich liebte es verdammt noch mal, unter diesen Männern zu sein, von denen einige trotzige und stolze Hooligans waren. Das Geplauder, das Singen, das elektrische Brummen des Fernsehers: All das erinnerte mich an die Hochzeiten, Beerdigungen und Taufen meiner Familie mütterlicherseits, nur dass ich obendrein noch Fußball schauen konnte.

Ein paar Mal spielte mein Vater auch tatsächlich mit mir gemeinsam Fußball, insbesondere im Sommer 1986, kurz nachdem er nach ein paar Monaten aus dem Gefängnis rausgekommen war. Er kam dazu, wenn ich mit einigen Cousins und Onkeln im Hof von unserem Hochhaus spielte. Wir spielten *double-two touch,* wobei sich zwei Zweierteams gegenüberstanden, die den Ball nur je zweimal berühren durften. Das Spiel fand zwischen drei Wänden statt und die Tormarkierungen wurden auf den gegenüberliegenden Wänden mit einem Stein in die Mauer gekratzt. Ich erinnere mich an einen Nachmittag einige Tage nachdem England Polen bei der Weltmeisterschaft drei zu null geschlagen hatte. Mein Vater beschloss, er sei Gary Lineker, der bei dem Spiel einen Hattrick geschossen hatte, und ich war Peter Beardsley, sein damaliger Sturmpartner. Wir hatten einen Höhenflug und schlugen alle bis zu dem Punkt, an dem wir zu zweit gegen Teams von drei oder sogar vier Spielern spielten. Wir spielten im Einklang miteinander, wussten genau, was der andere als Nächstes tun würde, nahmen den Ball gekonnt ab, wenn er von der Wand abprallte, und rannten genau zum richtigen Zeitpunkt an den richtigen Ort, um Pässe anzunehmen. Wir spielten beide mit derselben verstohlenen Verzweiflung und gaben den kleinen Siegen eine große Bedeutung. Es wäre wohl Wunschdenken zu glauben, dass diese Verzweiflung in seinem Spiel bedeutete, dass er eine väterliche Bindung zu mir aufbauen wollte, wahrscheinlich ging es ihm eher darum, andere Menschen, andere Männer in einer sozial anerkannten Art und Weise zu schlagen, auf eine Art und Weise, die ihm die Zuschauenden nicht so einfach wegnehmen konnten. Ich aber spielte für diese Bindung. Die Verzweiflung, die damals durch meine Adern floss, beruhte auf dem Wunsch, dass jeder einzelne Mensch auf dieser Welt sehen sollte, in welch perfektem Einklang wir uns bewegten. Ich wollte, dass dieser Einklang, diese Verbindung, für immer bestehen blieb. Sie hielt nicht über diesen Nachmittag hinaus an.

Wenn er mich zu den Spielen mitnahm und wir uns aus dem Stadion drängten, egal ob Auswärts- oder Heimspiel, packte er mich fest am Handgelenk oder schwang mich einfach über seine Schulter. Seine Freunde bewegten sich in Vierer- oder Fünfergruppen, wenn wir uns auf Nebenstraßen der Stadt zu einem vorher vereinbarten Treffpunkt aufmachten und dabei versuchten, die Polizei zu umgehen oder abzuschütteln. Irgendwann erreichten wir dann unseren Treffpunkt, in der Regel auf einem ruhigen Industriegelände oder einem Park am Rand eines Vorortes: fünfzig Männer in den Farben unserer Mannschaft sowie ich und einige andere Kinder, die angewiesen wurden, zusammenzubleiben und nicht im Weg zu stehen. Dann kamen die Fans der Heimmannschaft, die in der Regel, wenn auch nicht immer, doppelt so viele waren, und die beiden Gruppen stürzten sich aufeinander. Ich sah zu, wie mein Vater rannte und sich dabei den Schlagring überstreifte. Die Männer griffen sich gegenseitig an. Baseballschläger, Flaschen, Schlagringe und teilweise Messer gingen auf Köpfe, Beine und Oberkörper nieder. Ich weiß nicht mehr, wie lange diese Kämpfe dauerten – ein gutes Zeitgefühl ist nichts, wofür kleine Jungen bekannt sind –, aber sie waren dann zu Ende, wenn die Polizeisirenen näherkamen. Unsere Seite sammelte unsere Verletzten ein und verzog sich schnell dahin, wo wir hergekommen waren. Einige wurden von den Bullen erwischt, doch die meisten schafften es.

Wir stiegen in den Bus, blutig, verwundet, verprügelt und schwitzend, und unser Gesang erfüllte sofort die Luft; die Reise nach Hause war eine glückliche Feier. Je näher wir Lancashire kamen, desto näher kam auch die Leere des Alltags, die nur die Nacherzählung des Kampfes und starker Alkohol in Schach halten konnten.

So aufregend das damals war und so bedeutend diese Vater-Sohn-Erinnerungen in den Jahren darauf auch blieben, wird das Ganze von einem Hauch Melancholie überzogen. Ich wünschte, mein Vater hätte bessere Fürsorge erfahren, als er aufwuchs, und gelernt, wie er die Bedürfnisse seiner Kinder und seine eigenen gleichermaßen wichtig nehmen kann. Ich wünschte, er hätte nicht die Ideologie der *weißen* Vorherrschaft angenommen, um die Gesellschaft zu verstehen, in der zu leben er gezwungen war. Und ich wünschte, dass er und diejenigen, die Seite an Seite mit ihm kämpften, nicht in eine Lage gedrängt worden wären, in der sie entschieden, ihre Wut durch gegenseitige körperliche Bestrafung auszudrücken. Nur, um das klarzustellen: Es sind die Ursachen dieser Wut, die ich mir wegwünsche. Es würde mich in derselben Melancholie zurücklassen, wenn sie alle zur Gesprächstherapie gegangen wären, um einen Teil dieser Wut dort rauszulassen. Mein Vater und viele seiner Freunde wurden durch den sozialen, ökonomischen und kulturellen Kontext, in dem sie aufwuchsen, bestraft. Es gibt jedoch viele, die es viel schlimmer hatten und haben und sich nicht dadurch haben definieren lassen. Ich wünsche mir auch nicht, dass mein Vater einfach passiv seine Lebensumstände akzeptiert und mit eingezogenem Kopf einen Weg zum Überleben gefunden hätte, der sozial akzeptiert wäre und den Regeln der Zivilgesellschaft gehorcht hätte. Nein, ich wünsche mir, dass es ihm möglich gewesen wäre zu erkennen, dass sich viele in derselben oder einer schlimmeren sozialen und ökonomischen Lage befinden wie er, und zu realisieren, dass sein eigenes ökonomisches, geistiges und psychologisches Schicksal mit dem jener Menschen verbunden ist. Und dass er verstanden hätte, dass die Wut, die er empfand, gerechtfertigt ist – sowohl in seinem Namen als auch in dem anderer. Ich wünschte, er hätte einen Weg gefunden, um diese Wut zur Verteidigung seines eigenen Lebens einzusetzen und dessen all jener, die denselben Giften dieser Gesellschaft ausgesetzt sind.

Es ist viel Zeit vergangen, seit ich das letzte Mal mit meinem Vater gesprochen habe, aber ich bin mir ziemlich sicher, dass er nicht mehr zu rechtsextremen Demonstrationen oder Fußballspielen unserer Mannschaft geht. Wenn ich ihm bei einer rechten Demo auf der Straße begegnen würde oder bei irgendeiner anderen Form von rassistischer, patriarchaler oder genderbasierter Gewalt, würde ich mich ihm mit physischer Kraft in den Weg stellen, wie ich es auch bei jeder anderen Person in so einer Situation tun würde. Aber wenn ich ihn als jungen Mann treffen könnte, in einem Pub vor einem Pint, dann würde ich mich auf andere Art und Weise mit ihm auseinandersetzen. Dann würde ich mir seine Geschichte anhören wollen, die Worte hören, die er benutzt, um seine Erfahrungen und sein Verständnis von der Welt auszudrücken. Ich würde ihn dabei unterstützen wollen, die Erfahrungen anderer zu sehen und andere Wege zu finden, die Welt zu verstehen. Mein Vater wurde nicht als der Mann geboren, der körperlich Schwächere verletzt, dominiert und ausbeutet. Er wurde über die Zeit hinweg zu diesem Mann, er hat es erlernt, und somit könnte er es auch wieder ablegen.

160 Kilometer nach Süden

Wir fahren durch den Peak District. Meine Mutter ist dreiundzwanzig Jahre alt. Ich bin fast zehn. Sie hat keinen Führerschein, dafür aber eine Flasche Schaumwein zwischen ihre Oberschenkel geklemmt. Gemeinsam mit Roy Orbison singt sie: »Anything you want, you got it, anything you need, you got it. Anything at all, you got it. Baby! Every time I hold you, I begin to understand. Everything about you tells me I'm your man. I live my life to be with you. No one can do the things you do.«[83]

Sie ruft in Richtung Rückbank, wo meine Schwestern lächeln und im Takt der Musik mitwippen. »Los Mädchen, singt mit. Du auch, D.«

Und wir alle schreien: »Anything you want, you got it! Anything you need, you got it! Anything at all, you got it! Baby!«

Warum haben wir unsere Stadt verlassen? Warum fahren wir rund 160 Kilometer südwärts nach Nottingham, um ein neues Leben anzufangen? Im Laufe der nächsten fünf Jahre bekam ich verschiedene Antworten auf diese Frage: Um näher bei deinem Vater zu sein. Um dich vor deinem Großvater zu schützen. Weil es Zeit ist, ein eigenes Leben auszuprobieren. Unsere Kleinstadt ist langweilig; wir sind für das Leben in der Großstadt gemacht. Die Familie zieht uns mit ihrer rückwärtsgewandten Art und ihrem rückwärtsgewandten Denken runter. Zum Teil waren die Antworten weniger klar; teilweise bestanden sie aus einer Reihe von Lauten aus tiefster Kehle, Jaulen, Grunzen und Schreien. Ich denke, auch wenn ich mir nie ganz sicher sein kann, dass es für meine Mutter darum ging, sich selbst zu befreien.

Es ging darum, über etwas in ihrem Leben die Kontrolle zu übernehmen, sie verspürte den verzweifelten Drang, eine gewisse Kontrolle über das Chaos und den Schmerz zu haben. Nicht darum, dass sie erwartete, dass das Leben besser werden würde. Nicht darum, dass sie näher bei dem Mann sein wollte, den sie liebte. Sie benutzte niemals diese Worte, um unseren Vater zu benennen. Sie nannte ihn bloß »euren Vater«. Eigentlich nannte sie ihn meist »den Vater deiner Schwestern«. Nichts, was sie in diesen ersten paar Monaten sagte, ließ mich glauben, dass wir als eine Familie glücklich bis ans Ende unserer Tage leben würden, sobald er aus dem Gefängnis käme. Das war in den ersten zwei Jahren, als die Dinge schlecht standen, bevor er rauskam und sie noch schlimmer machte. Sie versuchte nie, die Mädchen zu trösten, indem sie ihnen sagte, wie gut alles werden würde, sobald ihr Vater mit uns vereint wäre, dass wir nur warten und uns gedulden müssten und er alles wieder ins Lot bringen würde. Nein, wenn sie überhaupt die Energie aufbringen konnte, um sie zu trösten, fing sie meistens einfach an, mit ihnen zu tanzen, auch ohne Musik.

Wir fahren in unsere neue Stadt. Es ist etwa fünf Uhr morgens. Mama fährt herum. Sie wird müde und weiß nicht, wo sie hinfährt. Die Mädchen schlafen tief und fest und ich lege meinen Kopf gegen die Fensterscheibe. Sie bittet mich, ihr eine Zigarette anzuzünden, und ich greife nach ihrer Packung, aber sie ist leer. »Verdammt«, sagt sie und macht eine abrupte Kehrtwende. »Ich habe dahinten eine Autowerkstatt gesehen. Ich frage dort, wo das Gefängnis ist.« Wir haben keinen Plan; sie hat keinen Plan.

Zwei Stunden später fahren wir auf einer Straße mit leeren und verfallenden Industriegebäuden. Sie fährt bis zum Ende der Straße und dann von der Straße runter auf den Bürgersteig. Sie fährt einen Feldweg entlang und parkt den

Wagen langsam hinter ein paar Büschen und Bäumen. Sie stellt den Motor ab und wir bleiben schweigend sitzen. Die Sonne ist inzwischen aufgegangen und ich höre meine Schwestern schlafen. Ich schaue zu meiner Mutter und sie lächelt. Ich weiß, was sie denkt. Sie denkt: »Das ist ein guter Platz.« Das ist ein Platz, den ihre Brüder sich als Versteck aussuchen würden, bevor sie einen Lastwagen entlang der Autobahn überfallen. In der Nähe ist ein Damm mit einer Straße, aber ausgeschlossen, dass jemand aus einem vorbeifahrenden Auto uns sehen könnte, oder zumindest nicht genau genug, um zu erkennen, was wir tun. Das Industriegelände, an dem wir vorbeigekommen sind, wird nicht häufig benutzt. Auf den Feldwegen und dem fast kargen Land werden nicht viele Menschen vorbeikommen. Und alle, die doch hier vorbeigehen, sind nicht die Art Menschen, die eine seltsame Frau in einem seltsamen Wagen mit seltsamen Kindern bei der Polizei melden würden. Sie hat einen guten Rastplatz für uns gefunden, zumindest für eine Weile.

Sie zündet sich eine weitere Zigarette an. Ich greife rüber, um mir auch eine zu nehmen, aber sie packt meine Hand und schüttelt den Kopf. Ich verdrehe die Augen: »Nur eine.«

»Komm und rauch sie draußen mit mir«, flüstert sie.

Eines Abends, wir lebten schon etwa sechs Monate in der Siedlung Lenton Flats in Nottingham, aß ich Fried Chicken, so wie ich es an den meisten Abenden tat. Ich tauchte um sechs Uhr abends beim örtlichen jamaikanischen Takeaway auf, wo sie schon eine große Box Fried Chicken für mich bereithielten, die ich für mich und meine Schwestern zum Essen mitnehmen konnte. Zu Hause bestrich ich etwas Brot mit Butter, goss vielleicht noch Bohnen aus der Dose aufs Brot, legte ein paar Teile Fried Chicken auf ein paar Teller und stellte sie vor meine Schwestern hin, die fernsahen. An diesem Abend hatte ich mir etwas davon für mein eigenes Abendessen aufgehoben; es war elf Uhr abends an einem Mittwoch, im Fernsehen lief Sports Night. Es muss vor Weihnachten gewesen sein, denn nach Weihnachten verpfändete meine Mutter immer den Fernseher. Sie sagte, dass wir uns für den Rest des Jahres allein vergnügen könnten, solange es einen Fernseher für den Dezember gab. Und außerdem, was sollten wir mit einem Fernseher, wenn wir ohnehin kaum je Strom hatten?

Ich erinnere mich, dass Steve Ryder moderierte und europäischer Fußball lief, Europapokal der Pokalsieger oder UEFA-Pokal, und dass Tore einer schottischen Mannschaft gezeigt wurden, weder Celtic Glasgow noch die Glasgow Rangers, vielleicht Dundee United oder Aberdeen, etwas in die Richtung. Sie stürmt durch die Tür, taumelt, fuchtelt mit den Armen herum. Ich esse schnell das Hähnchen auf, bevor sie sich etwas davon nimmt. Sie ist mit einem Freier da. Ein kleiner, fetter Typ, viel älter als sie, vielleicht fünfzig oder vielleicht auch nicht älter, als ich es jetzt bin; als Kind war ich nie gut darin, das Alter von Erwachsenen zu schätzen. Sie sagt ihm, er solle in der Küche warten. Ich stehe auf und wir gehen ins Schlafzimmer. Sie hebt ihre jüngste Tochter hoch, ich ihre älteste. Sie sind erfahren genug, um sich weiterhin schlafend zu stellen. Wir legen sie auf die Decken in der Ecke des Wohnzimmers hinter dem Sofa. Ich schalte den Ton des Fernsehers aus und setze mich wieder davor.

Mama führt den Freier ins Schlafzimmer und kommt wieder zu mir, sie setzt sich neben mich. Aus den Augenwinkeln sehe ich, wie sie Fußball guckt, dann mich anschaut, dann wieder Fußball, dann wieder mich.

»D«, fängt sie an, »du weißt, dass deine Mama ein anderes Baby im Bauch hat, ja? Ich kann nicht heute Nacht. Ich kann einfach nicht.«

»Dann sag ihm, dass er sich verpissen soll.«

»Du weißt, dass ich das nicht tun kann. Er würde mir den Schädel eintreten. Vielleicht würde er das Baby töten. Deine jüngste Schwester töten.«

»Ich werde ihn k.o. schlagen. Ich hole den Cricket-Schläger.«

»Das kannst du nicht machen, er würde zur Polizei gehen. Sie dürfen nicht herkommen.« Sie streichelt meine Wange. »Kannst du gehen? Schau, was er will. Wie mit deinem Opa.«

Ich weiß nicht und ich werde es wohl nie wissen, ob meine Mutter diesen Mann mit der Aussicht auf einen heranwachsenden Jungen nach Hause gelockt hat oder ob es eine spontane Entscheidung war. Ich weiß, dass sie es meistens nicht schaffte, mehr als ein paar Stunden im Voraus zu planen, und dass sie kaum je Schritte zur Entscheidungsfindung formulierte, die zur einen oder anderen Tat führten. Aus meiner Zeit, als ich selbst Sexarbeiter war und Sexarbeiter*innen um mich herum hatte, weiß ich aber, dass ein Freier selten bereit ist, einfach so seine Transaktion von einer jungen Frau auf einen kleinen Jungen zu übertragen – ganz egal, ob sie sich womöglich äußerlich ähneln. Wenn ich nachts wach liege und darüber nachdenke – was ich heutzutage weitaus seltener tue als früher –, dann sage ich mir, dass sie mich bewusst manipuliert hat. Dass unsere Beziehung, mehr als alle anderen, die Beziehung war, in der sie bewusst über jemand anderen Macht ausüben konnte. Von dem Tag, als wir aus dem Norden aufbrachen, bis zu dem Tag, als ich unser Zuhause endgültig verließ, war ich eine materielle Ressource, und in dieser Machtdynamik stand sie die meiste Zeit über mir. Sie schickte mich, um Essen und Kleidung zu besorgen, vertraute darauf, dass ich auf meine Schwestern aufpasste und irgendwie Wege fand, uns alle durchzubringen. Zum Teil bedeutet es genau das, eine Familie zu sein: ein kollektiver Versuch des materiellen Überlebens. Ich stehe sozialen Normen generell kritisch gegenüber, aber sie überschritt Normen, gegen deren Überschreitung ich mich in meinem heutigen Kontext sträube. Ein Teil von mir, ein kleiner Teil, ist eifersüchtig darauf, wie sie meine Schwestern behandelte, die sie – so jedenfalls meine Perspektive – von praktischen Notwendigkeiten und, wenn sie konnte, von der physischen Gewalt der Männer in unseren Leben abzuschirmen versuchte. Mal behandelte sie mich wie einen Partner, mal wie einen anderen Mann in ihrem Leben, der sie entweder zerstören würde oder den sie kontrollieren konnte oder, in den meisten Fällen, eine Kombination aus beidem. Wir teilten die Verantwortung für einen Haushalt und drei kleine Mädchen, aber im Grunde genommen waren wir beide noch Kinder.

Zwischen ihrem Tod und dem Tag, an dem ich das hier schreibe, sind dreiundzwanzig Jahre vergangen, und obwohl es in dieser Zeit Wochen oder Monate gab, in denen ich kein einziges Mal an sie dachte, weiß ich, dass ein Teil von ihr sich in mir niedergelassen hat. Sich entspannt an eine Wand lehnt, eine Zigarette raucht. Ihr Atem ist alkoholgeschwängert, ihr T-Shirt zu weit, ihr Schlüsselbein sticht hervor, ihr Haar ist eng zurückgebunden, ihr Lippenstift verschmiert. Sie tanzt ohne Musik, lacht ohne einen Witz. Sie weilt in einer Ecke meiner Erinnerungen. Ich habe keine Ahnung, ob meine Mutter die Liebe für ihre Kinder empfand, die sozial und kulturell von Müttern erwartet wird. Falls sie mich nicht liebte, halte ich ihr das nicht vor.

Sie war ein Opfer der Misogynie und des Patriarchats. Eine Frau, die von den Männern in ihrem Leben zerstört wurde. Sie war eine Kind-Frau, die mich gebar, und sie wurde zu der Frau, die mich aus einer Gruppe von Männern rettete, die mich missbrauchten. Eine Frau, die mich als Kind mit wildfremden Männern ins Bett schickte im

Tausch gegen das Geld, das sie zum Überleben brauchte. Eine Frau, die von den Sozial- und Gesundheitsbehörden, mit denen sie in Kontakt kam, vollkommen verdreht wurde. Sie war all das, aber vor allem sollte jeder Tag, an dem sie am Leben blieb, für sie selbst und alle, die sich um sie sorgten, eine Quelle des Stolzes sein. Jedes Mal, wenn meine Mutter lachte, jedes Mal, wenn sie tanzte, jedes Mal, wenn sie mit ihren Töchtern spielte, war dies ein Akt des Widerstands. Ich kann mir vorstellen, dass das Trauma, das ihr zugefügt wurde, genau wie bei mir neben dem psychischen Leid auch eine Vielzahl physischer Schmerzen auslöste. Die verheerenden Auswirkungen der legalen und illegalen Drogen, mit denen sie ihren Körper vollpumpte, die Art und Weise, wie sie sexuell ausgebeutet und geschlagen wurde und nur selten in der Lage war, ihr Essen bei sich zu behalten, haben wahrscheinlich gleichermaßen zu ihrer schlechten psychischen Gesundheit beigetragen. Ich selbst leide ebenfalls unter einigen dieser körperlichen Probleme sowie unter einem angeborenen Herzfehler, gegen den ich Medikamente nehme und jetzt einen Kardioverter-Defibrillator in der Brust implantiert habe. Ich erinnere mich nicht, dass sie je das Wort »behindert« ausgesprochen hätte, aber es ging ihr konstant schlecht. Als wir staatliche Unterstützung erhielten, gehörte die Invalidenrente dazu und sie wurde als erwerbsunfähig eingestuft. Ihre Unfähigkeit, sich mit den Mechanismen zum Bezug dieser Leistungen auseinanderzusetzen, führte oft dazu, dass sie gekürzt oder gestrichen wurden. Eine Möglichkeit, mit der auch Sozialarbeiter*innen und Betreuer*innen psychiatrischer Gesundheitsdienste immer wieder drohten, wenn sie in unserer Wohnung mit ihr über ihre Genesung sprachen, darüber, dass es ihr bald gut genug gehen würde, gut genug, um zu arbeiten, wie sie sagten. Sie legten die Gespräche so an, dass der Eindruck entstand, sie brauche nur eine Reihe richtiger Entscheidungen zu treffen, damit es ihr wieder gut ging, Entscheidungen, die allein in ihrer Hand lägen.

Die Bewegung *Disability Justice*, angeführt von queeren People of Colour, ist eine der wichtigsten Stimmen in diesem Zusammenhang,[84] und wie bei vielen anderen Themen auch fängt meine Bildung in diesem Bereich gerade erst an. Trotzdem werde ich mich im weiteren Verlauf dieses Textes recht weit mit diesem Thema vorwagen. Ich hoffe zwar, dass ich selbst etwas dazu beitragen kann, werde aber auch andere ausführlich zitieren, statt zwanghaft alles mit meinen eigenen Worten auszudrücken.

Patty Berne, Aurora Levins Morales, David Langstaff und das Kollektiv Sins Invalid nennen zehn Prinzipien für *Disability Justice:*

- Intersektionalität
- Führung durch jene, die am stärksten betroffen sind
- antikapitalistische Politik
- Solidarität mit anderen Bewegungen
- Anerkennung von Ganzheitlichkeit
- Nachhaltigkeit
- Engagement zur Solidarität über verschiedene Arten von Behinderungen hinweg
- Interdependenz
- kollektiver Zugang
- kollektive Befreiung[85]

Patty Berne beschreibt die Entstehung von *Disability Justice* folgendermaßen:

»Die politische Strategie der Behindertenrechtsbewegung beruhte darauf, exemplarische Rechtsverfahren zu führen und einen bürokratischen Behindertensektor zu etablieren – auf Kosten der Entwicklung einer von der Bevölkerung breit gestützten Bewegung. Obwohl sie ein konkreter und radikaler Schritt zur Gerechtigkeit ist, machte die Behindertenrechtsbewegung zugleich die Leben von Menschen, die an Schnittstellen der Unterdrückung leben, unsichtbar – dazu gehören unter anderem behinderte People of Colour, Migrant*innen mit Behinderungen, queere Menschen mit Behinderungen, Trans- und gendernonkonforme Menschen mit Behinderungen, obdachlose Menschen mit Behinderungen, inhaftierte Menschen mit Behinderungen, Menschen mit Behinderungen, denen das angestammte Land gestohlen wurde. Als Antwort darauf begannen behinderte Aktivist*innen of Colour, ursprünglich queere Women of Colour, die sich in progressiven und radikalen Bewegungen engagierten, welche Ableismus nicht systematisch angingen, 2005 eine ›zweite Welle‹ von Behindertenrechten zu diskutieren und veröffentlichten schließlich ein Standardwerk zu dem, was wir *Disability Justice* nennen. Dazu gehörten ich selbst, Mia Mingus und Stacey Milbern, bald kamen Leroy Moore, Eli Clare und Sebastian Margaret hinzu.«[86]

Ich stelle hier die Ideen von *Disability Justice* vor, weil sie die Beziehungen betonen, die auch ich und meine Mutter in erster Linie zu unserer psychischen, aber auch unserer physischen Gesundheit hatten. Von der Unterstützung, die wir bekamen, war jene, die nicht ins System eingebunden war, zweifellos förderlicher für unser Wohlbefinden. Ich erhielt weitaus mehr solche Unterstützung als meine Mutter, und ich werde gleich erläutern, wie manches davon aussah. Die meiste Zeit ihrer Unterstützung, nämlich zwischen ihrem dreiundzwanzigsten und ihrem dreißigsten Geburtstag, lebte sie mit vier Kindern in einer Einzimmerwohnung und ihre hauptsächliche Einnahmequelle war Sexarbeit, die sowohl sie als auch ich ausübten. Sie war ein regelmäßiges Opfer genderbasierter Gewalt, entweder durch meinen Vater bei den wenigen Gelegenheiten, zu denen er vorbeikam, oder durch die Männer, mit denen sie sich auf persönlicher oder professioneller Ebene traf.

Alkohol und Gras waren ihre hauptsächlichen Stimmungsstabilisatoren, Heroin nahm sie, um schlafen zu können. Die Sozialdienste und die psychologischen Fachkräfte, die im Leben meiner Mutter ein- und ausgingen, waren kaum zu ihrem Vorteil. Mehr als alles andere waren sie eine drohende Gefahr: Würden sie ihr ihre Kinder wegnehmen? Oder würden sie die psychiatrischen Dienste dazu anstiften, sie selbst wegzusperren? Sie betrachtete Arztbesuche als etwas, das wann immer möglich vermieden werden musste, und ging nur hin, wenn dies der letzte Ausweg schien um abzuwehren, was einige *Disability-Justice*-Aktivist*innen den »medizinisch-industriellen Komplex (MIK)«[87] nennen.

Mia Mingus beschreibt den MIK als »ein gewaltiges System, dessen Tentakel über Ärzt*innen, Pflegefachpersonen, Kliniken und Krankenhäuser hinausreichen. Bei diesem System geht es in erster Linie um Profit, nicht um ›Gesundheit‹, Wohlbefinden und Fürsorge. Seine Wurzeln reichen tief und seine Geschichte und Gegenwart sind mit allem verbunden, darunter Eugenik, Kapitalismus, Kolonialismus, Sklaverei, Migration, Krieg, Gefängnis und reproduktive Unterdrückung. Er ist nicht nur ein elementarer Bestandteil der Geschichte des Ableismus, sondern aller Systeme der Unterdrückung.«[88]

Das Vereinigte Königreich hat zwar den *National Health Service,* einen staatlichen, steuerfinanzierten Dienst, der breite und kostenlose Gesundheitsversorgung anbietet, doch im Verlauf der letzten dreißig Jahre war er zunehmend Outsourcing und Privatisierung ausgesetzt.[89] Er macht den größten Anteil der Gesundheitsversorgung im Vereinigten Königreich aus, seine Praktiken wurzeln jedoch ebenso im von Mingus weiter oben beschriebenen Erbe, er ist keine parallele Struktur, sondern Teil des MIK.

Johanna Hedva bezieht sich auf den US-amerikanischen Kontext, aber wenn man das Versicherungsmodell (zumindest zum gegenwärtigen Zeitpunkt) außer Acht lässt, sind ihre Bemerkungen auch für das Vereinigte Königreich von Bedeutung und für jene, die in den MIK-Mechanismen der Überwachung, Kontrolle und Bestrafung gefangen sind: »Ich wehre mich gegen die Behauptung, dass der westliche krankenversicherungsindustrielle Komplex mich in meiner Gesamtheit versteht, auch wenn er selbst das anscheinend glaubt. Es wurden mir im Laufe der Jahre viele Worte angehängt, und obwohl einige davon zur Artikulation nützlich waren, müssen wir, egal wie hart wir daran arbeiten, die Welt zu verändern, immer noch Wege finden, um mit der vorgefundenen Realität klarzukommen.«[90]

Diese staatlichen Dienste, die angeblich für die Fürsorge und das Wohlbefinden meiner Mutter verantwortlich waren, wurden durch die Ökonomisierung des Lebens geprägt, die seit der neoliberalen Wende in den 1970er Jahren vonstatten geht. 1980 wurde unter Thatcher die »Care in the Community«-Politik eingeführt, wonach die Pflege und Betreuung behinderter Menschen nicht mehr in Institutionen, sondern zu Hause stattfinden soll. Mithilfe dieses Richtungswechsels hätte analysiert werden können, welche Auswirkungen örtliche Communitys und die breitere Gesellschaft denn auf jene haben, die unter extremem psychischen Druck leben. Und wäre die Intention tatsächlich die soziale Frage gewesen, hätte diese Politik auch die materiellen und sozialen Realitäten einbeziehen sollen, die die Not hervorrufen, beispielsweise folgende: struktureller Rassismus; die Art und Weise, wie das Patriarchat Männern das Gefühl gibt, Abfallprodukte zu sein, die ihrer sozialen Rolle nicht gerecht werden; der emotionale und physische Druck, dem Frauen aufgrund der kulturellen Produktionen des Patriarchats ausgesetzt sind; die Gewalt der Heteronormativität und Genderbinarität und die Konsumgesellschaft, die Individuen darin bestärkt zu glauben, dass ihr Wert an ihre Fähigkeit gebunden ist, Identitäten zu erwerben, die das dominante Narrativ von Erfolgsgeschichten reproduzieren. Die neoliberalen Dienste für physische und psychische Gesundheit und der medizinisch-industrielle Komplex suggerieren im Allgemeinen, dass diese Belastungen als normale Bestandteile des Lebens akzeptiert werden müssten, die einfach so sind, wie sie sind, und dass man sich für eine gute psychische Gesundheit einfach nicht von ihnen stören lassen darf. In den meisten Fällen gibt es nicht einmal Lippenbekenntnisse zur Existenz dieser krankmachenden Realitäten; stattdessen liegt der Fokus auf der Gewöhnung des Einzelnen an die gewalttätige Pathologie der Gesellschaft. Es findet eine Art Gaslighting statt, Individuen sollen davon überzeugt werden, dass sie das Problem sind und nicht der Kontext, in dem sie sich befinden – was das Problem noch verschlimmert. Und die Ironie ist, dass Menschen wie meine Mutter die Privilegien, die man braucht, um sich davon zu lösen, nicht haben: Zeit, Sicherheit und den Zugang zu Ressourcen. Ich habe in einem Pflegeheim für Menschen mit schwerwiegenden und chronischen psychiatrischen Diagnosen gearbeitet. Ich vermute, dass meine Mutter an einem sehr ähnlichen Ort untergebracht worden wäre, hätte sie noch einige Jahre länger gelebt. Aufgrund der »Care in the Community«-Politik der 1980er- und 1990er-Jahre haben solche Einrichtungen zu wenig Personal und zu wenig Finanzierung. Viele der Menschen, die dort lebten, hatten Kinder, führten langjährige Beziehungen, arbeiteten und so weiter, doch eine Vielfalt sozial konstruierter Stimuli hat etwas in ihnen zerstört. Anders als meine Mutter und auch ich waren sie von den psychiatrischen Diensten geschluckt worden, hatten Jahrzehnte in Kliniken verbracht und lebten nun in Pflegeheimen. Diese Pflegeheime sollten ein gewisses Maß an Fürsorge und Geborgenheit bieten, trotz ihrer Fokussierung auf psychische Traumata durch die Linse des »medizinischen Modells«. In vielerlei Hinsicht denke ich, dass einige der Pflegeheime diesen Anspruch auch erfüllen; zumindest wollte die große Mehrheit meiner Kolleg*innen ihn erfüllen und fand viele Wege, um das auch zu erreichen. Doch welche Werte und Ziele das Pflege- und Betreuungspersonal auch immer vertreten haben mag, wir wurden von den Bedingungen stark eingeschränkt. Und zu diesen Bedingungen gehört die Vorstellung, dass die Menschen, um die wir uns kümmerten, krank statt gesund und somit für den Kapitalismus wertlos statt nützlich waren.

»Der Begriff ›Krankheit‹, wie er heute verwendet wird, ist ein kapitalistisches Konstrukt und wird als das binäre Gegenteil zu ›Gesundheit‹ wahrgenommen. Die ›gesunde‹ Person ist gesund genug, um zu arbeiten. Die ›kranke‹ Person ist es nicht. Was so destruktiv daran ist, Gesundheit als den Standard der Existenz vorauszusetzen, ist, dass somit *Krankheit als vorübergehend* gedacht wird. Kranksein als eine Abweichung der Norm zu betrachten, erlaubt uns, Fürsorge und Unterstützung ebenso wahrzunehmen. Mit dieser Einstellung wird Fürsorge nur manchmal gebraucht. Wenn Krankheit vorübergehend ist, ist Fürsorge nicht die Norm.«[91]

Die primäre Quelle der Fürsorge aus der Community, die meiner Mutter zukam, war die Solidarität zweier Frauen aus Sri Lanka, die in Lenton Flats einige Stockwerke unter uns wohnten. Eines Abends, ein paar Wochen nachdem wir eingezogen waren, fanden sie meine Mutter bewusstlos im Aufzug. Sie brachten sie in unsere Wohnung, wo ich meine Schwestern gerade bettfertig machte. Eine der beiden Frauen verschwand kurz, um einen Wasserkocher und ein sauberes Handtuch zu holen. Sie kochten Wasser, füllten damit die Badewanne und wuschen meine Mutter. In ihrer eigenen Wohnung wärmten sie etwas Reis und Linsen auf und brachten sie hoch, um sie zu füttern. Sobald meine Schwestern im Bett waren, lungerte ich an der Tür herum. Damals war ich noch ein kleines rassistisches Arschloch und ging zweifellos davon aus, dass diese beiden nicht-*weißen* Frauen uns ausrauben würden. Sie stellten mir Fragen und ich antwortete einsilbig. Sie ließen mich Bettwäsche holen und legten sie auf unserem Schlafsofa aus. Meine Mutter murmelte und fluchte vor sich hin, aber sie widersetzte sich der ihr angebotenen Herzlichkeit nicht. Eine der Frauen half ihr in einen hellblauen Schlafanzug, der ihr gehörte, legte sie aufs Bett und zog die Bettwäsche über sie, während die andere die Wohnung sauber machte. Während der nächsten paar Tage blieben sie abwechselnd bei ihr, und anstatt dass meine Mutter sich wie sonst immer schnell wieder aufrappelte und weitermachte, ruhte sie sich aus. Sie wurde nichts gefragt und sie kapierte schnell, dass diese beiden Frauen nichts von ihr oder von ihren Kindern erwarteten. Sie beschäftigten sich ab und zu mit meinen Schwestern, aber die meiste Zeit ließen sie uns in Ruhe. Nach fünf Tagen gingen sie. Sie sagten, sie würden am Wochenende vorbeischauen, und das taten sie. Sie blieben ein Teil einer Community, die andere, kleine Möglichkeiten fand, um den Druck abzubauen.

Meine jüngste Schwester wurde Ende 1990 geboren, und sobald meine Mutter mit ihr zurück nach Hause kam, hatten wir alle paar Tage Besuch von Leuten aus den Gesundheits- und Sozialbehörden. Jeweils einen Tag vorher konnte ich beobachten, wie meine Mutter immer weiter in eine Grube der Panik schlitterte. Jeden Abend vor dem erwarteten Besuch der Sozialarbeiter*innen kam ein Paar, das in der Nähe lebte, mit seinen zwei Töchtern vorbei, eine davon noch ein Baby. Sie verbrachten den Abend mit uns. Die Mutter sprach mit meiner Mutter, die währenddessen in der Wohnung auf und ab ging, über Babyzeugs. Der Vater führte Puppentheater auf, las Geschichten vor und machte meinen Schwestern Sandwiches. Als die Besuche vom Sozialamt rarer wurden, kam auch dieses Paar seltener vorbei. Sie stellten uns ihre Energie und Zeit für eine kurze Weile zur Verfügung, weil sie sahen, dass es in dieser Situation notwendig war.

Ein anderer Akt außerordentlicher Herzlichkeit kam von dem Mann, der den jamaikanischen Take-away-Laden führte und mir das Fried Chicken vom Beginn dieses Kapitels schenkte. Über vier Jahre hinweg versorgte er uns mit Hähnchen, heißer Suppe, Reis mit Erbsen und vielen, vielen Teigtaschen. Ich konnte einfach irgendwann während der Öffnungszeiten hingehen, und er schenkte mir eine volle Tüte mit Essen, die ich mit zurück in unsere Wohnung nehmen konnte. Er kannte meine Mutter (viele Menschen kannten meine Mutter) und fragte ab und zu nach ihr, aber meistens füllte er einfach die Tüte und fragte mich nur, wie es meinen Schwestern in der Schule erging. Das hörte erst auf, als er ziemlich sicher wusste, dass ich in den Drogenhandel verwickelt war. Er sagte mir klipp und klar, dass ich nun wohl genug verdiente, um für das Essen meiner Familie selbst aufzukommen.

Ich sah, wie sich diese und weitere Menschen um andere Menschen aus der Nachbarschaft kümmerten. Ich sah, wie sie sich um Menschen kümmerten, über denen die Sozialdienste wie Geier kreisten. Es gab eine Gruppe von Männern vom Balkan, die diskret Kinder wie meine Schwestern beaufsichtigten, die sich frei zwischen den Hochhäusern bewegen, aber nicht weiter weggehen durften. Diese Männer mussten sich eine Menge Scheiß von anderen erwachsenen Männern anhören, die selbst nicht in der Lage waren, sich um ebenjene Kinder zu kümmern. Wann immer ein Bulle vorbeikam und eines der Kinder fragte, wo seine Eltern seien, kam einer dieser Männer dazu und erklärte, die Mutter des Kindes sei gerade kurz in den Laden gegangen und er passe derweil auf. Wenn der Cop dann sagte, dass es dunkel sei und das so nicht ginge und dass, wenn das Kind immer noch da wäre, wenn er zurückkäme, aber was passieren würde, dann wurde das Kind zurück in die Wohnung der Familie begleitet.

Communitys wie die unseren sind voll von Menschen, die die schmerzlichen Folgen dieser Gesundheits- und Sozialdienste genau kennen. Ich wurde so oft gefragt, wie eine Frau, die kontinuierlich in so großer Not war wie meine Mutter, das Sorgerecht für vier Kinder behalten konnte. Sie konnte es dank meines Geldes und weil genug Menschen auch außerhalb von Familie und Freundeskreis da waren, die verstanden, dass es für niemanden gut ist, wenn die Kinder der Mutter entzogen werden, und dass die psychische Gesundheit der Community nicht dadurch gestärkt wird, dass ihre schwächsten Mitglieder aus ihr entfernt und in Kliniken untergebracht, inhaftiert oder auf andere Weise in fremde Umgebungen gesteckt werden. Es gab genug, oder fast genug solcher Menschen, die das verstanden und die, wenn möglich, in ihrem Lebensumfeld Taten folgen ließen. Wie Mia Mingus so präzise darlegt:

»Unterdrückte Communitys blicken auf lange und komplizierte Geschichten mit dem MIK zurück. Von der ständigen Ausrichtung auf behinderte Körper als etwas, das korrigiert werden muss, über Experimente an Schwarzen Körpern bis hin zu pathologisierenden Behandlungen und gewalttätigen Versuchen zur Heilung der queeren und Trans-Communitys. Von den erniedrigenden, unzureichenden oder schlichtweg verweigerten Angeboten für arme Gemeinschaften bis hin zur erzwungenen Sterilisierung von jungen Women of Colour oder der Abgabe gefährlicher Verhütungspillen an ebenjene Frauen. Von Zwangsmedikationen in heutigen Gefängnissen zurück zu den Zeiten, in denen psychiatrische Einrichtungen Gefängnisse waren, bis hin zu der Tatsache, dass die Begriffe ›kriminell‹ und ›geistig behindert‹ immer noch austauschbar verwendet werden. Vom Mangel an kulturell sensiblen Angeboten bis hin zur Dämonisierung und Beseitigung indigener

Heilprozesse und -praktiken. Vom nicht enden wollenden Kampf um die Kontrolle der Bevölkerung durch die Kontrolle der Geburten und der Gebärenden in diesem Land bis hin zu den zahllosen Ärzten und Fachleuten, die ihre Patientinnen vergewaltigt und sexuell missbraucht haben, und den Überlebenden, die nie jemandem davon erzählt haben. Von all der Gewalt, die als Standardprozedur angesehen wurde und wird, bis hin zu grobem Machtmissbrauch.«[92]

Der psychische Gesundheitszustand unserer Mutter war tief in ihrem Umfeld – in uns – verankert. Und auch unsere psychische Gesundheit als Kinder wurde dadurch zusammengehalten, dass wir zusammen waren, mit den Erwachsenen, zu denen wir die konkretesten Vertrauensbeziehungen hatten. Unsere psychische Gesundheit wurde verbessert, wenn wir Unterstützung erhielten, die mit keiner Drohung verknüpft war.

2016, über zehn Jahre, nachdem ich das letzte Mal Crack geraucht hatte, wurde ich rückfällig. Als das passierte, war ich wahrscheinlich in der komfortabelsten materiellen Position meines bisherigen Lebens. Ich hatte einen unbefristeten Arbeitsvertrag als Betreuer in einem psychiatrischen Pflegeheim, zwar zum Mindestlohn und mit schwierigem Schichtbetrieb, aber solange ich auftauchte und meine Arbeit machte, wusste ich, wie ich für meine Mahlzeiten und ein Dach über dem Kopf aufkommen konnte. Obwohl es in den Jahren zuvor einige Veränderungen in meinem sozialen Umfeld gegeben hatte und einige Freund*innen und Genoss*innen in andere Richtungen gingen, hatte ich immer noch viele Menschen in meiner Umgebung, an die ich mich wenden konnte. Ich hatte gerade über Social Media die Texte veröffentlicht, die später den Großteil von *Chav Solidarity* ausmachen würden. Und doch ist es passiert. Ich fand mich vor der Tür eines Dealers wieder, den ich kannte, und gab achtzig Pfund für Crack aus. Ich war hier, weil ich in den letzten Monaten angefangen hatte, Stimmen zu hören, Gewisper und Echos: die Stimme meines Großvaters, die Stimme meiner Mutter. Stimmen, die mich verspotteten. Stimmen, die mich verhöhnten. Stimmen, die mich daran erinnerten, dass sie auch aus dem Grab heraus nicht vorhatten, mich in Ruhe zu lassen. Ich verließ das Haus des Dealers und ging auf den höchsten Punkt des Forest-Rec-Parks, der Ort so vieler früherer Fehler, Traumata und Momente der Freude. In den letzten Jahren war ich mit den jüngeren Kindern des Jugendklubs, den ich leitete, hierhergekommen. Wir hatten endlose Runden Fangen gespielt, bei denen wir das riesige Piratenschiff rauf und runter gerannt waren. Die meiste Zeit über war ich der gewesen, der die kleinen Teufelchen jagen musste, teilweise war ich langsam hinter ihnen hergejoggt und hatte so getan, als ob ich sie einfach nicht fangen könnte. Es gab Zusammenstöße, Tränen, Drängeleien und Schubsereien (unter den Kindern, ich hatte nicht damit angefangen). Die anderen Freiwilligen machten dann mit oder gaben den Kindern auf der Reifenschaukel Anschwung. Oft waren Eltern zu uns gekommen und hatten gefragt, ob ihre Kinder mitmachen könnten, während sie heimlich eine rauchen oder einkaufen würden. Einige Male waren auch Eltern gekommen und hatten uns gefragt, warum wir die Kinder so wild im Park herumrennen ließen, oder vorbeigehende Erwachsene, die nur den Kopf schüttelten und sagten: »Mach nur, besser du als ich, Kumpel.«

Es war schwer, nicht an diese Momente zurückzudenken, während ich die Flamme an den Pfeifenkopf hielt und zuschaute, wie der Stein langsam wegschmolz. Noch schwerer war es, nicht auf die Stimmen von vor zwanzig, dreißig Jahren zu hören, Stimmen, an die ich mich mal erinnert hatte, die aber nun von der Schaukel und von hinter den Bäumen kamen. Ich nahm die Pfeife an die Lippen, atmete ein, drehte die Pfeife ein wenig zur Seite, als ich ausatmete, atmete ein, drehte und atmete aus, atmete ein, drehte und atmete aus. Die Stimmen verstummten, die Erinnerungen flüchteten und versteckten sich, während die über Jahrzehnte angestaute Spannung ins Gras floss. Wie einer der für mein Leben bedeutendsten Künstler sang: »I am healthy, I am whole, I have poor impulse control, and I want to go home. I am home.« (Ich bin gesund, ich bin ganz, ich habe eine mangelhafte Impulskontrolle und ich will nach Hause. Ich bin zu Hause.) Mein Zuhause fühlte sich an wie elektrischer Honig. Einerseits strömte warmer, weicher Honig durch meine Adern, andererseits zuckten scharfe Stromstöße unerbittlich über meine Haut. Die Lichter der Stadt tanzten für mich, während mir der Schweiß den Nacken hinunterlief. Die Atemzüge in der kalten Stadtluft waren die tiefsten, die ich in den letzten Jahren getan hatte. Ich konnte mich beim besten Willen nicht mehr an meine Traumata erinnern, ich wollte mich sogar daran erinnern, aber sie waren so weit weg. Sie wollten mit diesem unglaublichen elektrischen Honig nichts zu tun haben. Aber so schnell der Honig auch kam, es war noch schneller wieder vorbei. Ich begann zu schwanken – und fühlte, wie mein Gesicht in den Teppich gepresst wurde, während mein Großvater über mir stand. Ich fühlte, wie mir meine Hosen hinuntergezogen wurden. Meine Hand kramte in meiner Manteltasche; ich nahm die Alufolie heraus und ersetzte die Reste in der Pfeife mit etwas Frischem. I go home again.

Die nächsten vierundzwanzig Stunden sind verschwommen und ich kann sie nur durch das rekonstruieren, was mir meine Freund*innen später erzählt haben, sowie aus den Spuren, die ich auf Social Media hinterlassen habe. Ich komme nach Hause in das Reihenhaus, in dem ich lebe, und setze einen Hilferuf ab. Aus gutem Grund, wie sich zeigt. Es kommen mir Menschen zu Hilfe: Freund*innen und Genoss*innen, einer telefonisch aus Schottland, andere klopfen an die Tür, kommen herein und vergewissern sich, dass es mir gut geht. Irgendwann beginnt das, was ich nur als Flashbacks beschreiben kann – es ist das einzige Wort, was ich dafür habe, auch wenn es zu kitschig klingt, zu sehr nach einem Comic-Abenteuer. Während der nächsten Monate kommen sie unregelmäßig immer wieder. Manche sind nur ein paar Minuten lang, manche länger als zwanzig; in dieser Zeit werde ich zu den traumatischen Erfahrungen meiner Kindheit zurückgebracht. Ich werde zu den Vergewaltigungen und Prügeln zurückgebracht. Ich *bin* dort; mein Kopf sagt meinem Körper, dass ich alles erneut erlebe. Oft höre ich, wie meine Freund*innen meinen Namen rufen, ich kann ihre Hände auf meinen spüren, aber ich bin nicht in meinem Reihenhaus. Es ist nicht 2016. Es ist 1986. Es ist 2003. Es ist eines der verdammten Jahre dazwischen. Wenn ich daraus zurückkomme, ist meine Atmung unregelmäßig, mein Körper ist steif und schmerzt. Wenn ich zurückkomme, erfahre ich, dass ich jetzt alt bin, sechsunddreißig Jahre alt, und dass seit vielen, vielen Jahren niemand mehr versucht hat, mich auf diese Art zu verletzen. Stattdessen gibt es Menschen, die mir helfen und an meiner Seite bleiben. Mehr als zwanzig wechseln sich ab, um sicherzustellen, dass ich nie allein bin. Wir spielen Karten, wir schauen Fußball und versuchen, Hilfe für mich zu finden, die meine Autonomie nicht einschränkt. Es wird diskutiert, ob das psychiatrische Kriseninterventionsteam gerufen werden soll. Ich will das nicht. Ich vertraue den staatlichen psychiatrischen Gesundheitsdiensten nicht. Ich fühle mich, als ob meine Seele mir entgleitet, einzig festgehalten dadurch, dass mein Körper da ist, wo er hingehört, in meinem Reihenhaus, neben meinen Bücherregalen, in meinem Sessel und mit Blick auf den Garten, den meine Lieblingsperson in der Zeit, in der wir hier leben, gepflegt hat. Mein Körper muss da sein, wo er sich sicher weiß, damit meine Seele die Umgebung wiedererkennt, wenn sie zurückkommt; weiß, wo die Lebensmittel sind, wo das Wasser ist, weiß, welche Bodendielen knarren und was die Geräusche von der Straße bedeuten. Ich weiß genau: Wenn sie mich von hier wegbringen, wenn Menschen, die ich nicht kenne, anfangen, mir Fragen zu stellen, wenn ich in einem mir nicht vertrauten Raum schlafen muss, dann wird meine Seele nicht in Gänze zu mir zurückkehren. Ich sage meinen Freund*innen, was ich brauche, und sie versuchen, dafür zu sorgen. Einige stellen offen in Frage, ob ich in der Lage sei, diese Entscheidungen zu treffen, andere bezweifeln oder befürchten es, aber sie versuchen es dennoch. Sie organisieren die Schichten, sie wechseln sich ab, sie bleiben bei mir – oft zu zweit. Sie versuchen, sich umeinander zu kümmern, weil es sie verletzt zu hören, wo ich war. Es verletzt sie, weil es eine Brutalität ist, mit der sie nie in Berührung gekommen sind. Es verletzt sie, weil es sie an ihre eigenen Traumata erinnert. Es verletzt sie, weil ich ihnen wichtig bin und sie mich nicht leiden sehen wollen. Es verletzt sie, weil es etwas ist, das sie nicht aufhalten können, dass sie nicht reparieren können. Es verletzt sie, weil vieles davon einfach verdammt furchtbar ist – und ich ihnen bis ins kleinste Detail davon erzähle.

Aber es wird besser. Die Abstände zwischen den »Flashbacks« werden größer, sie dauern weniger lange an und ich werde besser darin zu erkennen, dass sie nicht real sind. Es ist Dezember 2016 und ich bin in meinem Reihenhaus. Ich tue Dinge, die ich immer getan habe. Ich lese. Ich betrinke mich. Ich gehe öfters nach draußen. Ich besuche Freund*innen bei ihnen zu Hause. Und irgendwann verbringe ich wieder Zeit allein. Ich kann wieder allein sein, ohne Angst davor zu haben, was meine Psyche mir antun könnte. Ich gehe wieder zu meiner früheren Therapeutin, einer Frau, mit der ich schon mal ein Jahr lang gesprochen habe, ein kostenloses Angebot für Überlebende von sexuellem Missbrauch, was unglaublich hilfreich gewesen war. Tatsächlich gehe ich noch drei Jahre lang zu ihr; meine letzte Sitzung ist erst rund drei Wochen her. Nach drei Monaten der Krankschreibung gehe ich wieder zur Arbeit. Es ist keine Arbeit, die ich wirklich mag, aber ich sehe es als ein positives Zeichen, dass es bergauf geht.

Ich bin sehr dankbar für die Unterstützung, die ich während dieser Zeit von meiner Community erhielt, dass es Menschen in meinem Leben gab, die gewillt waren zu hören, was ich zu sagen hatte, und die für die Unterstützung sorgten, um die ich bat. Einige der Menschen, die mich unterstützten, waren Menschen aus der Arbeiterklasse und selbst in unterschiedlicher psychischer Verfassung zu dem Zeitpunkt, als ich zusammenbrach. Die Mehrheit, wenn auch nicht alle, kamen aus Milieus, die ihnen zu der Zeit, als ich Unterstützung benötigte, Zugang zu Wohlstand und Sicherheit gewährten. Die meisten von uns waren *weiß*. Wir alle handelten aus der Position heraus, als *weiße* Bürger*innen des Vereinigten Königreichs gelesen zu werden. Ich erlebte diese Zeit als *weißer* Cis-Mann, der verschiedene Formen von sozialem und kulturellem Kapital angehäuft hatte, was bedeutete, dass ich nicht nur in der Lage war, meine Bedürfnisse anderen gegenüber so zu äußern, dass sie gehört wurden, sondern dass ich auch innerhalb meines sozialen Netzwerkes Menschen hatte, die ihrerseits in der Lage waren, meine Bedürfnisse gegenüber Außenstehenden so zu äußern, dass sie gehört wurden. Ich hatte selbst nur wenig Kontakt zu meinem Arbeitgeber, es waren in erster Linie meine Freund*innen, die dort über meine Situation sprachen. Zu Beginn war mein Arbeitgeber verständnisvoll, doch nach sechs Wochen schlug mein direkter Vorgesetzter vor, dass es vielleicht angemessen wäre, meinen Vertrag »nachzujustieren«, da ich womöglich nicht in der Lage wäre, wieder zu arbeiten. Als ich in meine Hausarztpraxis ging, um eine Folgekrankschreibung zu bekommen, tat ich das in dem Wissen, dass die Menschen, die mich begleiteten, dazu in der Lage wären, mit den Fachleuten so umzugehen, dass meine Bedürfnisse und Wünsche nicht ignoriert würden. Es wurde eine Spendenaktion zur Kostenübernahme meiner Therapie organisiert, bei der über zweitausend Pfund zusammenkamen, womit wöchentliche Therapiesitzungen für die nächsten zwei Jahre bezahlt werden konnten.

Meines Wissens ging keiner der Menschen, die mir halfen, damit das Risiko ein, seine Arbeit, seine Unterkunft oder seinen Lebensunterhalt zu verlieren, um mich in der Art und Weise zu unterstützen, die ich brauchte. Wir waren eine Gruppe von fünfundzwanzig Menschen, und gemeinsam waren wir reich an ökonomischem, sozialem und kulturellem Kapital. Sie unterstützten mich, weil sie herzliche, großzügige Menschen sind, die sich um mich und umeinander sorgten. Sie waren durch ihre sozialen Positionen, die ihnen auf unterschiedliche Art und Weise und in unterschiedlichem Ausmaß zugutekommen, in der Lage, mich zu unterstützen. Ich wurde unterstützt, weil ich mir ein gewisses Maß an Wohlwollen erarbeitet hatte – und zwar nicht, weil ich so ein warmherziger, gutmütiger Kerl mit einer umwerfenden Persönlichkeit wäre, auch wenn euch das überraschen mag, sondern weil ich in der Lage war, mich in den sozialen Kontexten zurechtzufinden, in denen ich sie alle kennengelernt hatte, wo ich einige Gemeinsamkeiten, geteilte Interessen und politische Positionen finden konnte, indem ich mir ein passendes Vokabular und einen passenden Lebensstil aneignete und verwendete.

Das ist eine Arbeit, die viele *Disability-Justice*-Aktivist*innen füreinander tun, aber wie Leah Lakshmi Piepzna-Samarasinha schreibt, tun sie es kollektiv als »kranke und behinderte, vorwiegend Schwarze und nicht-*weiße* queere Menschen«, die »Netzwerke von und für uns gründen«.[93] Piepzna-Samarasinha erklärt, dass sie das tun *müssen* angesichts der gewalttätigen Vergangenheit und Gegenwart des medizinisch-industriellen Komplexes und der Art und Weise, wie dessen Institutionen sich mit anderen überlappen:

»Andere Gefängnis-/Kerkersysteme wie Residential Schools, in denen indigene Kinder gestohlen, missbraucht und ihrer Sprache und Kultur beraubt wurden, und profitorientierte Gefängnisse, in denen Schwarze, arme, kriminalisierte, trans, queere Menschen, People of Colour und Sexarbeiter*innen eingesperrt wurden. Die Angst der Menschen, Fürsorge in Anspruch zu nehmen, kommt nicht aus heiterem Himmel. Sie stammt aus vielen Generationen und Jahrzehnten, in denen Fürsorge zu brauchen bedeutete, eingesperrt zu werden, seine Menschen- und Grundrechte zu verlieren und Missbrauch ausgesetzt zu sein. Das Schreckgespenst des ›Heims‹ und des Eingesperrtwerdens verfolgt uns noch immer, sobald wir erwägen, Fürsorge in Anspruch zu nehmen oder wenn wir sie benötigen.«[94]

Dies wurde zwar, wie bereits erwähnt, im US-Kontext geschrieben, doch meine Mutter wurde als Irish Traveller geboren; sie hörte von und erlebte selbst Entführungen, Verfolgung und Folter von staatlicher Seite. Sie hatte Tanten und Cousinen, die in Magdalenenheimen verschwanden.[95] Ihre Großfamilie verlor viele Mitglieder an das Fürsorge- und Kerkersystem. Ich selbst und meine Schwestern wurden in Nottingham immer wieder in Kinderheimen untergebracht, die nachweislich eine Geschichte des Missbrauchs haben.[96] Der Zugang zu Fürsorge außerhalb des MIK ist für viele von uns überlebenswichtig, aber meine Position als *weißer* Cis-Mann mit einem Netzwerk an *weißen* Menschen, die Zugang zu ökonomischem, sozialem und kulturellem Kapital haben, ist nicht mit den Fürsorgenetzwerken auf der Basis gegenseitiger Hilfe von *Disability-Justice*-Aktivist*innen zu vergleichen, über die Piepzna-Samarasinha schreibt. Diese Netzwerke sind abhängig von hart erarbeiteten Fähigkeiten und Resilienz; sie arbeiten nach der Maxime »to exist is to resist«[97]. Sie wissen ganz ohne Zweifel, dass das kapitalistische System für sie keine Verwendung hat, und verpflichten sich über mehrere Formen der Behinderung hinweg, das Überleben der anderen sicherzustellen.

Es versteht sich von selbst, dass meine Erfahrung sich nicht nur stark von der jener Menschen unterscheidet, die den Weg ebneten und die Ideen, die Politik und Aktivitäten von *Disability Justice* formten. Sie unterscheidet sich auch stark von jener meiner Mutter. Obwohl wir beide uns wünschten, dass unsere psychischen Behinderungen nicht als medizinische Diagnosen angesehen würden, sondern als Konsequenzen der sozialen und politischen Zusammenhänge, in denen wir uns befanden,[98] bekam nur ich diese Möglichkeit. Die materiellen, sozialen und psychologischen Ressourcen, die mir und meinem sozialen Netzwerk zugänglich waren, waren weitaus fortgeschrittener als jene, die vor dreißig Jahren meiner Mutter und anderen aus unserer Nachbarschaft zugänglich waren. Dies wertet nicht die Unterstützung ab, die ich bekam, die wertvoll war und mit guten Absichten gegeben wurde und die der Art und Weise entspricht, wie die Communitys, mit denen ich verbunden bin, miteinander leben wollen. Es wirft vielmehr die Frage auf, wie wir die Unterstützung innerhalb der Community bei Krisen der psychischen Gesundheit erweitern können. Der Zugang sollte nicht an soziales, ökonomisches oder kulturelles Kapital gebunden sein. Oder, um es anders auszudrücken: Es sollte keine Rolle spielen, wie viele Freund*innen du hast oder welche emotionale Arbeit sie aufbringen können oder welche finanziellen Ressourcen du hast. Meine Mutter hatte keine wirklichen Freundschaften; sie war beliebt bei Männern, die mehr als alles andere daran interessiert waren, sie auszunutzen. Die Mitglieder der Community, die sie unterstützten, hatten sehr eingeschränkte Kapazitäten, um sich nach ihren Wünschen und Bedürfnissen zu richten, obwohl sie ein tiefes Verständnis von ihnen hatten. Sie brachten sich für eine kurze Zeit ein, bis sie nicht mehr konnten, und es gab niemanden, der sie ersetzte. Sie agierten vorübergehend als Puffer gegenüber staatlicher Einmischung, aber sie war eine alleinerziehende Mutter in Armut. Eine, die mit einem tiefen Trauma kämpfte, das ihre psychischen und physischen Fähigkeiten stark beeinträchtigte. Sie wurde zum Teil von Drogen und Alkohol getragen und hatte niemanden dauerhaft an ihrer Seite, der ihr dabei geholfen hätte, sich in den Systemen der Gesundheits- und Sozialdienste zurechtzufinden, und sie hatte keine Möglichkeit, ihre Bedürfnisse auszudrücken. Es war unwahrscheinlich, dass ihr je die Chance gegeben würde, unter ihren eigenen Bedingungen zu genesen, und das heißt: auf die einzig sinnvolle Art und Weise zu genesen. Meine Mutter hätte das gebraucht, was Mia Mingus *Crip Solidarity* (»Krüppelsolidarität«) nennt, bei der die, die als psychisch und physisch behindert etikettiert werden, »andere Wege finden (unsere eigenen Wege erschaffen) und mit unseren Genoss*innen über Befreiung, Zugang und gegenseitige Abhängigkeit sprechen. Wir werden Bedürfnisse in unsere Beziehungen einweben wie goldene, glitzernde Hoffnungsschimmer – Gelegenheiten, um tiefer und vollständiger zu werden und einzuüben, wie unsere Welt aussehen könnte. Wir werden üben, wie gegenseitige Liebe täglich aussehen könnte. Mutig. Und wir werden einander dabei helfen, dem so verlockenden Ableismus zum Trotz, der Isolation queerer Menschen of Colour zum Trotz, der Isolation politischer Communitys und Bewegungen zum Trotz. Wir werden anderen helfen, einander zu lieben, und dadurch auch uns selbst lieben.«[99]

Ich möchte damit nicht dafür plädieren, dass sämtliche Unterstützung zur psychischen Gesundheit einer Auswahl von Nachbar*innen überlassen werden sollte, die eben so helfen, wie sie es können, wenn eine Person am psychischen Abgrund steht. Ich plädiere aber, wie eigentlich fast immer, dafür, dass unsere kollektive Antwort auf individuelle Schwierigkeiten immer mit dem Bewusstsein beginnen muss, dass diese Schwierigkeiten in einem erweiterten sozialen Kontext geformt werden, und dass unsere Wege, um sie zu überwinden, in Nachbarschaften und Communitys gründen müssen und nicht in staatlicher Infrastruktur. *Disability-Justice*-Aktivist*innen lassen niemanden zurück, sie machen klar, dass unser Kampf gegen den patriarchalen, heteronormativen Kapitalismus *weißer* Vorherrschaft verloren ist, wenn wir glauben und nach diesem Glauben auch handeln, dass die Hindernisse, die einigen Menschen im Weg stehen, diese wertlos machen. Diese Hindernisse werden von den Systemen erschaffen, die wir bekämpfen, und wir müssen dementsprechend reagieren. Unsere sozialen Bewegungen und unsere Organisationsformen dürfen Fürsorge nicht als eine Dreingabe betrachten, als etwas, das wir zusätzlich geben, wenn wir gerade die Kapazität dafür haben, sondern als etwas Grundlegendes für unsere politische Praxis. Dazu müssen wir von der Arbeit von *Disability-Justice*-Aktivist*innen und -Forscher*innen lernen.

Vierzehn

»Wenn wir uns die Umstände eines Ereignisses anschauen, das Leid verursacht hat, entdecken wir meist, dass diesem Ereignis anderes Leid vorausgegangen ist. Und wenn wir weiter in der Zeit zurückgehen, erkennen wir, dass sich diese Erzählung von Leid in immer neue Stränge aufteilt und sich mit anderen Erzählungen und Geschichten verwickelt und verwebt, bis wir uns schlussendlich tiefgründigere Fragen über Liebe, Angst, Mangel und die Ursprünge des Leids stellen. Wenn wir uns mit Transformativer Gerechtigkeit (TG) befassen, sind wir ab einem bestimmten Punkt gezwungen, uns der Widersprüchlichkeit unserer eigenen Annahmen darüber zu stellen, wer Verbindung, Mitgefühl und Vergebung verdient und was diese beinhalten.«

NATHAN SHARA, »Facing Shame«[100]

Ich werde von den Ereignissen am Tag meines vierzehnten Geburtstags erzählen. Ich habe mein ganzes Leben über dazu tendiert, meinen Geburtstag als Gelegenheit zu nutzen, mich besinnungslos zu saufen, daher ist mein vierzehnter Geburtstag einer der wenigen, von denen ich eine besonders klare Erinnerung habe. Ich werde die Ereignisse des Tages in umgekehrter Reihenfolge erzählen, und einigermaßen zu Beginn dieser Nacherzählung werde ich einen Akt körperlicher Gewalt gegen Menschen beschreiben, über die ich sehr wenig weiß. Im weiteren Verlauf lege ich einiges über den Kontext der Tat dar, sehr wenig jedoch über diese Menschen. Im späteren Gerichtsverfahren wurden sie als aufrechte und gesetzestreue Geschäftsinhaber*innen präsentiert, im Gegensatz zum wilden und gewalttätigen Gangster, der sie angegriffen hatte. Ich möchte von Anfang an klarstellen, dass ich mich zu keinem Zeitpunkt gefragt habe, ob sie nun aufrecht waren oder nicht; weder im Verlauf des Tages bis zum Angriff noch in den Monaten oder Jahren danach. Ich dachte überhaupt nicht viel über sie als Menschen nach.

Nicht einmal, als ich diese Nacherzählung meines vierzehnten Geburtstages schrieb. Ich schrieb sie, um meine Rolle als jemand, der Leid verursacht hat, komplexer darzulegen. Ich wollte die Motivation beschreiben, die jemanden, einen jungen Mann, dazu bringen kann, so einen Angriff auszuführen. Ein Artikel im *Liverpool Echo* über zwei junge Männer, die nach einem Angriff auf ein Paar mittleren Alters zu mehreren Jahren Gefängnisstrafe verurteilt wurden, hat mich dazu bewogen, diesen Text zu schreiben. In dem Artikel wurde das Paar als aufrechte und gesetzestreue Bürger*innen dargestellt, die Männer hingegen als wilde Tiere, die nicht frei rumlaufen dürften. Das hat bei mir einen Nerv getroffen, und obwohl ich keine Einzelheiten über das Leben dieser jungen Männer kannte, wusste ich jede Menge über die Art und Weise, wie sie pathologisiert wurden. Nicht nur von der Polizei, die sie verhaftete, nicht nur vom Gericht, das sie verurteilte, nicht nur von den Medien, die sie der Welt präsentierten, sondern bereits zuvor: während ihrer Schulzeit, während jeder ihrer Interaktionen mit Sozialämtern und auch von anderen Menschen innerhalb ihrer eigenen Communitys, die die Darstellung junger, wütender Männer aus der Arbeiterklasse in der Mittelschichtskultur für wahrheitsgemäß hielten. Darüber wollte ich also sprechen. Gegen Ende des Textes werde ich auch einen Teil der Analyse dieses Tages wiedergeben, wie ich sie mit der Schriftstellerin, Akademikerin und Sozialarbeiterin Dr. Lauren Wroe ausgearbeitet habe. Wir vergleichen hierbei, wie zwei verschiedene Modelle Sozialer Arbeit an das Ereignis, die involvierten Individuen und ihre Communitys herangehen würden.

Was wir nicht tun, ist, die Beziehung zwischen mir und dem Paar zu beleuchten, dem ich Leid zugefügt, das ich physisch angegriffen habe. Angesichts der Tatsache, wie wenig ich über sie weiß, wäre das offensichtlich schwierig. Vor der Nacherzählung des Ereignisses möchte ich noch kurz auf mein Verhältnis zu dem Leid, das ich verursacht habe, eingehen, und auf die Art und Weise, wie ich dafür zur Rechenschaft gezogen wurde. Auch wenn wir nur die körperliche Gewalt berücksichtigen würden, wäre der nachfolgend beschriebene Vorfall nicht unter den Top Ten der gewaltvollsten Handlungen, die ich in meinem Leben ausgeübt habe. Für viele davon, auch für die hier beschriebene, hat mich der Staat zur Rechenschaft gezogen: Ich wurde angeklagt und die Verwaltungsbeamt*innen des Staates entschieden über die Bestrafung. In diesen Fällen wurden sehr selten die äußeren Umstände, das Umfeld des Täters dargelegt oder gar berücksichtigt. Der Fokus lag allein auf mir und auf meiner Unfähigkeit, Entscheidungen zu treffen, die als angemessen angesehen wurden, stattdessen hatte ich Leid verursacht, was als inakzeptabel galt. In anderen Fällen, in denen ich Täter war, war der Staat nicht involviert, stattdessen sprach die Community Recht. Diese Fälle reichten von Prügeln, die ich von einer Gruppe von Männern bezog, weil ich einen ihrer Söhne ausgeraubt hatte, bis hin zu einer Sitzung, zu der mich eine Gruppe anderer drogenabhängiger Obdachloser, wie ich selbst einer war, zwang. Ich musste mir anhören, wie groß das Leid war, das ich ihnen angetan hatte, als ich sie beklaute, und dann mit ihnen darüber sprechen, was ich brauchen würde, um mit den Diebstählen aufzuhören. In den meisten Fällen lag der Fokus auf den Taten, und es gab nur wenige Ausnahmen – unter anderem das letzte Beispiel –, in denen ein Dialog zwischen der Person, die Leid verursachte (mir), und jenen, denen durch die Tat Leid zugefügt wurde, entstehen konnte. Wenn ich zur Rechenschaft gezogen wurde, habe ich mir ausschließlich in diesen wenigen Fällen, wenn ein Dialog möglich war, Gedanken darüber gemacht, wie ich mich anders verhalten könnte. Und wichtiger noch: Die vom Staat verhängten Strafen lassen mir meine Handlungen bis heute abstrakt erscheinen, als würden sie weder andere Menschen betreffen noch, zu einem gewissen Punkt, mich selbst. Ich empfinde mehr Reue dafür, den obdachlosen Abhängigen in meiner Umgebung ein paar Münzen gestohlen zu haben, als für die körperliche Gewalt, die ich dem Paar in der nun folgenden Erzählung zugefügt habe. Dafür gibt es verschiedene Gründe: Die Abhängigen waren meinesgleichen, keine Fremden, und blieben es auch nach diesem Vorfall. Mein Verrat an ihnen führte nicht dazu, dass sie mich verraten hätten, indem sie mich an den Staat auslieferten und damit aus einem Netzwerk von Menschen ausschlossen, dessen Mitglieder sich gegenseitig bei der Erfüllung ihrer unmittelbaren Bedürfnisse unterstützten. Das Paar und viele andere, denen ich in meiner Jugend Leid zufügte, blieben für mich Fremde, und ich bin immer noch dabei, für mich zu entwirren, wie ich für dieses Leid Verantwortung übernehmen kann.

02:00 Uhr

Ich liege auf dem Rücken auf dem Kachelboden. Ich lese, was in die Zellwände eingeritzt wurde, die mich umgeben. Brusttrommelndes Gebrüll um Anerkennung. Poetische Liebeserklärungen. Prophezeiungen von Rache. Revolutionäre Parolen. Ich grabe meine Nägel ins Handgelenk und versuche, mir die Haut wegzukratzen. Zwei Zellen weiter singt Derek Seemannslieder. Er fügt hundertjährigen Volksliedern eigene Liedtexte hinzu, die davon handeln, dass meine Mutter ihm einen bläst. Ich flüstere eine eigene Prophezeiung und schwöre, bei der nächsten Gelegenheit seine Wohnung abzufackeln. Ein Wärter läuft den Korridor hinunter und schielt durch jede Klappe. Ich ziehe meinen Ärmel nach unten, damit er meinen Arm nicht sehen kann. Als er meine Zelle erreicht hat, sagt er, dass bei mir zu Hause niemand ist und meine Mutter nicht aufzufinden, dass aber jemand vom Sozialamt für meine Befragung auf dem Weg ist. Ich bezweifle, dass mir dies von großem Nutzen sein wird. Eher wird er oder sie sich mit alkoholgeschwängertem Atem über die frühe Tageszeit beschweren. Ich weiß das alles schon. Derselbe Wärter hat mir dasselbe schon vor einer halben Stunde gesagt, als er überprüfte, ob ich mir auch nicht den Schädel aufgeschlagen hatte. Er geht weg. Dann höre ich, wie er anhält und umkehrt. Er schielt nochmals durch die Luke. »Diesmal kommst du nicht davon, Hunter«, kichert er. »Alte Menschen zusammenschlagen, du Stück Scheiße.« Ich zeige ihm den Mittelfinger, er mustert mich von oben bis unten und geht weg. Ich schaue auf die Rückseite meines Fingers und mache eine Faust, eine Faust, die von getrocknetem Blut befleckt ist. Ich drehe die Hand um und öffne sie; die Innenseite ist aufgerissen, ein unscharfes Rosarot aus Kratzern und Schrammen.

23:00 Uhr

Ich gehe zur Vordertür hinaus und stehe in der Einfahrt. Bei den Nachbarn auf beiden Seiten ist das Licht aus. Wie viel Lärm wir auch immer gemacht haben, er hat die Vorort-Idylle nicht gestört. Auf der Straße sehe ich ein Taxi auf mich zukommen. Ich ziehe mein Kinn ein und meine Kapuze über die Augen. Als das Taxi näherkommt, fange ich an zu joggen. Der Fahrer sieht zu mir herüber, sieht, was hier nicht hingehört. Ich jogge weiter und biege um die erste Ecke. Als ich höre, wie das Taxi wegfährt, hebe ich den Kopf und höre auf zu rennen. Ich gehe schnell vorbei an diesen großen Häusern mit Gärten auf der Vorder-

und Rückseite und Einfahrten mit schlichten, teuren Fahrzeugen. Ich überlege kurz, ob ich eins knacke, aber ich sage mir, das ist nicht der Plan, das ist nicht mein Auftrag. Mir wurde sogar explizit aufgetragen, genau das nicht zu tun. Ich biege um eine weitere Ecke und stehe vor dem Wollaton-Park. Ich stelle mir vor, durch den Park zu latschen, wie meine Schuhe und Füße nass werden, und muss an scheiß Hirsche denken. Ich erinnere, wie ich einige Jahre zuvor ein oder zwei Wochen lang in einem Pferdestall übernachtet habe, nachdem ich vor einer Pflegefamilie davongerannt war, die mich zu Tode genervt hatte. Ich erinnere, dass mir kalt war und ich nicht schlafen konnte wegen des Krachs, den die Pferde in den anderen Ställen machten. Ich höre, wie ein Auto näherkommt. Ich drehe mich um und sehe, dass es ein Bullenauto ist, noch rund dreihundert Meter entfernt, in meine Richtung kommend. Als die Sirenen eingeschaltet werden, hechte ich über den Zaun in den Park. Ich lande auf dem nassen Boden, rutsche aus und meine Knie verdrehen sich leicht, aber ich fange an zu sprinten und laufe über Rasen und Kies. Ich renne nur, wenn ich verfolgt werde, eine Angewohnheit, die ich erst mit dreißig Jahren ablege und die der Grund dafür ist, dass ich oft eingeholt und erwischt werde. Die Luft sticht in meine Lungen. Meine Beine tun höllisch weh, aber sie machen nicht Halt. Mein Verfolger ist groß, seine Schritte dröhnen in meinen Ohren. Ich spüre, dass er mich fast hat, also schwinge ich einen Arm nach hinten und treffe ihn ins Gesicht. Er macht einen Satz nach vorn, als ich einen Haken schlage, wodurch er stürzt. Er stöhnt, rappelt sich aber wieder auf. Ich sehe, wie sein Kollege auf uns zukommt, und hetze noch mehr, aber wie schnell ich auch renne, sie sind noch schneller, und jetzt ist einer hinter mir und einer links von mir, sie kreisen mich ein. Ich drehe mich um, ducke mich und versuche, zwischen ihnen hindurchzukommen. Der Größere rutscht schon wieder aus, sein Kollege aber fängt sich und versucht mich zu greifen, doch ich komme gerade noch weg. Nun renne ich zurück in die Richtung ihres Wagens, zurück zum Haus, aus dem ich gerade gekommen bin. Ein anderes Auto erscheint und zwei weitere Bullen springen über den Zaun. Ich sehe, wie in den Häusern gegenüber des Parks Lichter angehen. Ehemänner öffnen Türen, Kinder spähen aus Schlafzimmerfenstern. Eine Faust trifft mich im Rücken. Ich falle und rolle über das Gras. Einer der Bullen springt auf mich und presst mich mit einem Arm auf den Boden. Mit der freien Hand schlägt er mir dreimal auf den Arm. Sein Partner tritt mir in die Beine. Mein Körper versucht, sich herumzuwerfen und die Arme freizubekommen. Ich werde auf den Kopf geschlagen, einmal, zweimal. Ich schreie, sie sollen sich verpissen. Sie schlagen mir noch zweimal in den Rücken. Sie sind zu viert. Zwei von ihnen ziehen mich auf die Beine, heben mich in die Luft. Ich trete nach ihnen, aber einer der neu Angekommenen nimmt seinen Schlagstock und schlägt mir in den Bauch. Ich presse meinen Kiefer zusammen und versuche, nicht loszuschreien, aber mein Körper gibt auf.

22:00 Uhr
Ich kauere mich in einer Ecke des Gartens hin. Es ist ein langer und breiter Garten. Am Rande sind Blumenbeete, die nun alle in der Dunkelheit liegen. Das Gras ist kurz und gepflegt und in der Mitte steht ein Metalltisch mit dazugehörigen Stühlen. Zwischen dem Rasen und dem Hinterzimmer, das keine Mauern, sondern nur eine Fensterfront hat, gibt es eine Veranda. Ich suche darauf nach der kleinen Statue eines Golfspielers, unter der sich, wie mir gesagt wurde, der Schlüssel zum Wintergarten befindet – und zum Haus. Durch das hintere Fenster hindurch sehe ich die Frau. Sie ist in ihren Sechzigern und in einen Morgenmantel gehüllt. Ihr Gesichtsausdruck erinnert mich an eine

meiner Lehrerinnen; sie sieht genervt aus, aber glücklich darüber, genervt zu sein, als wäre das eine Bestätigung ihrer Überlegenheit. Sie schenkt sich ein Glas Wasser ein und verlässt die Küche. Das Licht im hinteren Schlafzimmer geht an und ich sehe die Schatten, die ihr Körper auf die Vorhänge wirft. Sie stellt ihr Glas ab, zieht ihren Morgenmantel aus und legt sich ins Bett. Ich bewege mich langsam über den Rasen. Ganz leise höre ich den Fernseher im Wohnzimmer. Mir wurde gesagt, dass sie beim Zubettgehen eine Schlaftablette nimmt und dass ich zehn Minuten warten soll, bevor ich hineingehe.

Meine jüngste Schwester ist zwei Jahre alt. Sie umklammert gerne meinen Finger mit ihrer Hand. Ich weiß, dass sie weinen wird, wenn ich nach Hause komme, und dass unsere Mutter ausgeknockt neben dem Bett liegen wird, das die beiden teilen. Ich werde über ihren halb ausgezogenen Körper steigen und meine Schwester gut zudecken. Ich werde ihr meinen Finger geben, damit sie ihn festhalten und, wenn sie wirklich will, daran nuckeln kann. Heute Morgen hat sie mir eine Geburtstagskarte gegeben, die sie in der Spielgruppe gebastelt hat. Es war eine orange Karte mit sieben verschiedenfarbigen X drauf, und es sah so aus, als ob sie versucht hätte, mit einem grünen Buntstift »D« zu schreiben.

Ich hebe die Golferstatue hoch und nehme den Schlüssel, der darunterliegt. Er ist kalt und nass und als ich ihn hochhebe, fällt ein kleiner Käfer ab. Die Tür ist etwas schwer aufzubekommen, ich muss mich dagegendrücken; es ist nicht so leise, wie ich gehofft hatte, und daher warte ich, um zu sehen, ob der alte Mann etwas gehört hat. Der Raum riecht nach Blumen und Zigarettenrauch. Ich bin in die Wärme des Raumes eingelullt und spüre einen Drang, mich hier und jetzt schlafen zu legen. Leichtfüßig gehe ich durch den Wintergarten. Genau wie mir gesagt wurde, steht direkt hinter der Tür ein Satz Golfschläger. Ich ziehe einen leise aus der Tasche und gehe durch die Küche, in der alles sauber, glatt und metallisch ist. Es gibt ein ganzes Regal voller Lebensmittel, von denen ich noch nie gehört habe, und auf einem Brett beim Fenster steht eine Reihe von Töpfen mit Küchenkräutern. An der Wand über dem Herd mit sechs Herdplatten hängt ein Dutzend scharfer Messer. Ich ziehe das kleinste hervor und stecke es in meinen Kapuzenpullover. Ich gehe aus der Küche hinaus und in den Korridor. Da sehe ich ihn zum ersten Mal. Seinen Hinterkopf, dichtes silbernes Haar mit einem Mittelscheitel. Seine Hand greift nach seinem Bierglas. Er schaut fern, Männer in Anzügen sprechen hinter Schreibtischen miteinander. Ich schleiche mich an und er bemerkt es erst, als ich den Golfschläger über meinen Kopf hebe und auf seine Beine schlage. Sein Gesicht erstarrt im Schock. Ein Schrei ertönt, aber ich lasse den Schläger fallen und halte mit meiner linken Hand seinen Mund zu, während meine rechte das Messer hervorzieht. »Sei still. Oder ich schlitze dich auf.«

Ich lausche auf Geräusche von oben, aber es ist alles still. Ich lasse ihn sich seine Hände und Füße mit Kabelbindern fesseln. Er macht Anstalten abzuhauen, bleibt aber ruhig, als ich ihm das Messer an die Kehle halte. Ich stecke ihm eine Socke in den Mund und warte, bis er sich beruhigt. Ich stelle ihm die Fragen, die ich ihm stellen soll. Wo der Safe ist. Wie die Kombination geht. Wer der Verräter ist. Ich sage ihm, dass er mir antworten soll, wenn ich die Socke rausziehe, sonst werde ich ihm beide Beine brechen, und weise auf den Golfschläger. Ich nehme die Socke aus seinem Mund und er sagt, er weiß nicht, wovon ich rede. Ich schlage ihm mit dem Golfschläger in den Bauch. Er schüttelt den Kopf und quiekt, »ich weiß es doch nicht.« Ich frage ihn, ob seine Frau es denn weiß, und tue so, als würde ich nach oben gehen. Er versucht, sich auf mich zu stürzen, aber er kann nicht mal aufstehen. Er sagt, ich wäre angelogen worden, er hat nicht mal einen Safe. Er schreit nach seiner Frau, schreit, dass sie die Polizei rufen soll. Ich schlage ihm nochmals mit dem Golfschläger auf die Beine. Er jault auf. Ich stopfe ihm die Socke wieder in den Mund und kündige an, dass ich nach oben gehen werde, dass ich seiner Frau sehr weh tun werde, wenn er etwas Dummes macht. Wenn er sich aber ruhig verhält, würde ich nur etwas Schmuck mitnehmen. Ich frage, ob er verstanden hat. Er nickt. Ich laufe schnell die Treppe hoch. Ich weiß, dass das nicht gut genug ist, aber es wird reichen müssen. Ich gehe in das hintere Schlafzimmer; seine Frau schläft. Sie haben einen großen Holztisch mit einem Spiegel und kleinen Schachteln darauf. Ich öffne sie und nehme mir die Ohrringe und Halsketten heraus. Ich höre etwas hinter mir, drehe mich um und sehe, wie sie sich langsam aufsetzt. Sie sagt den Namen ihres Mannes. Ich laufe zu ihr und schlage ihr dreimal ins Gesicht. Sie sinkt zurück aufs Bett. Ich sage ihr, sie soll ja dortbleiben. Ich fülle meine Tasche mit dem Schmuck. Es wird nicht genug sein, aber es wird reichen müssen. Das sage ich mir immer wieder, dass es reichen muss. Ich gehe nach unten; der Mann hat es zum Fuß der Treppe geschafft. Ich trete ihn aus dem Weg. Oben schreit seine Frau. Ich verlasse das Haus durch die Vordertür.

19:00 Uhr

Ich lasse sie ihre Hände so um die Dose legen, als ob sie sie halten würde. Ich helfe ihr, sie umzudrehen, und die Spaghettiringe fallen auf ihren Teller. Sie nimmt ihren Löffel und ich sage ihr, sie soll alles gut umrühren, weil es dann besser schmeckt. Ich nehme den Löffel und rühre den Rest in der Dose um. Sie macht es mir auf ihrem Teller nach und fragt, ob wir noch Käse haben. Haben wir nicht, aber ich sage ihr, wenn sie richtig fest an Käse denkt, während sie umrührt, schmecken die Nudeln so, als ob Käse drauf wäre.

Sie sagt, ich soll es versprechen, und ich verspreche es. Ich schließe die Augen und erzähle ihr von all dem geriebenen Käse, der auf ihre Spaghettiringe rieselt und weich wird, als er schmilzt. Ich blinzele und sehe, dass sie ihre Augen ebenfalls geschlossen hält. Sie sagt, dass sie es mag, wenn der Käse schmilzt. Ich denke daran, dass wir zumindest morgen etwas Gas bezahlen und ein bisschen verdammten Käse kaufen können. Ich wurde vor zwei Wochen aus dem Jugendheim entlassen und habe gesagt, dass ich mich von nun an um meine jüngste Schwester kümmern werde. Es ist mein Geburtstagsessen. Ich habe sie auswählen lassen und dann eine Dose Spaghettiringe aus dem Laden an der Ecke geklaut. Der Ladenbesitzer wusste, dass ich klaute, aber er rief mir nur hinterher, nicht wiederzukommen. Sie fragt mich, ob Mama heute nach Hause kommt, und ich sage, dass das ein Geheimnis ist und sie bis zum Morgen warten muss. Sie sagt, ohne Mama ist es ruhiger. Ich lächle und frage sie, ob wir nun essen sollen. Sie nickt und wir essen schweigend. Ich höre, wie unten irgendwelche Kinder einen Ball gegen die Türen kicken. Ich höre Autos auf der Derby Road. Ich höre mein Herz pochen. Ich beobachte, wie sie sich zu viele Spaghettiringe in den Mund steckt und ihr welche aufs Kinn fallen.

Nach dem Abendessen singt sie zum fünften Mal an diesem Tag *Happy Birthday* für mich, mit beinahe richtigem Text. Wir schneiden einen Mars-Riegel in zwei Hälften und ich setze sie in den großen Stuhl, damit sie aus dem Fenster schauen kann. Wir essen die Schokolade und ich zeige ihr die Krankenwagen, die zum Krankenhaus fahren, in dem sie geboren wurde, und das Kino, in das wir an ihrem Geburtstag gehen werden, wenn sie älter ist. Ich zeige ihr unsere Schwestern, die unten Fangen spielen. Sie will auch Fangen spielen, und nachdem wir das Mars aufgegessen haben, jage ich sie für eine halbe Stunde durch die Wohnung. Ich renne immer ganz dicht hinter ihr her, wedle mit den Händen über ihrem Kopf und tue so, als ob es mir einfach nicht gelingen würde, sie zu fangen. Als ich sie ins Bett stecke, soll ich ihr eine Geschichte erzählen. Ich erzähle ihr von dem Tag, als sie geboren wurde, und wie Mama im Krankenhaus war und ich und unsere Schwestern K und L die ganze Derby Road entlanggehen mussten, um sie zu sehen. Ich erzähle ihr, wie wir auf dem Weg Drachen und Tiger bekämpften. Ich erzähle ihr vom weiten Meer, das wir überqueren mussten, um dahin zu kommen. Ich erzähle ihr, wie uns auf dem Weg ins Krankenhaus einige Bösewichte mit Steinen bewarfen, aber dass wir sie einfach wegschlugen. Sie schläft ein. Ich gehe zurück ans Fenster und rauche, während ich darauf warte, dass die Mädchen nach Hause kommen.

16:00 Uhr
Meine Finger und mein Daumen strecken sich nach außen, dann ballt sich meine Hand zur Faust. Meine Hand lockert sich wieder, meine Finger und mein Daumen strecken sich erneut nach außen und ballen sich zur Faust. Wieder lockert sich meine Hand, wieder strecken sich meine Finger und mein Daumen nach außen und wieder ballen sie sich zur Faust. Während ich warte, wiederholt sich das immer und immer wieder. Ich sitze nach vorn gelehnt in einem weichen Sessel und starre an die gegenüberliegende Wand. Rechts von mir ist eine Bar, an der ein alter Mann auf einem Barhocker vor- und zurückschaukelt, während er gemächlich sein Wodka-Sprite trinkt. Links von mir stehen sechs Billardtische, alle in einer Reihe, an jedem von ihnen spielen alte und junge Männer, Schwarze und *Weiße,* ehemalige oder aktuell Kleinkriminelle, solche, die mitten im Leben stehen und solche, die komplett abseits vom Leben stehen. Drei Farbfernseher sind an, alle mit aufgedrehtem Ton. Auf einem läuft Sky Sports und ich höre den Fußballnachrichten zu. Auf dem anderen läuft BBC und auf dem

dritten die Pferderennen auf Channel 4. Mein Vater kommt hinter der Bar hervor und bedeutet mir, ihm zu folgen. Das tue ich. Wir gehen die Bar entlang und eine schmale Treppe hoch. Am Ende der Treppe liegt ein langer, enger Flur. Wir gehen ihn schweigend entlang. Er hält eine Flasche Bier in der einen Hand, eine Zigarette in der anderen. Seine Schritte sind leicht, sein Körper entspannt. Er ist ein verdammtes Arschloch. Ich schaue in einen Raum, an dem wir vorbeigehen. Zwei Frauen, ein paar Jahre älter als ich, sitzen in Jeans und BHs auf einem Bett. Sie sprechen mit jemandem, den ich nicht sehen kann, über *Coronation Street.* Eine von ihnen sieht mich und sagt: »Hallo D«.

Ich folge meinem Vater in ein Wohnzimmer, das auch als Büro genutzt wird. Rund dreißig SEGA-Konsolen sind in ihren Kartons an einer Wand aufgestapelt, zusammen mit einem halben Dutzend Farbfernsehern und scheinbar Hunderten von Gameboys. Er ertappt mich, wie ich meinen Blick von den Waren abwende, und ich sehe, wie er vor sich hin grinst. Als er sich setzt und eine weitere Zigarette aus der Packung auf dem Tisch nimmt, tue ich es ihm gleich. Er will mir Feuer geben. Ich nehme ein Feuerzeug aus meiner Hosentasche. Ich drehe mich um und öffne den Kühlschrank hinter mir. Ich spüre, wie er mich beobachtet, während ich ein Budweiser rausnehme. Als ich mich ihm wieder zuwende, starrt er aus dem Fenster und beginnt zu sprechen. Er erklärt mir mit Bedacht, dass er nicht weiß, wo meine Mutter ist. Er stellt klar, dass er auch nicht weiß, mit wem sie gerade Zeit verbringt. Ich soll verstehen, dass er nichts damit zu tun hat, aber wenn ich ein paar Dinge tue, wird sie vielleicht schon am Wochenende oder sogar noch früher wieder nach Hause kommen. Ich höre zu. Ich trinke mein Budweiser und höre zu. Ich höre zu, als er mir die Adresse gibt. Ich höre zu, als er erklärt, dass dort viel Geld im Safe ist. Ich höre zu, als er erklärt, was die beste Zeit ist und was ich tun muss, wenn ich dort bin. Mein Bier ist alle. Ich überlege, die Flasche nach ihm zu schmeißen. Er lässt mich wissen, wenn ich das richtig mache, wäre das für mich und für ihn gut. Als ich ihn frage, warum ich es machen muss und nicht er, sagt er, ich soll nicht so verdammt dumm sein und mich nicht wie der Spasti verhalten, für den mich alle halten. Er fragt mich, wie das Fußballspielen läuft. Ich sage, ich hätte schon länger nicht mehr gespielt. Er schüttelt den Kopf und schaut aus dem Fenster. Ich beobachte ihn, bis er sagt: »Na dann, verpiss dich.«

12:00 Uhr

Ich drücke meinen Rücken gegen die Wand und schaue Tommy zu, wie er den Ball prellt und versucht, ihn zu jonglieren. Er ist ziemlich nutzlos; er ist schlicht und einfach ziemlich nutzlos. Er ist so um die dreißig und hat sogar noch weniger Muskeln als ich. Manchmal schlagen MD und andere Jungs, die knapp halb so alt sind wie Tommy, ihn bloß aus Langeweile zusammen. »Tommy gibt nicht auf«, sagen sie. Du kannst ihn umhauen und er steht einfach immer wieder auf. Er macht nichts, wenn er wieder auf die Beine kommt, taumelt nur etwas und fuchtelt mit den Händen in der Luft herum, aber immerhin steht er wieder auf. Er lupft den Ball mit dem Knie und schießt ihn dann quer über den Hof. »Das waren zehn«, sagt er, »das waren fast zehn.« Ich lächle und nicke, weil das alles ist, was ich derzeit mache. Seit ich vor zwölf Tagen entlassen wurde, lächle und nicke ich nur noch.

Dieses letzte Mal im Heim war wirklich hart. Ich kam todmüde raus, ich war noch nie so müde. Es waren nur sechs Monate, aber als ich entlassen wurde, konnte ich kaum atmen, und Mama und die Mädchen waren noch so viel kaputter als vorher. Als mir die Kleine am Morgen meine Geburtstagskarte gab, nahm K sie mir weg und zerriss sie vor den Augen der Kleinen. Ich wollte sie schlagen, so sehr, aber dann fing L an zu weinen, eigentlich eher zu schreien, und wollte wissen, wo Mama ist. Dann fing die Kleine an zu weinen und dann fing auch K an. Ich hob die Kleine einfach hoch und trug sie aus der Wohnung, und die anderen beiden folgten. Alle drei weinten und weinten dann noch mehr, als wir merkten, dass der Fahrstuhl kaputt war. Nun mussten wir zwölf Treppen zu Fuß nach unten. Ich wollte jede von ihnen am liebsten schlagen, bis sie Ruhe gaben. Als wir nach draußen traten, sah K ihre Freundin Mischa und rannte mit ihr weg und rief, dass sie allein zur Schule gehen würde. Mir war das recht, ich wollte sie ohnehin nicht bringen. Bevor wir anderen um die Ecke bogen, kam K zurück und sagte, sie brauche Geld für Essen. Ich griff in meine Hosentasche und gab ihr ein Pfund. Sie schnalzte verächtlich und sagte, Mama würde ihr inzwischen zwei Pfund geben. Ich schüttelte den Kopf und überließ sie ihrem Schnalzen. Als ich wieder aufsah, war sie verschwunden. L ging neben mir her und starrte auf den Boden. Ich wollte wissen, was sie heute in der Schule machen würde, und sie zuckte mit den Schultern. Ich fragte sie, ob sie sich davor eine Packung Chips kaufen wollte, und sie nickte. Ich nahm noch ein Pfund aus meiner Hosentasche und reichte ihr die Münze. Sie lächelte ein wenig, erinnerte sich dann wieder und starrte erneut auf den Boden. Ich sagte, sie solle schon mal vorlaufen zum Laden, weil sie immer so lange brauchte, um sich zu entscheiden. Meine Arme taten mir weh vom Herumtragen der Kleinen, also rückte ich sie etwas hin und her. Sie wollte bloß ihren Kopf auf meine Schulter legen.

Tommy rennt mit dem Ball zurück und meint, er könne mich Eins-gegen-Eins schlagen. Ich antworte, er soll nicht so einen Scheiß erzählen. Er wirft den Ball in meine Richtung, ich klemme ihn mit dem Schenkel ein, lasse ihn fallen und fange ihn mit dem Fuß wieder auf. Tommy rennt direkt auf mich zu, ich spiele den Ball zwischen seinen Füßen hindurch und laufe um ihn herum, um den Ball wieder aufzunehmen. Er braucht seine Hände zum Abstützen, damit er nicht mit dem Gesicht voll gegen die Wand läuft. Er kommt wieder auf mich zu und ich täusche eine Seite an, laufe dann aber zur anderen. Er stolpert und greift nach meinem T-Shirt. Ich renne fünf Meter weg und stelle meinen Fuß auf den Ball. Er kommt auf mich zu, und ich mache einen Doppelpass mit der Wand. Als ich mich umdrehe, ist er ziemlich sauer. Er reißt die Arme hoch und kündigt an, sich jetzt einen Joint zu drehen. Er fragt, ob ich auch wolle, und ich lehne ab. »Nicht einmal einen Geburtstags-Joint?«, lacht er und ich kicke den Ball so hart wie ich kann in seine Richtung. Er trifft ihn voll ins Gesicht. Als ich sehe, wie sein Gesicht rot wird und er anfängt zu weinen, fühle ich mich beschissen. Seine Lippen zittern und er rennt in seine Wohnung. Ich schaue mich um und sehe, wie Young Wassam auf einer Bank sitzt, mich beobachtet und den Kopf schüttelt. Er ist um die achtzig und lebt mit seinem Vater zusammen, der Old Wassam genannt wird. Ich gehe zu ihm rüber. »Das hättest du nicht tun müssen, Kind«, sagt er, »dieser Junge ist ein trauriges kleines Wrack, bald wird er sich aus einem dieser Fenster stürzen. Du willst doch nicht, dass sein letzter Gedanke an dich ein böser ist.« Er nimmt einen Schluck Whiskey. Ich setze mich neben ihn auf die Bank. Er bietet mir einen Schluck an und ich nehme die Flasche. Er sagt, das sei mein Geburtstagsgeschenk. Ich trinke und gebe sie ihm zurück. Er sagt, vierzehn sei ein gutes Alter. Ich lächle und nicke.

***

Für den Fall, dass es euch bis hierhin entgangen sein sollte: In diesem Buch geht es nicht darum, wie wir staatliche Institutionen reformieren sollten. Es geht darum, wie wir Interaktionsmuster und Seinsweisen entwickeln können, die es uns ermöglichen, uns ohne staatliche Einmischung umeinander zu kümmern. Ebenso wie sein Vorgänger *Chav Solidarity* geht dieses Buch davon aus, dass der Staat immer das Kapital über die Menschen stellen wird und dass jede staatliche Einmischung in das Leben der Communitys der Armuts- und Arbeiterklasse den Zweck hat, seine eigene Macht zu stärken, und daher im Interesse des Kapitals erfolgt. Trotzdem wird es viele Leser*innen dieses Buches geben, die in verschiedenen Bereichen des Staatsapparats arbeiten, beispielsweise als Lehrende, Sozialarbeiter*innen, Fachleute für psychische Gesundheit und in ähnlichen Berufen, die zumindest die Sprache rund um das Thema Pflege und Fürsorge verwenden. Falls ihr in einer dieser Rollen arbeitet und dieses Buch lest, werdet ihr sehr wahrscheinlich nicht am Morgen aufstehen und euch für den Tag vornehmen, Menschen aus der Armuts- oder Arbeiterklasse Schaden zuzufügen. Vielleicht habt ihr sogar eine überaus kritische Haltung gegenüber dem Modell, in dem zu arbeiten ihr gezwungen seid, vielleicht möchtet ihr innerhalb eurer Abteilung, eurer Organisation oder eures gesamten Bereichs einen Wandel bewirken. Möglicherweise habt ihr die bisherige Geschichte meines Lebens gelesen und euch gesagt: »Heilige Scheiße, was für ein Scherbenhaufen von einem Kind. Warum wurde nichts getan, um ihm zu helfen, andere Entscheidungen zu treffen?« Oder so etwas in der Art. Viele von uns, die in irgendeinem »fürsorgerischen« Beruf arbeiteten (ich selbst habe in der psychischen Gesundheitsfürsorge gearbeitet und Jugendarbeit gemacht) oder in Gruppen der gegenseitigen Hilfe und anderen Formen der Gemeinwesenarbeit aktiv sind, kennen die folgende Situation: Wir erkennen die Handlungen einer Person als zerstörerisch für diese Person selbst und die Menschen in ihrer Umgebung. Wir erkennen dabei zwar, dass das Umfeld, in dem diese Person lebt, einen negativen Einfluss hat, halten aber sowohl unsere eigenen Möglichkeiten, die übergeordneten Probleme anzugehen, als auch die Möglichkeiten des erweiterten Netzwerks/der Community für beschränkt. Stattdessen fokussieren wir uns auf die individuellen, personenzentrierten Ansätze, die heutzutage so beliebt sind.

Wenn wir direkt beim Staat oder einer NGO angestellt sind, sind wir gezwungen, innerhalb eines neoliberalen Modells der Fürsorge zu arbeiten. Und selbst wenn wir innerhalb von Community- oder Grassroots-Settings tätig sind, müssen wir immer noch gegen die Kultur ankämpfen, die uns geprägt hat. Wie zu Beginn dieses Kapitels angekündigt, handelt es sich hier um eine Analyse der Ereignisse rund um meinen vierzehnten Geburtstag. Der Teil der Analyse, der nun folgt, beruht auf einem Artikel, an dem ich zusammen mit Dr. Lauren Wroe gearbeitet habe, einer Wissenschaftlerin im Bereich der Sozialarbeit und Mitgründerin von Social Workers Beyond Borders.

Wir betrachten die beschriebenen Ereignisse aus der Perspektive zweier verschiedener Paradigmen der Sozialen Arbeit. Das »soziale« oder »armutsorientierte« Modell auf der einen Seite und auf der anderen die individualisierenden und risikobasierten Perspektiven des neoliberalen Modells, das die gegenwärtige Herangehensweise der Sozialen Arbeit im Bereich der Kinder- und Familienfürsorge dominiert. Letzteres stellt individuelle Verantwortung in den Vordergrund und legt den Schwerpunkt auf die Entscheidungen, die eine Person trifft, auch wenn sie sie innerhalb der Marktwirtschaft und vor dem Hintergrund der Zerstörung staatlich geförderter Sozialhilfe trifft. Dieses Modell der Sozialen Arbeit setzt auf Interventionen in das Leben von Individuen, Familien und jungen Menschen, die als »gefährdet« oder als Teil eines sozialen Problems gelten. Diese »wissenschaftlichen« Interventionen werden im Rahmen eines Fallmanagements ausgeführt, das bezweckt, die Individuen zu belehren, zu überwachen und für die schlechten Entscheidungen, die sie getroffen haben, zu bestrafen. Die Soziale Arbeit spielt also eine Rolle bei dem, was der Soziologe Loïc Wacquant die »linke Hand« des Staates nennt, wenn also die Zwangsfürsorge es dem Staat ermöglicht, Individuen zu verwalten und sie für eine Reihe sozialer Missstände verantwortlich zu machen.

Dieses individualisierende, neoliberale Modell hat viele Gemeinsamkeiten mit dem medizinischen Modell der Gesundheitsfürsorge, das davon ausgeht, dass Krankheiten durch systematische Beobachtung, Beschreibung und Ausdifferenzierung entdeckt und identifiziert werden, wobei standardisierte Abläufe eingehalten werden müssen, die als objektiv und wissenschaftlich gelten und anerkannt sind. Beide Modelle werden oft zusammen angewandt. Ebenso wie das medizinische Modell ist im neoliberalen Projekt auch die Soziale Arbeit im wissenschaftlichen Positivismus verwurzelt, wo Individuen und Familien zur Entdeckung objektiver Wahrheiten beobachtet und vermessen werden können. Mit diesen Wahrheiten über das Individuum und die Familie wird dann gearbeitet, mithilfe von streng eingehaltenen, vorher festgelegten Maßnahmen, die darauf abzielen, das Verhalten des Individuums und insbesondere seine Reaktionen auf seine Lebenswelt zu ändern (bessere Entscheidungen zu treffen, besser zurechtzukommen, resilienter zu sein). Das neoliberale Modell der Sozialen Arbeit wird auch durch deren Professionalisierung geprägt. Diese hat das Ungleichgewicht von Macht und Autorität in allen helfenden Berufen zementiert und die Sozialarbeiter*innen zu Expert*innen des Lebens anderer Menschen gemacht; Leben, in das sie mithilfe ihres »Expertenwissens« einzugreifen beabsichtigen. Von den Individuen und Familien wird dann erwartet, lediglich passive Empfänger von Wissen und Programmen zu werden, statt aktiv bei der Entwicklung des einen oder anderen involviert zu sein.

*»Ihre Methodik betonte mal die ermächtigenden und emanzipatorischen Seiten des Projekts, mal griff sie auf positivistische Diagnose- und Interventionsparadigmen zurück, die Empfänger*innen von Hilfe zu Objekten machten und damit immer eine Überlegenheit der Expert*innen implizieren.«*

WALTER LORENZ, »Die Soziale Frage erneut stellen«[101]

Das soziale Modell der Sozialen Arbeit wiederum stellt politisches Handeln und sozialen Wandel ins Zentrum, ebenso wie das Eingehen auf die unmittelbaren Bedürfnisse des Individuums. Brid Featherstone et al. heben vier Hauptkomponenten des Modells hervor:

1. Ursachen verstehen und bekämpfen,
2. die Rolle des Staates überdenken,
3. beziehungsorientierte Praxis und gemeinschaftliches Arbeiten und
4. einen dialogischen Ansatz zu Ethik und Menschenrechten in Politik und Praxis verankern.[102]

Sie legen nahe, den Fokus auf die Ursachen und auf die »wirtschaftlichen, umweltbezogenen und kulturellen Barrieren« zu richten, die im Leben des Individuums bestehen.[103] Aspekte davon werden in einem armutsorientierten Ansatz aufgenommen, der in den Blick nimmt, wie die wirtschaftliche Marginalisierung von Individuen und Gruppen spezifische Probleme und Kämpfe sowie eine Unzahl möglicher Reaktionen darauf erzeugt. Featherstone et al. weisen darauf hin, dass ein großer Bereich der Sozialen Arbeit zwar auf Armutsbetroffene ausgerichtet ist, gleichzeitig aber das Verständnis der strukturellen und systematischen Ursachen von Armut und die Auseinandersetzung mit Sozialtheorie unzureichend sind. Darüber hinaus betrachtet die Soziale Arbeit Armut gegenwärtig lediglich als eine Falle, in der Individuen gefangen sind und folglich eine individuelle Führung benötigen, um sich aus ihr zu befreien.[104] Das soziale Modell und der armutsorientierte Ansatz fordern hingegen, die Aufmerksamkeit auf die systemischen Mechanismen zu legen, die Armut erzeugen und reproduzieren.

Abgesehen davon, dass die Politik der Austerität dramatische Konsequenzen für die Communitys der Armuts- und Arbeiterklasse gehabt hat, ist es auch wichtig, das Konzept für die öffentliche Verwaltung der ehemaligen Regierung des Vereinigten Königreichs zu verstehen, so Featherstone et al.:

»Das Konzept von New Labour für die öffentliche Verwaltung bot den perfekten Nährboden für das sogenannte New Public Management (NPM). Die ideologischen Umrisse sehen wie folgt aus: Eine zentrale Elite weiß es am besten; ein starkes Top-Down-Management ist für Qualität und Leistung zentral; Arbeiter*innen sind eigennützig und ineffizient; die Standardisierung von Prozessen und explizite Ziele fördern die Qualität, sie werden durch rigoroses Mikromanagement und die Verwendung von Leistungsindikatoren sichergestellt.«[105]

Dieser ideologische Bezugsrahmen verwehrt nicht nur den Communitys Autonomie und Selbstbestimmung, sondern auch den Sozialarbeiter*innen, die mit ihnen arbeiten. Dieser Ansatz bevormundet sie und schränkt zudem ihre Möglichkeiten ein, sich mit den miteinander verwobenen Schichten systemischer Unterdrückung auseinanderzusetzen, in denen sie situiert sind. Außerdem fördert er automatisierte und standardisierte Reaktionen auf die spezifischen Umstände, mit denen ein Individuum konfrontiert ist. Diese Ideologie, in Kombination mit dem Austeritätsprogramm, versetzt sowohl Professionelle der Sozialen Arbeit als auch marginalisierte Communitys in Positionen, in denen ihre gelebten Erfahrungen irrelevant sind und den Anforderungen an Effizienz und Etatverwaltung untergeordnet werden.

Das soziale Modell der Sozialen Arbeit kritisiert die dominierenden Praktiken des Staates und die Methoden, die er als Waffe gegen Armutsbetroffene und Menschen der Arbeiterklasse einsetzt. Trotzdem ist hier für mich nicht wichtig, wie der Staat reformiert werden könnte. Wichtig ist mir ein Paradigma, das jenen von Nutzen sein kann, die innerhalb des Staatsapparats arbeiten und die ihre Komplizenschaft mit der Reproduktion sozialschädlicher Prozesse verringern wollen. Das soziale Modell, das Featherstone et al. vorlegen, unterstützt Menschen, die im Bereich der Fürsorge tätig sind, darin, die Ungleichgewichte von sozialem, ökonomischem und kulturellem Kapital zwischen Individuen zu erkennen und zu hinterfragen.

Es ist überhaupt keine Frage, wie das neoliberale Modell mir und meiner Familie rund um die Ereignisse meines vierzehnten Geburtstags herum begegnet ist: Das neoliberale Modell steckte mich in eine Jugendstrafanstalt, von dort aus in ein Jugendheim, und dann wurde versucht, mich in einer Pflegefamilie unterzubringen. Von diesem Moment an habe ich nie mehr dauerhaft mit meiner Mutter und meinen Schwestern zusammengelebt. Bei jedem Schritt auf diesem Weg wurde ich überwacht, bei jedem Schritt auf diesem Weg wurde ich an meine Charakterdefizite erinnert. Wenn ich zeitweise zu meiner Mutter und meinen Schwestern zurückkehrte, waren die Umstände, in denen wir lebten, immer noch dieselben, unverändert: Meine Mutter hatte immer noch psychische Probleme und lebte in ständiger Angst davor, zwangsweise in die Psychiatrie eingewiesen zu werden und dass ihr all ihre Kinder weggenommen würden. Ohne die Solidarität von Menschen in unserer Nachbarschaft wären meine Schwestern jeden Tag hungrig geblieben. Obwohl die Umstände keinesfalls anhand materieller Bedingungen bemessen werden sollten, erklärt es sich von selbst, dass auch die materiellen Bedingungen unseres Zuhauses und unserer Nachbarschaft immer noch dieselben waren. Während meines Prozesses, bei meiner Verurteilung, zu meiner Zeit im Jugendknast und nach meiner Haft in den Jugendheimen gab es unzählige Erwachsene in Dienstkleidung, die mit mir sprachen. Ich kann mich ehrlich nicht daran erinnern, wer von ihnen Sozialarbeiter*innen oder Anwält*innen waren oder andere Rollen in diesem System spielten. Aber es war ganz eindeutig, dass ihrer Meinung nach ich die einzige schuldige und verantwortliche Partei war, für alles, was geschehen war. Ich vermute zwar, dass die Schuld zu einem mehr oder weniger großen Anteil auf meinen Vater übertragen worden wäre, hätte ich das Gespräch mit ihm an diesem Tag erwähnt. Doch der Fokus hätte damit noch immer auf der Verurteilung individueller Entscheidungen gelegen – das System hätte sich dagegen für seine eigene Verwicklung selbst freigesprochen.

Es kann schon sein, dass es unter all den Menschen, die in meinen Fall involviert waren, welche gab, die erkannten, welche Rolle das Versagen der sozialen, kulturellen und wirtschaftlichen Strukturen in den Ereignissen um meinen vierzehnten Geburtstag gespielt hat. Es ist schon möglich, dass ihnen komplett die Hände gebunden waren und dass sie nichts anderes tun konnten, als strikt dem festgelegten Protokoll zu folgen. Ich kann mich nur auf mein Gedächtnis stützen, und während ich zwar vage Erinnerungen an die Gesichter habe, die zu den Hemden und Blusen gehörten, kann ich mich an kein Hemd und keine Bluse erinnern, die versucht hätten, mich davon zu überzeugen, dass sie aus irgendeinem anderen Grund in meinem Leben wären als aus dem, Kontrolle über mich auszuüben. Interessanterweise war ich im Knast bereit zu rebellieren, doch während ich durch Gerichtsanhörungen und Fallbesprechungen geleitet und von Gebäude zu Gebäude, Büro zu Büro und Sitzung zu Sitzung weitergereicht wurde, war ich passiv. Ich verstand die Käfige, aber die Bürokratie war undurchsichtig und beängstigend, etwas, von dem ich nicht wusste, wie ich mich ihm widersetzen sollte. Die Wärter im Jugendknast schlagen dich, spucken dich an, nennen dich ein Arschloch und sperren dich ein, aber das war eine Macht, die sie über mich hatten, die ich verstand. Das Papier und die Stifte, das freundliche Lächeln, der sanfte Blick, die ruhigen Töne der Hemden und Blusen aber waren eine verwirrende Matrix der Manipulation, der ich nichts entgegensetzen konnte. Das ist bis heute so. Wenn ich beim Arzt oder bei einem Bewerbungsgespräch bin, ist die einzige für mich vorstellbare Art, ihnen zu widersprechen, ihren Tisch umzuschmeißen. Früher hätte ich das vielleicht gemacht, heute erscheint es mir selten als sinnvolle Option.

Das neoliberale Modell berücksichtigt nur sehr wenig von dem, was außerhalb des konkreten Vorfalls liegt, durch den man die Aufmerksamkeit des Strafrechtssystems und der Sozialämter auf sich gezogen hat. Die Schuld für den angerichteten Schaden muss beim Individuum und dessen fehlerhafter Entscheidungsfindung, bei dessen fehlerhaftem Verhalten liegen. Theoretisch versucht das soziale Modell demgegenüber, das soziale Umfeld der Involvierten einzubeziehen. Als Dr. Wroe und ich das diskutierten, stellten wir fest, was ein wichtiges Merkmal des sozialen Modells zu sein scheint, nämlich dass eine Umsetzung seiner Grundsätze zu einer Kürzung der Mittel und letztendlich zur Abschaffung staatlich betriebener Sozialer Arbeit führen würde. Die Soziale Arbeit, zu der uns das soziale Modell führt, ist nicht die Soziale Arbeit überhöhter, kaum zu bewältigender Fallzahlen, sondern eine, die die grundlegenden Bedürfnisse der Communitys erfüllt. Die Geschichte der Sozialen Arbeit ist eine des Framings von sozialen Problemen als individuelle Probleme; das soziale Modell will dieses Framing umkehren. Indem die wirtschaftlichen, umweltbedingten und kulturellen Barrieren im Leben eines Individuums priorisiert werden, verlangt das Modell, dass wir stattdessen die Überwachung, Kontrolle und Disziplinierung dieses Individuums zurückbauen.

Die Soziale Arbeit hat bei allen marginalisierten Communitys im Vereinigten Königreich eine wichtige Rolle im Prozess dieser Marginalisierung gespielt. Communitys der Armuts- und Arbeiterklasse, insbesondere rassifizierte, haben eine kollektive Erinnerung daran, wie sich Sozialämter eingemischt und ihre Familien auseinandergerissen haben. Jede Interaktion zwischen meiner Mutter und den Sozialämtern musste beeinträchtigt sein von ihrem Bewusstsein davon, was Sozialämter sowohl im Vereinigten Königreich als auch in Irland ihrer Irish-Traveller-Familie angetan haben. Dieses historische Verhältnis endete nicht bei ihr, auch mir und meinen Schwestern wurde berichtet, wie die Sozialämter Familienmitglieder weggenommen und in Fürsorgeeinrichtungen gesteckt haben: Wir haben Cousinen, Onkel und Tanten, die als Kinder in solche Heime verbracht worden sind. Staatlich betriebene Sozialämter hätten folglich auch unter Anwendung des sozialen Modells Schwierigkeiten gehabt, mit uns beziehungsbasierte Praktiken und gemeinschaftliches Arbeiten aufzubauen. Dieses historische Verhältnis zwischen meiner Familie und den Sozialämtern ist bei Weitem kein isolierter Einzelfall. Vor diesem Hintergrund müsste das soziale Modell die wirtschaftlichen, umweltbedingten und kulturellen Hindernisse angehen, indem es die Ressourcen, die den Sozialämtern zur Bekämpfung von Wohnungsnot und Nahrungsmangel zur Verfügung stehen, dafür nutzt, die Formen sozialer und kultureller Unterstützung zu fördern, die, wie im vorherigen Kapitel beschrieben, in den Nachbarschaften bereits existieren.

Das soziale Modell stellt soziale Beziehungen in den Vordergrund, um emotionale und psychische Unterstützung für meine Familie und andere, die in ähnlichen Umständen leben, bereitzustellen. Deshalb weise ich darauf hin, dass die Fähigkeit zur Unterstützung innerhalb der Nachbarschaften bereits existiert, und dass sie durch bessere Ressourcen und Finanzierung unterstützt werden sollte statt durch Professionalisierung. Die Mitglieder unserer Community, die an unserem emotionalen und materiellen Wohlergehen schon beteiligt waren und sich diesbezüglich eingesetzt haben (beispielsweise Young Wassam, der sich mir in einem kritischen Moment zuwandte, wenn auch mit einer Flasche Whiskey), könnten in diesem Modell materiell unterstützt werden. Anstatt sich konstant um das eigene Überleben sorgen zu müssen, könnten sie so ihre Ressourcen für die Fürsorge steigern. Sie wiederum würden Unterstützung von anderen in unserer Community erhalten, deren materielle Bedürfnisse erfüllt sind. Die Bereitstellung von sicheren und hochwertigen Wohnungen, die Sicherstellung eines anständigen Einkommens und die endgültige Bekämpfung von Lebensmittelmangel sind notwendige Bestandteile zur Umsetzung eines sozialen Modells der Sozialen Arbeit oder der Sozialen Pflege.

Natürlich kann die Erfüllung materieller Bedürfnisse die Altlast des Leids, das den Communitys der Armuts- und Arbeiterklasse durch staatliche Institutionen wie Sozialämter zugefügt wurde, nicht ungeschehen machen. Die Grundlagen einer armutsorientierten Sozialen Arbeit oder eines sozialen Modells der Sozialen Arbeit schlagen stattdessen andere geeignete Maßgaben vor: einen Schwerpunkt auf der Entwicklung einer beziehungsbasierten Praxis und gemeinsamen Arbeit; den Dialog zwischen den verschiedenen Subjektivitäten, die involviert sein können; die Auseinandersetzung mit dem sozialen, ökonomischen und politischen Umfeld; die Einbindung in zivile Bewegungen zur Bekämpfung von Ungleichheit; kollektive Bewegungen für soziale Gerechtigkeit; dass Communitys mit genügend Ressourcen ausgestattet werden, um handlungsfähig zu sein; eine Kritik gegenüber Bestrebungen, Menschen in den Mainstream zu integrieren; die Berücksichtigung der Beziehungen zwischen Not/Leid und struktureller Armut. Die Arbeit, die getan werden müsste, um den angerichteten Schaden wiedergutzumachen, wäre immens. Aufgrund ihrer Historie ist die institutionalisierte Soziale Arbeit jedoch grundlegend ungeeignet und unfähig, diese Prinzipien umzusetzen. Dies soll jedoch nicht heißen, dass Soziale Arbeit an NGOs oder gewinnorientierte Unternehmen ausgelagert werden sollte. Ebenso wie die Forderung nach einer Abschaffung der Polizei bedeutet, dass die Überwachung und Kontrolle *durch Polizeiarbeit* abgeschafft werden müssen, bedeutet die Forderung nach einer Abschaffung der Sozialarbeit und der Fürsorgeinstitutionen, dass die Soziale Arbeit *als Beruf* abgeschafft werden muss. In jeder Nachbarschaftscommunity der Armuts- oder Arbeiterklasse gibt es Individuen und Gruppen, die mit traumainformierten Prozessen zur Beförderung des emotionalen und psychischen Wohlergehens der Nachbarschaft experimentieren. Mit Methoden also, die nicht hinterfragen, ob jemand traumatisiert ist, sondern davon ausgehen, dass Traumata vorliegen, und entsprechend handeln. Sie haben nie ausreichende finanzielle Mittel und immer zu viel zu tun, ihre Kapazitäten sind bis zum Anschlag ausgereizt und sie sind von Freiwilligen abhängig, die oft selbst wirtschaftlich kämpfen müssen. Mehr Ressourcen für die Nachbarschaft führen zu höheren Kapazitäten, um die Arbeit zu machen, die vor Ort als relevant erkannt wurde. Projekte mit ausreichenden finanziellen Mitteln, die von Mitgliedern der Communitys geleitet werden, an die sie sich richten, kümmern sich um das psychologische Wohlergehen ihrer Community, fernab von staatlicher Kontrolle und den Regeln des Kapitals: So sieht das soziale Modell der Sozialen Arbeit aus. Diejenigen von uns, die in nachbarschaftliche Initiativen und Verfahren zur Schadensverminderung eingebunden waren und sind, in autonome

Projekte mit Jugendlichen und in von der Community bereitgestellte Dienste, haben schon vor Jahrzehnten den Grundstein dafür gelegt.

Das soziale Modell der Sozialen Arbeit ist eine Forderung nach sozialer Gerechtigkeit, eine, die auf einer Kürzung der Mittel und dann der Abschaffung aller Ursachen für das Leid marginalisierter Gruppen beruht. Die Ursachen für dieses Leid sind oft in den Mechanismen und Institutionen des Staates zu finden. Es muss noch einmal gesagt werden, dass angesichts der über Generationen verursachten Traumata und angesichts der kollektiven Erinnerungen marginalisierter Communitys kaum erwartet werden kann, dass diese Verursacher von Leid eine zweite Chance bekommen, das Unrecht der Vergangenheit wiedergutzumachen. Wenn die Sorge um das psychische und materielle Wohlergehen marginalisierter Communitys, zu der sich die professionellen Sozialarbeiter*innen in den staatlichen Institutionen bekennen, echt ist, dann ist es ihre Aufgabe, ihre Arbeitgeber von innen heraus auszuhöhlen und neue Wege zu finden, Macht und Ressourcen in die Hände der Personen und Communitys weiterzureichen, um die sie sich so besorgt zeigen.

Aufgrund des langen leidvollen Verhältnisses, das der Staat marginalisierten Communitys wie der, in der meine Familie lebte, zugefügt hat, ist er lediglich in der Lage, zu kontrollieren und zu bestrafen. Seine Institutionen, von der Schule über die Gesundheitsversorgung bis hin zu Sozialämtern, Polizei und Gefängnissen, wurden zu dem Zweck errichtet, Menschen aus der Armuts- und Arbeiterklasse dazu zu zwingen, sich dem Willen des Staats und seinem Wirtschaftssystem zu beugen. Man darf sich nicht vormachen, dass diese Institutionen in etwas umgewandelt werden könnten, das für die gleichen Menschen transformativ oder nützlich sein könnte. Die einzigen Antworten, die der Staat auf die von mir an meinem vierzehnten Geburtstag begangenen Taten hatte, waren Beurteilungen, Risikomanagementmethoden und andere Überwachungstechnologien, die das Leid, das der Staat meiner Familie bereits zugefügt hatte, noch weiter vergrößerte. Wenn ihr das hier lest, und auch die von mir beschriebenen Ereignisse, dann denkt ihr vielleicht, dass ich es doch verdient habe, für die Körperverletzungen, die ich begangen habe, bestraft zu werden. Ich würde sagen, ich hätte *zur Verantwortung gezogen* werden sollen – und dass es den beteiligten Communitys zukommen sollte, zu formulieren, wie ein solcher Prozess aussehen könnte.

Unsere Traumata – eure Ressourcen

Die Independent Inquiry into Child Sexual Abuse (IICSA; unabhängige Untersuchungskommission von sexuellem Kindesmissbrauch) für Nottingham und die Nottinghamer Kinderheime veröffentlichte im Juli 2019 einige ihrer Ergebnisse.[106] Die Untersuchung ergab, dass in den 1970er, 1980er und 1990er Jahren Hunderte von Kindern sexuell missbraucht worden waren. Zu der Zeit, als ich vor eineinhalb Jahren meinen Wegzug aus Nottingham vorbereitete, traf ich mich mit Darren, einem alten Freund, der ebenso wie ich in den 1990er Jahren in mehreren dieser Pflegeheime untergebracht war. Weder er noch ich hatten unsere Geschichte im Rahmen der IICSA-Untersuchung erzählt, keiner von uns hatte es vor. In Tramwiches, einem Imbissladen auf der Radford Road, unterhielten wir uns über einige der Gerüchte, die wir von den Kampagnengruppen hörten, die hart dafür gearbeitet hatten, den so weit verbreiteten Missbrauch ans Licht zu bringen. Darrens Fazit war: »Sie werden ein paar Menschen finden, die sie ins Gefängnis werfen, die Sache wird einige Tage auf der Titelseite der *Post* sein, und eine Woche später werden der kleine Bill und die kleine Julie gefickt werden wie zuvor.« Darren kennt keinen kleinen Bill und keine kleine Julie, noch kennt er die genaue innere Funktionsweise der Kinderheime in Nottingham und Nottinghamshire heutzutage. Doch Darren weiß, dass die meisten der Kinder, die in Heimen missbraucht werden, aus der Armuts- oder Arbeiterklasse stammen. Was Darren damit sagte, war, dass Kinder aus der Armuts- und Arbeiterklasse für eine beliebige Anzahl beliebiger Typen von Sexualstraftätern wie Freiwild sind, und dass sie aufgrund des ökonomischen Systems, in dem wir leben, von Kindern aus der Armuts- und Arbeiterklasse zu Erwachsenen aus der Armuts- und Arbeiterklasse werden.

Viele werden ein Teil der vier Millionen Menschen werden, die im Vereinigten Königreich in Armut gefangen sind,[107] viele werden sich in einem Psychiatriesystem wiederfinden, das viel zu wenig finanzielle Mittel und Personal hat, viel zu überfüllt ist und von dem sie wahrscheinlich vernachlässigt werden.[108] Die Auswirkungen von Kindesmissbrauch auf das Leben als Erwachsene sind bestens bekannt,[109] ebenso die Auswirkungen einer Kindheit in Armut.[110] Es liegt also auf der Hand, dass diejenigen, die in Armut aufwuchsen und sexuell missbraucht wurden, mit einigem zu kämpfen haben werden. Für Darren und mich ist das eine weitere Erinnerung daran, dass sich die Gesellschaft nicht darum kümmert, was mit Kindern der Armuts- und Arbeiterklasse passiert. Vielleicht werden sie sexuell missbraucht, vielleicht werden ihre Körper und ihre Seelen in Stücke gerissen; vielleicht auch nicht. Vielleicht werden sie in die direkte Von-der-Schule-ins-Gefängnis-Pipeline gesaugt;[111] vielleicht auch nicht. Vielleicht finden sie einen Weg aus ihrer wirtschaftlichen Lage; vielleicht auch nicht. Dem ökonomischen und politischen System ist das völlig egal, solange diese Kinder unter Kontrolle sind.

Darren, ich und all unsere Peers sind dem politischen System egal, ob es nun von den Konservativen oder von Labour angeführt wird. Ich blieb in den Heimen einigermaßen verschont, aber ich erlitt sexuelle Gewalt auf der Straße, im Jugendknast und zu Hause. Darren erfuhr sexuelle Gewalt im Heim, wo er wegen der sexuellen Gewalt zu Hause untergebracht worden war. Wir beide haben seither verschiedene psychische Probleme gehabt, einschließlich Drogen- und Alkoholsucht, wurden mehrfach verurteilt und verbrachten mehrere Jahre im Gefängnissystem. Uns beiden geht es inzwischen einigermaßen gut. Darren arbeitet als Mechaniker und ist in der Ausbildung zum Grundschullehrer, während er mit seiner Frau zwei Kinder aufzieht, in einer Stadt nicht weit von dem Ort entfernt, in dem wir alle aufgewachsen sind. Ich lebe mit meiner Partnerin zusammen und bin in der Lage, so absurd das auch scheinen mag, aus meinem Dasein als Schriftsteller, Pädagoge und Redakteur einen Lebensunterhalt herauszuquetschen.

Ich freue mich, Darren zu sehen, auch wenn ich nicht sicher bin, ob dieses Gefühl auf Gegenseitigkeit beruht. Er ist ein großer, weicher Bär von einem Mann, der oft davon spricht, dass er und seine Frau sich auf Barbados zur Ruhe setzen und in der Stadt leben werden, wo seine Eltern aufgewachsen sind. Ich habe, nachdem ich clean geworden bin, aufgrund meiner Wut einen Platz in der Welt gefunden. Er hat einen gefunden, indem er seine Wut losgelassen hat. Wenn wir uns treffen, ist er immer erstmal entspannt und zufrieden, will mir Fotos von seinen zwei Kindern zeigen und bittet mich um Rat im Zusammenhang mit einer aktuellen Arbeit für die Uni. Gegen Ende verflucht er die Regierung, die Reichen und alle, die davon profitieren, wie alles läuft – einschließlich ihm selbst. Ich kriege meistens in derselben Nacht eine wütende Nachricht, eine etwas weniger wütende ein paar Tage später, und nach einer Woche schreibt er mir eine süße Geschichte über einen Einkaufsbummel, den er und seine Frau unternommen haben. Danach höre ich ein Jahr lang nichts von ihm und wir machen wieder ein Treffen aus. Seine Frau habe ich nur ein paar Mal getroffen und nicht mehr, seit sie aus unserer Heimatstadt weggezogen sind. Zu Beginn wurde ich noch zu den Geburtstagen ihrer Kinder eingeladen und einmal zur Fünf-Jahres-Feier ihres Kennenlernens, aber ich erfand eine Entschuldigung und ging nicht hin. Dies war zu meiner Captain-Anarchist-Hochphase und ich war so verliebt in meine neue Rolle, dass ich den Schritten, die Darren in seinem Leben tat, und den Entscheidungen, die er traf, ihre Bedeutung absprach.

Von all den jungen Menschen, die uns einfallen, sind wir beiden diejenigen, deren Leben am stabilsten ist, diejenigen, die am ehesten als fast-respektable Bürger anerkannt werden. Es gibt noch einige andere, aber ich höre nicht oft von ihnen, und noch seltener, seit ich in den Nordwesten gezogen bin. Darren bekommt ab und zu SMS oder WhatsApp-Nachrichten von ihnen, üblicherweise eine Einladung zu Geburtstagsfeiern ihrer Kinder. Wir sehen beide die gelegentlichen Social-Media-Posts. Es sind Männer und Frauen, die ihr Bestes tun, um sich selbst und ihre Familie so gut wie es eben geht über dem stetig steigenden Wasser zu halten. Meine und Darrens Versuche, unserer jeweiligen Vergangenheit zu entkommen, weisen Parallelen, aber auch Unterschiede auf. Darren kam mit dreiundzwanzig Jahren nach einer Haftstrafe wegen bewaffneten Raubüberfalls aus dem Gefängnis. Seine Tante ließ ihn bei sich auf dem Sofa schlafen, aber nur, wenn er nach ihren Regeln lebte. Ihre Regeln bedeuteten, jeden Tag zu Treffen der Narcotics Anonymous und jeden Sonntag mit ihr zur Messe zu gehen, zweimal in der Woche in der Kirche zu helfen, sich beim örtlichen College einzuschreiben, einen Job zu finden und, bis er einen Job fand, auf Abruf für all ihre Freund*innen bereitzustehen, wenn sie Hilfe brauchten, um ihre Einkäufe vom Asda-Supermarkt nach Hause zu tragen. Seine Tante, eine Frau, die über zehn Jahre lang im Entzug gewesen war, war ziemlich überzeugt davon, dass Müßiggang aller Laster Anfang sei – und der beste Weg, um clean zu bleiben, sein Leben mit guten Taten auszufüllen. Die Motivation für diese Taten war dabei irrelevant. Es funktionierte. Darren bekam sechs Monate nach seiner Entlassung einen Job als Automechaniker. Zuerst nur einen Hilfsjob (und er musste immer noch den Freund*innen seiner Tante zur Verfügung stehen), aber er wurde nach und nach ausgebildet und traf die Frau, die er ein gutes Jahr nach seiner Entlassung heiraten würde. Die ersten paar Jahre mit ihr waren steinig. Darren hatte in seiner Kindheit nicht gelernt, Menschen Vertrauen zu schenken, offen und emotional zugänglich zu sein. Sie waren aber beide darum bemüht, es zu schaffen, und dazu gehörte auch, dass Darren in Therapie ging, für einige Jahre, was seiner Meinung nach einen immensen Einfluss auf die Person hatte, die er geworden ist.

In dem Text *Committing harm is not the same as being abusive* (Leid zufügen ist nicht dasselbe wie Missbrauch)[112] erklärt Da'Shaun Harrison, dass »Missbrauch fortgesetzte und wiederholte Gewalt ist, die den Körper, das Wesen und/oder die Gefühle einer Person misshandelt, schlecht behandelt oder ausbeutet. Er ist ein Bekenntnis zur Bereitschaft – egal, ob ausgesprochen oder nicht –, einer anderen Person Gewalt anzutun, ohne ein Interesse daran, damit aufzuhören.« Diese Beschreibung trifft nicht auf meine Freier als jugendlicher Sexarbeiter zu, sondern sie beschreibt, wie die Gesellschaft als Ganzes Darren, mich und unsere Freund*innen einen großen Teil unserer Kindheit über behandelte. Zum größten Leid, das Darren und mir zugefügt wurde, gehört nicht nur der sexuelle Missbrauch, sondern dazu gehören auch der Missbrauch und die Traumata, die durch das soziale und wirtschaftliche System ausgeübt und verursacht wurden. Dies zeigt sich in unseren Erfahrungen. Er erzählt, dass er in den Therapiesitzungen seine Erfahrungen des sexuellen Missbrauchs als nicht unähnlich mit jenen in *Good Will Hunting* beschrieben hat. »Sobald ich verstand, dass es nicht mein Fehler war, wurde alles etwas leichter«, schrieb er mir in einer SMS. »Das, was du in deinem Buch schreibst, dass du deinen Körper nicht verstehst, das hatte ich nicht. Ich dachte einfach, das, was passiert, ist meine Schuld.« Es bereitete ihm stattdessen mehr Schmerz, »dass die Welt sich ständig so verhielt, als ob sie mich hassen würde, vielleicht weil ich arm war, vielleicht weil ich Schwarz war, aber sie hasste mich. Ich wusste nicht warum.« Darrens Entzugsphase verschlimmerte diesen Eindruck noch: »Ich wurde clean. Ich hatte einen Job. Ich hatte eine Frau. Und dann behandelte die Welt mich besser, und das ließ mich glauben, dass alles, was passiert war – die Gewalt, die Zeit im Gefängnis – mein Fehler gewesen war. Dass es an meinen Entscheidungen gelegen hatte.« Für Darren war das Ausmaß seiner eigenen Handlungsfähigkeit innerhalb der sozialen und wirtschaftlichen Strukturen schwer zu berichtigen.

Ich kann das sehr gut nachfühlen. Es gibt viele Momente, in denen ich mir sage – so gut, wie mein Leben jetzt ist –, dass ich so viel Schmerz für mich und andere hätte vermeiden können, wenn ich doch nur früher bessere Entscheidungen getroffen hätte. In denen ich mir sage, dass die anhaltende Armut und Verwahrlosung, die ich erfahren habe, an den Entscheidungen lag, die meine Mutter, mein Vater und ich getroffen haben. Dieser Eindruck wird verstärkt durch die Überzeugung, dass ich durch meine ganze Kindheit und Jugend hindurch handlungsfähig war. Einer der schärfsten Kritikpunkte an meinem ersten Buch war, dass ich den Begriff »Kindersexarbeiter« verwende. Viele Menschen waren erpicht darauf, mich darüber zu belehren, dass die sexuellen Handlungen, die im gegenseitigen Einvernehmen zwischen mir und meinen Freiern stattgefunden hatten, eigentlich Vergewaltigungen gewesen waren. Meine Standardantwort darauf ist, dass ich mich zwischen elf und vierzehn Jahren dafür entschieden habe, Sexarbeit zu verrichten. Ich musste arbeiten, um meine Schwestern mit Lebensmitteln und Kleidung zu versorgen, und ebenso, um für meinen eigenen eskalierenden Drogen- und Alkoholkonsum aufzukommen. Meine Jobmöglichkeiten waren begrenzt, und ich stieg nach und nach in Drogenhandel und Raubüberfälle ein. Aber meinen Körper für Sex zu verkaufen, war für eine bestimmte Zeit die einfachere Option. Wurde ich von den Männern, mit denen ich Sex hatte, ausgebeutet? Absolut. Wünsche ich mir, ich wäre in einer Position gewesen, in der das nicht passiert wäre? Absolut. War es Arbeit? Absolut. Habe ich eingewilligt in einer Situation, in der ich sehr wenige Optionen hatte? Absolut. Meine Definition einer Vergewaltigung war immer: Sex ohne Einwilligung, vielleicht liege ich da falsch. Aber ich bin vor dieser Phase meines Lebens vergewaltigt worden, und ich bin nach dieser Phase meines Lebens vergewaltigt worden. Sex zu verkaufen war ausbeuterisch und traumatisierend, aber ich erachte es nicht als Vergewaltigung. Ich gab meine Zustimmung. Ich war einverstanden. Ich kann nicht für alle sprechen, die als Kind in diese Position geraten sind, aber diejenigen, die ich damals kannte, sahen es nicht als Vergewaltigung an, und die wenigen, mit denen ich seither gesprochen habe, hatten gemischte Antworten. Einige glauben heute, dass sie als Kinder gar nicht in der Lage waren, ihre Zustimmung zu geben – was der größte Kritikpunkt am Begriff »Kindersexarbeiter« ist. Ich habe meine Zustimmung gegeben, und wer von euch mir meine Handlungsfähigkeit absprechen will, kann sich gerne ins Knie ficken. Auch wenn es einfacher wäre, mich innerhalb dieser Umstände als reines Opfer zu betrachten, war ich handlungsfähig, wenn auch massiv beschränkt durch das soziale und wirtschaftliche Umfeld, in dem ich lebte. Wenn ich also erkläre, dass ich selbst unter diesen Bedingungen Handlungsmacht hatte, dann doch sicherlich auch später in meinem Leben, als mein Drogenkonsum und meine Gewalttaten zunahmen. Sicherlich waren doch auch dies Entscheidungen? Das waren sie, aber es kommt auf den Kontext an, in dem sie getroffen wurden. All die Entscheidungen, die ich von neun bis Mitte zwanzig getroffen habe, wurden durch die Tatsache beeinflusst, dass ich nicht sicher sein konnte, ob ich einen trockenen Ort zum Schla fen haben würde, oder wo ich Essen herbekommen sollte, oder ob der Staat entscheiden würde, dass ich an einem Ort seiner Wahl zu sein hätte. Bei Darren war das sehr ähnlich, ebenso bei all den Kindern, die uns einfielen, unabhängig davon, ob sie es bis hierher geschafft haben oder nicht. Für den unaufhörlichen Kreislauf von Traumata, die durch Armut und Verwahrlosung ausgelöst wurden, sind die wirtschaftlichen, politischen und sozialen Praktiken unserer Gesellschaft verantwortlich. Ich werde mich gar nicht erst darum bemühen zu beweisen, dass es genügend Ressourcen gäbe, um jedem Menschen auf diesem Planeten Unterkunft und gutes Essen zu geben – macht eure Hausaufgaben verdammt nochmal selbst. Stattdessen wird entschieden, dass es keine Priorität hat, denen Unterkunft oder Ressourcen zur Verfügung zu stellen, die keine haben.

Dieses Dilemma stand im Mittelpunkt des Schmerzes, den ich und Darren in den fünfzehn Jahren empfanden, in denen wir unsere Leben aufbauten. Bis zu einem gewissen Maße haben wir das neoliberale Ethos der individuellen Verantwortung verinnerlicht. Ich möchte klarstellen, dass keiner von uns so denkt, wenn wir in Bestform sind. Wir sind uns durchaus bewusst, dass wir vom vorherrschenden Diskurs gegaslightet werden und dass unsere Entscheidungen Reaktionen auf eine Unzahl von Traumata waren. Traumata, denen wir aufgrund unserer familiären und sozialen Umstände ausgeliefert waren (und die familiären Umstände waren durch ähnliche soziale Umstände selbst traumatisierenden Prozessen ausgesetzt). Die Männer, die uns sexuell missbraucht haben, sind nicht mehr da, um uns davon zu überzeugen, dass wir es doch selbst gewollt oder verdient hätten. Ohnehin sind diese Männer leichte Sündenböcke, die vom Rest der Gesellschaft als die faulsten Eier verteufelt werden. Darren und ich könnten unsere Opferrolle akzeptieren, aber keiner von uns findet diese besonders zutreffend oder hilfreich. »Nein, ich bin kein Opfer. Was mir passiert ist, war furchtbar und sollte niemandem passieren, aber schau dir mein Leben jetzt an. Ich bin darüber hinweg. Ich bezweifle, dass diese Männer je über irgendetwas hinweggekommen sind. Egal ob sie hinter Gittern sind oder nicht.«

***

In den letzten dreißig Jahren wurden viele neuartige Berufe geschaffen, sowohl in staatlichen als auch in privaten Institutionen, die auf die Steuerung individuellen Verhaltens ausgerichtet sind. Diese Berufe, die sich auf Communitys innerhalb der Armuts- und Arbeiterklasse konzentrieren, werden vorwiegend von Menschen ausgeübt, die nicht aus solchen Communitys stammen. Die Intention der Einzelnen bei dieser Arbeit ist in den seltensten Fällen relevant, da sie angestellt sind, um im Auftrag des Staates sehr spezifische Überwachungs- und Kontrollpraktiken durchzuführen. Sie werden darüber hinaus nicht mit den Ergebnissen ihrer eigenen Arbeit konfrontiert, da sie schon geografisch von den jeweiligen Communitys getrennt sind.[113] Loïc Wacquant hat gezeigt, dass die primäre Funktion staatlicher Programme, die sich mit der Armut oder, genauer gesagt, mit den Armutsbetroffenen, mit der Arbeiterklasse befassen, darin besteht, die Armen zu pathologisieren, was dem Staat in der Folge erlaubt, Armut und die Körper der Armen zu kriminalisieren.[114] Dieser Prozess spielt eine Schlüsselrolle in der Stigmatisierung von Menschen der Armuts- und Arbeiterklasse. Lisa Mckenzie weist zu Recht darauf hin, dass die Stigmatisierung »eine zentrale Rolle bei der Schaffung neuer Formen der Ausbeutung auf dem Feld der Kultur spielt und dabei, wie die Medien neue Formen der Klassendistinktion und der Klassengegensätze erfinden«[115]. Sie merkt an, dass »seit mehreren Generationen im Vereinigten Königreich Grenzen um gewisse Gebiete gezogen wurden: Orte, wo Arme leben, No-go-Areas, die man um jeden Preis vermeiden sollte; nicht wegen der Armut an genau diesem Ort, sondern wegen des Verhaltens der Menschen, die dort leben. Die Grenzen, die um Sozialwohnungssiedlungen gezogen wurden, haben für deren Bewohner*innen den Raum eingeschränkt. Raum ist etwas Konkretes, kann aber auch sozial, an einen Wert gebunden sein.«[116]

Mein Kindheitsfreund Darren würde sagen, dass Kinder aus der Armuts- oder Arbeiterklasse eben keinen sozialen Wert haben, ebenso wenig wie ihre Eltern oder andere Erwachsene in ihrem Umfeld, abgesehen von ihrer Arbeitskraft. Doch innerhalb ihrer Communitys, in ihren Beziehungen zu Freund*innen und Nachbar*innen, die fast alle im selben Boot sitzen, sind sie wichtig. Außerhalb dieser Community, in der Gesellschaft als Ganzes, sind sie es nicht, und das wissen wir, weil wir es daran erkennen können, wie sich die Gesellschaft verhält. Die Gesellschaft im Vereinigten Königreich – und anderswo – ist auf eine Art und Weise organisiert, die Kindern der Armuts- und Arbeiterklasse physisch, psychologisch und spirituell großen Schaden zufügt. Sie verschlimmert diesen Schaden dann noch, indem sie alle Reaktionen darauf kriminalisiert und sich weigert, ihre Rolle bei den zwischenmenschlichen Verletzungen, die in unseren Communitys, Nachbarschaften, Straßen und unserem Zuhause entstehen, anzuerkennen. In diesem Buch habe ich versucht, mich mit ein paar der *embodied geographies* und Seelenlandschaften[117] von Freund*innen und Familienmitgliedern, die seit den 1980er Jahren in Armut und Prekarität gelebt haben, auseinanderzusetzen. Das habe ich nicht getan, um bloß eine weitere düstere Sicht auf die Verwüstung zu bestätigen, die in diesem Jahrzehnt durch neoliberale Politik verursacht wurde, sondern um zu beleuchten, dass und wie es trotz der Verzweiflung und des Traumas immer wieder Momente abolitionistischer

Praxis gab. Momente, in denen die um uns herum und durch uns entstandene Kerkerkultur zurückgewiesen wurde und die Menschen stattdessen der Menschlichkeit des Anderen gerecht wurden und nach Wegen suchten, das Leid zu verringern. Wie Michelle Brown und Judah Schept darlegen, »gehen Abolitionist*innen nicht davon aus, dass wir irgendwann in einem von Leid völlig freien Umfeld existieren werden. Vielmehr betonen sie, dass die Verletzlichkeit mit *der conditio humana* intrinsisch verbunden ist«.[118] Die Mechanismen von Staat und Kapital entwickeln bloß risikoscheue Praktiken, die suggerieren, alle zwischenmenschlichen Verletzungen und Schäden könnten beseitigt werden, und zwar ohne dass dabei das Leid und die Gewalt angegangen werden, die durch die wirtschaftlichen, politischen und sozialen Strukturen verursacht werden, deren Teil sie sind. Ihr Zweck ist, alle Menschen durch Kontrolle und Bestrafung zu idealen neoliberalen Bürger*innen zu machen. Diejenigen von uns, die sich dem Abolitionismus von Herzen verschrieben haben, begreifen die vor uns liegende Arbeit als »zukünftige Handlungen, die von und im Namen von Völkern und Gemeinschaften durchgeführt werden, die sich unermüdlich für ihre eigene körperliche und kulturelle Integrität einsetzen«.[119] Menschen werden einander weiterhin verletzen und Schaden zufügen, aber wir müssen ständig neue Wege finden, wie wir uns selbst und unsere Communitys umformen können, während wir gleichzeitig daran arbeiten, die Rolle von Staat und Kapital in unserem Leben auszulöschen.

***

In meinem neuen Beruf als Handelsvertreter bin ich überall im Vereinigten Königreich unterwegs, um ein Buch zu verhökern, das mein früheres und heutiges Leben berührt, und Lesungen mit anschließenden Fragerunden abzuhalten. Dabei tauchen einige Fragen immer wieder auf, von denen eine etwas lieblos folgendermaßen zusammengefasst werden könnte: »Ich arbeite im öffentlichen Sektor, wie können wir den Kindern helfen, die so sind, wie du früher warst?« Die Antwort fällt immer etwas unterschiedlich aus, denn ich bin mir nicht ganz sicher. Ich sage einerseits immer, dass mir bewusst ist, dass es im öffentlichen Sektor gute, wohlmeinende Menschen gibt, die mit gefährdeten Kindern zusammenarbeiten. Ich verstehe, dass ihnen durch die staatliche Politik die Hände gebunden sind, dass sie konstant überarbeitet sind und ihre Dienststellen zu wenig finanzielle und personelle Ressourcen haben. Andererseits will ich unbedingt die Gewalt betonen, die Kindern aus der Armuts- und Arbeiterklasse seit Jahrhunderten durch staatliche Ämter angetan wird. Und dass es letzten Endes nicht nur an einzelnen fiesen Individuen oder an der Nachlässigkeit in einzelnen Institutionen liegt, sondern an der sozialen Apathie, die das Ergebnis eines wirtschaftlichen Systems ist, in dem Kinder aus der Armuts- und Arbeiterklasse nicht zählen, weil sie aus wirtschaftlicher Sicht nie ausreichend produktiv sein werden. Je nachdem, wie die Frage gestellt wird und je nachdem, in welcher Stimmung ich bin, erzähle ich davon.

Aber je länger das so geht, desto mehr will ich die Fragenden am liebsten daran erinnern, dass sie sich, wenn sie aus wirtschaftlich abgesicherten Familien und Communitys stammen und beruflich für staatliche Institutionen arbeiten, gar nicht in die Probleme einzumischen haben, auch wenn das zu ihrer Jobbeschreibung gehört. Dass sie oft in generationenübergreifenden Traumata herumstochern, die durch jahrzehntelange gewalttätige wirtschaftliche und soziale Marginalisierung verursacht wurden, durch ein politisches System, von dem sie profitieren und das sie reproduzieren. Der körperliche und seelische Schaden, der Kindern und Erwachsenen aus der Armuts- und

Arbeiterklasse zugefügt wurde, kann nicht durch Erwachsene aus der Mittelschicht behoben werden, die irgendwie herumbasteln und sich als Mutter Teresa aufführen. Was es stattdessen braucht, ist die Übergabe der Ressourcen an die Communitys der Armuts- und Arbeiterklasse. Es scheint der Eindruck zu bestehen, dass diese Communitys nicht die emotionalen und psychologischen Fähigkeiten hätten, sich um die am stärksten Traumatisierten unter uns zu kümmern. Diese Annahme könnte nicht falscher sein. Was uns fehlt, sind die Ressourcen: das Geld, die Gebäude, die Zeit. Wir arbeiten oft zu einem Mindestlohn, oder nur auf Abruf, haben zwei oder drei Jobs und kümmern uns gleichzeitig um unsere Nachbar*innen, Schwestern, Väter, Kolleg*innen, Brüder, Mütter, Freund*innen und andere Menschen in unserer Community. Einige tun das sogar, während sie sich mit ihren eigenen Traumata herumschlagen. Und, noch einmal, dies ist wichtig: Es sind UNSERE Traumata, die in UNSEREN Communitys vorkommen. Und unser Verständnis davon ist enorm groß und stellt das der Fachleute in den Schatten. Ich meine ja nicht, dass wir allein gelassen werden sollten, um für uns selbst zu kämpfen, ich meine, wir sollten die Ressourcen erhalten, die derzeit an Expert*innen mit Lehrbuchwissen und auf ihre Karriere schielende Profis verschwendet werden, die unsere Communitys nur aus einer Außenperspektive heraus verstehen und nur dazu da sind, sie aufzuwühlen, zu untersuchen und Berichte zu schreiben. Wir aber kennen unsere Communitys von innen: die Wärme, die Weisheit und, ja, das Leid und den Schmerz, die durch den ständigen Angriff durch die Politik entstanden sind, mal nach der einen, mal nach der anderen Strategie, ein Angriff, der bereits so lange dauert, dass wir angefangen haben, einander und uns selbst anzugreifen. Aber wir haben das Wissen, das unseren kollektiven Geist heilen kann, wir brauchen nur die Ressourcen, um es zu tun.

Klassenverrat

Zu Beginn dieses Buches habe ich gesagt, dass ich keine allumfassende Analyse von Klasse habe, dass ich mir aus den konkurrierenden Theorien die Teile herauspicke, die für mich am meisten Sinn ergeben. Einige von euch sind da wohl ausgestiegen. Andere werden weitergelesen, aber dabei gemurmelt haben, dass ich das Buch eigentlich für sie nun ruiniert hätte. Vielleicht war es für einige von euch schon ausreichend, dass ich geschrieben habe, dass es eine Elite, das 1%, eine Kapitalistenklasse gibt und dann noch den Rest. Ich war mir einfach noch nicht sicher, wie ich den Rest nennen soll. All meine Recherche und Lektüre für dieses Buch haben mir darüber nicht mehr Klarheit verschafft, und auch nicht darüber, ob die Bedeutung von Klassenkategorien in Stein gemeißelt sein muss. Vielleicht ist es aber der erste Schritt, anzuerkennen, dass eine Kapitalistenklasse existiert und dass der Rest von uns in einzelne Klassenkategorien aufgeteilt werden kann, basierend auf einer Vielzahl verschiedener Faktoren. Der Rest von uns, das ist allerdings ein verdammt großer Haufen von Menschen, beinahe sieben Milliarden, und mindestens sechs Milliarden davon haben für die Gesamtheit ihres Lebens unter irgendeiner Form von heteronormativem, patriarchalem Kapitalismus *weißer* Vorherrschaft gelebt. Wir sind sowohl Produkt als auch Reproduzierende dieses Systems. Einige von uns sind auf jede einzelne seiner Facetten voll abgefahren und glauben aus tiefstem Herzen an jede einzelne, sogar wenn das System sie Stück für Stück zu zerstören versucht. Viele von uns glauben nicht daran, aber das bedeutet nicht, dass wir nicht auch davon durchsetzt wären, dass es nicht in uns wachsen würde wie ein Geschwür und unsere Gedanken und Handlungen kontrolliert, selbst wenn wir unser Bestes tun, um das zu verhindern.

Wie fest wir daran glauben und wie sehr wir zulassen, dass es sich wie verdammte Metastasen in uns ausbreitet, spielt eine wichtige Rolle bei der Reproduktion der Spaltungen unter uns. Und das hängt sehr davon ab, wie wir die Kerkerlogik des Kapitalismus in unserem sozialen Bereich reproduzieren. Einige von uns gehen in dieser Reproduktion sehr weit und arbeiten in staatlichen Institutionen oder NGOs. Bei Ersteren sind die Jobs geprägt von ihrer Beziehung zu Methoden der Überwachung, Kontrolle und Bestrafung. Letztere werden allzu oft ohne ausreichende Kritik an den sozialen und politischen Bedingungen gegründet, in denen sie bestehen, und werden dann lediglich zu weiteren Erscheinungsformen derselben disziplinarischen Prozesse. Und auch wenn wir keine solchen Jobs annehmen: Die kapitalistische Kerkerlogik verseucht unsere sozialen Interaktionen und die Art und Weise, wie wir uns sozial und politisch organisieren. Sie schafft Eigen- und Fremdgruppen und führt dazu, dass wir diejenigen verteufeln, die »nicht sind wie wir«, und diejenigen ignorieren, die weniger soziale Macht haben als wir. Es ist Teil unserer Arbeit, diese Logik in unserem täglichen Leben zu zerschlagen – und mit »uns« meine ich all diejenigen, die sich entschieden haben, sich am Kampf für soziale Gerechtigkeit, Abolitionismus und Revolution zu beteiligen, diejenigen von uns, die davon überzeugt sind, dass die heutige Gesellschaft ungleich und ungerecht ist und unsere Seelen vergiftet, indem sie unsere Freund*innen, unsere Familie und Fremde umbringt.

Im Kampf gegen die Kapitalistenklasse ist der Rest von uns, »unsere« Klasse, hin- und hergerissen. Das kollektive Interesse »unserer« Klasse ist es, an der Abschaffung des heteronormativen, patriarchalen Kapitalismus der *weißen*

Vorherrschaft sowie jeder einzelnen seiner Institutionen zu arbeiten, aber dieses System und seine Organisatoren sind so heimtückisch, dass wir immer und immer wieder unsere Klasse verraten. Viel zu oft verwenden wir die geringe wirtschaftliche, politische, soziale oder kulturelle Macht, die wir haben, um unsere eigene Position zu Ungunsten einer anderen Person unserer Klasse zu verbessern. Wir nutzen rassistische, patriarchale, transphobe oder ableistische Paradigmen, um unsere eigene individuelle Existenz innerhalb des kapitalistischen Genozids, der um uns herum geschieht, zu sichern.

In *Fußballmannschaften runterrattern* habe ich über die patriarchale Gewalt meines Großvaters geschrieben, wie er entschieden hat, die physisch Schwächeren zu kontrollieren und zu bestrafen. In vielerlei Hinsicht kämpfte er hart für das, was er als sein Verwandtschaftsnetzwerk empfand, und stellte sicher, dass trotz der unnachgiebigen Unterdrückung von außen unsere Grundbedürfnisse erfüllt waren. Währenddessen verstärkte und reproduzierte er aber selbst auch Teile der Umstände, gegen die er ankämpfte – er verriet seine Klasse, während er für sie kämpfte.

In *Vater unser* habe ich über die patriarchalen und *weiß*-suprematistischen Tendenzen meines Vaters geschrieben. Er war ein Mann, dessen Mitgefühl für andere durch die bösartigen Triebkräfte des Kapitals zerfetzt wurde. Er wurde atomisiert und war nicht in der Lage, für irgendetwas anderes zu kämpfen als für seine eigenen, sehr spezifischen Interessen, und indem er das tat, verriet er seine Klasse.

In *Du bist nur ein* weißer *Junge* haben ich und MD darüber geschrieben, wie ich mein ganzes Leben hindurch die Waffe des Weißseins einsetzen konnte, um meine eigenen Bedingungen zu verbessern. Sei es in direktem Vergleich zur Position von MD als jungem Schwarzen Mann oder darin, wie ich mein Weißsein als Hebel ansetzte, um meine materiellen Bedingungen zu verbessern und mehr soziale und kulturelle Macht anzusammeln. Dadurch beging ich einen Verrat an meiner Klasse und ihren Interessen.

In *160 Kilometer nach Süden* verkauft meine Mutter meinen Körper zum Zweck des wirtschaftlichen Überlebens. Sie entscheidet damit, dass mein Wohlbefinden weniger wichtig ist als ihres. Sie verrät ihre Klasse. In *Valerie* reproduziere ich patriarchale Gendernormen, um meine Dominanz über eine Partnerin in einer Liebesbeziehung zu behaupten, und habe dadurch, einmal mehr, meine Klasse verraten. Diese Verhaltensweisen, diese Momente, in denen wir Normen und Werte des heteronormativen, patriarchalen Kapitalismus der *weißen* Vorherrschaft reproduzieren, sind einige der vielen Hindernisse, die wir in unserem Kampf überwinden müssen. In unserem Kampf, der sich nicht nur gegen den Kapitalismus richtet, sondern auch gegen seine Kerkerlogik. Die Rufe nach Abolitionismus werden immer lauter und die Antworten liegen nicht nur im Mittelentzug und der letztendlichen Abschaffung staatlicher Gefängnisinstitutionen, sondern in den Formen des Miteinanders, die wir gemeinsam erschaffen und die diese Institutionen ersetzen werden.

Wenn wir »unsere« Klasse betrachten, ist klar ersichtlich, dass es ein hohes Level an materiellen Ressourcen gibt. In der Einleitung habe ich über meine heutige Situation geschrieben, im Vergleich zu meiner Situation als Teenager und in meinen frühen Zwanzigern. Mein Leben hat sich in materieller Hinsicht stark verändert: Ich habe mich beim durchschnittlichen Jahreseinkommen im Vereinigten Königreich vom unteren 1% zum Rand der oberen 70% bewegt, wobei ich immer noch weniger als die Hälfte des nationalen Durchschnitts verdiene. Die Kapitalistenklasse zieht mit ihrer unerbittlichen Politik die Schlinge um die Arbeiter*innen und Menschen, die auf Sozialhilfe angewiesen sind, immer enger. Dagegen muss »unsere«

Klasse ankämpfen. Wir müssen aber auch anerkennen, dass wir nicht einfach bis nach der Revolution warten können, bis wir die Ungleichheit unter uns ansprechen. Die individuelle Akkumulation ökonomischen Kapitals ist nicht nur die Domäne der Kapitalistenklasse, sondern dominiert auch in unseren Bewegungen für soziale Gerechtigkeit und radikalen politischen Organisationen. Viele Mitglieder »unserer« Klasse haben geerbt oder werden erben oder verdienen doppelt oder dreimal so viel wie diejenigen, an deren Seite sie kämpfen. Nur selten wird dies als Problem gesehen oder gar angegangen. Eine derartige Kritik würde als respektlos gelten und irgendwie als individualistischer als die Existenz ökonomischen Kapitals auf jemandes Bankkonto. Anfang des Jahres 2020, kurz nachdem ich nach Manchester gezogen war, nahm ich an einem Treffen zur Klassenpolitik teil. Als ich darauf hinwies, dass die ökonomischen, rassistischen und genderspezifischen Hierarchien innerhalb »unserer« Klasse unseren Aktivismus beeinträchtigen könnten, wurde dies kurzerhand abgetan. »Klassenkampf ist besonders«, wurde mir gesagt, »nur der Kampf gegen die Bosse und Vermieter zählt«, wurde mir gesagt. Jemand anderes schlug vor, dass es der erste Schritt zum Aufbau von Klassenstärke sein könnte, kollektiv allen Nahrung und ein Dach über dem Kopf zur Verfügung zu stellen. »Klassenkampf ist besonders«, wurde ihr gesagt, »nur der Kampf gegen die Bosse und Vermieter zählt«, wurde ihr gesagt. Ich verließ dieses Treffen wutentbrannt. Mitglieder »unserer« Klasse, die in materieller Hinsicht stabil abgesichert waren, verweigerten jede Diskussion darüber, was sie individuell und kollektiv mit dieser Stabilität und Sicherheit tun könnten, geschweige denn darüber, worauf sie sich gründete. Ich nahm den Bus nach Hause – und vermied so, an einem Pub vorbeizukommen und dem Drang nachzugeben, mich zu betrinken und eine Schlägerei anzuzetteln –, und als ich ankam und meiner Partnerin von dem Treffen erzählte, hatte ich mich beruhigt. Diese Menschen, diese Linken, diese Mitglieder »unserer« Klasse, wollten ja nichts Böses, ich hatte meinen Standpunkt auch schlecht vertreten, es war sehr heiß im Raum, ich habe eine soziale Phobie, sie kannten mich kaum, sie haben eben ihre eigene Art, zu arbeiten und sich zu organisieren, immerhin versuchen sie es – all das hatte ich mir gesagt. Doch auch sie haben ihre Klasse verraten, sie sind so unsicher verbunden mit einer bestimmten linken Methodologie, dass sie abgeblockt und nur Banalitäten ausgespuckt haben.

Rita Mae Brown schrieb: »Klasse ist viel mehr als Marx' Definition der Produktionsverhältnisse. Klasse umfasst deine Verhaltensweisen, deine grundlegenden Annahmen über das Leben. Deine (durch deine Klasse bestimmten) Erfahrungen bestätigen diese Annahmen: Wie dir beigebracht wurde, dich zu benehmen, was du von dir selbst und anderen erwartest, dein Konzept einer Zukunft, wie du Probleme verstehst und löst, wie du denkst, fühlst, handelst. Frauen der Mittelschicht weigern sich, ebenjene Verhaltensmuster anzuerkennen, wohingegen sie durchaus bereit sind, Klasse im marxistischen Sinne zu akzeptieren – ein netter Trick, der dabei hilft, sich zu weigern, sich mit Klassenverhaltensweisen auseinanderzusetzen und diese in sich selbst zu verändern. Es sind diese Verhaltensweisen, die erkannt, verstanden und verändert werden müssen.«[120]

Rita Mae Brown bezog sich auf die Dominanz von Frauen der Mittelschicht im Feminismus, aber dieser Standpunkt schließt auch Männer ein, und wenn wir das Konzept der »Mittelschicht« aufgrund seiner Vagheit und mangelnder Nuancen auslöschen wollen, dann ist dieser Standpunkt auch für viele innerhalb »unserer« Klasse von Bedeutung. Viele von uns wenden Browns »netten Trick« im Kampf und im Engagement für soziale Gerechtigkeit,

Abolitionismus und die Revolution an. Wir reden unsere Rolle bei der Reproduktion der gewalttätigen sozialen Systeme klein, in denen wir leben. Wir sagen, wir wollen, dass »unsere« Klasse sich wehrt und die Kapitalistenklasse zerschlägt, aber wir verhalten uns so, als ob alle beim selben Punkt einsteigen können. Wir haben soziale Zentren, die nicht rollstuhlgerecht sind. Bei unseren Treffen stellen wir nur selten Kinderbetreuung und Essen zur Verfügung. Übersetzung und Gebärdensprache stehen ganz unten auf unserer Prioritätenliste. Der Umgangston und die Emotionen in der Kommunikation werden streng kontrolliert, mit Methoden der Polizei oder von Sozialarbeiter*innen. Der Person, die auf eine Art und Weise schreit oder weint, die nicht zur jeweiligen Genderidentität passt, wird unzweideutig klargemacht, dass sie eine Grenze überschritten hat und sich bessern muss. Die meisten politischen Treffen, bei denen ich in den letzten fünfzehn Jahren war, haben panische Angst vor Abweichung, insbesondere vor Unterschieden, die ein Machtungleichgewicht hervorheben. Doch wenn wir diese Unterschiede nicht anerkennen und keine Wege finden, um uns direkt mit ihnen zu befassen, verraten wir die sozialen Bewegungen »unserer« Klasse.

Zu Beginn des sozialen Shutdowns (ich weigere mich, es Lockdown zu nennen, denn ich kenne Lockdowns aus dem Gefängnis, und damit hatte das nichts zu tun) erhielt ich mehrere Hundert Anfragen über Facebook, E-Mail und WhatsApp von Menschen, die entweder in den letzten paar Jahren auf meine Texte gestoßen waren oder die ich aus meiner Zeit in Nottingham kenne. Einige dieser Nachrichten waren Anfragen, ob ich sie mit jemandem in Kontakt bringen könnte, der in Nottingham immer noch harte Drogen verkauft; andere kamen von obdachlosen Menschen, die einen sicheren Aufenthaltsort für diese Zeit brauchten; aber bei den meisten ging es um Geld. Die Menschen hatten die Quellen ihres formellen und informellen Einkommens verloren und Angst, ihre Kinder nicht mehr ernähren oder die Rechnungen nicht mehr bezahlen zu können. Glücklicherweise nahmen zur selben Zeit auch etwas über dreißig Menschen mit mir Kontakt auf und fragten mich, ob ich Vorschläge hätte, wohin ihr überschüssiges ökonomisches Kapital sinnvoll gehen könnte. Liebe Leser*innen, *und ob ich welche hatte.* Von diesen über dreißig Menschen boten einige Zehntausende Pfund, einige boten Tausende, einige Hunderte an. Ich konnte ein paar Punkte miteinander verbinden und sicherstellen, dass jeder, der um Geld gebeten hatte, etwas erhielt, und in einigen Fällen sogar regelmäßige Zahlungen während der Dauer des sozialen Shutdowns einrichten. Ich erwähne dies nicht, um mich damit zu brüsten, ich war einfach in der glücklichen Lage, genügend soziales Kapital zu haben, um diejenigen mit viel mit denjenigen mit zu wenig in Verbindung zu setzen. Ich tat es in unorganisierter und hektischer Weise, die wahrscheinlich jene, die das Geld erhielten, nicht gerade beruhigt hat. Wenn ich und diejenigen, mit denen ich jetzt im sozialen Kampf aktiv bin, getan hätten, wovon wir immer reden, und eine strengere Struktur für diese Arbeit geschaffen hätten, wäre es weitaus erfolgreicher gewesen. Indem ich das nicht tat und nicht alles klar und gründlich genug durchdachte, verriet ich meine Klasse.

Ich habe es schon einmal gesagt und sage es nochmal: Diejenigen in »unserer« Klasse, die wir Zugang zu Ressourcen haben, ob direkt durch ökonomisches Kapital oder durch das soziale und kulturelle Kapital, das wir akkumuliert haben, müssen Wege finden, es für diejenigen einzusetzen, die am stärksten vom unaufhörlichen Angriff des globalen Kapitalismus betroffen sind. Wir dürfen es nicht auf die hohe Kante legen oder für uns behalten, um ein materiell etwas angenehmeres Leben zu haben. Dafür müssen wir die kapitalistische Kultur in unseren Köpfen zerschlagen. Wir müssen die Kerkerkultur zerschlagen, die uns sagt, dass einige Menschen kontrolliert, überwacht und wenn nötig bestraft werden müssen, bevor sie die Unterstützung erhalten, die sie zum Leben benötigen. Wir müssen die *weißen* Suprematisten in uns zerschlagen, die Ableisten, die Patriarchen, die Transphoben, all jene Teile von uns, die immer noch denken, fühlen, handeln und kämpfen, als ob einige Menschen mehr Wert hätten als andere, als ob einige Körper wichtiger wären als andere. Das zu ändern ist kollektive Arbeit, die mit Verletzlichkeit im Umgang miteinander einhergeht, mit einer Offenheit dafür, Fehler zu machen, das Schlechteste in uns auszusprechen und auf »unsere« Klasse zu vertrauen, darauf zu vertrauen, dass wir neue Antworten auf alte Fragen finden werden. Klassenverrat ist unter uns weit verbreitet. Wir werden tagtäglich gedrängt, gestoßen, verführt und bestochen. Seit Generationen wurde uns die liberale Hegemonie des Individualismus eingetrichtert, und Verbindungen zur Menschlichkeit der anderen aufzubauen, kollektive Bande der Solidarität zu knüpfen, das alles wird nie schwieriger werden, als es jetzt ist. In diesem Prozess können Konzepte wie Transformative Gerechtigkeit von unschätzbarem Wert sein. Ich habe bisher einige Akte des Klassenverrats angesprochen: die Akkumulation von Kapital durch Mitglieder »unserer« Klasse; die Ausnutzung des Weißseins und *weißer* Vorherrschaft; die Verwendung sozialer Macht zur Kontrolle politischer Prozesse; die Art und Weise, wie wir soziale und kulturelle Normen legitimieren und dadurch behinderte Menschen ausschließen. Andere Kommunikationsmethoden und gelebte Erfahrungen können so eingesetzt werden, dass diese Formen des Verrats nicht als ausschließlich von Individuen begangene Taten behandelt werden. Es ist wichtig, dass Individuen ihre Gedanken und Handlungen reflektieren, es ist wichtig, dass sie sich vor ihrer Community verantworten müssen, aber wir müssen auch die Art und Weise hinterfragen, wie wir kollektiv existieren und unsere Kulturen erschaffen. Klassenverrat, mit seiner Unzahl an verschiedenen Formen, verursacht Leid. Dieses Leid wird nicht nur einzelnen Individuen zugefügt, sondern unseren Communitys und Bewegungen. Die meisten von uns leiden aber nicht nur unter diesen Handlungen, sondern auch unter denen, die im Namen des heteronormativen und patriarchalen Kapitalismus *weißer* Vorherrschaft begangen wurden. Unsere Communitys, wie auch immer sie definiert und geformt werden, sind durch dieses Leid verwüstet worden, aber wir haben keine andere Möglichkeit, als sie mit unserer ganzen Kraft wiederaufzubauen. Transformative Gerechtigkeit kann uns dabei helfen, indem wir uns, während wir kollektiv auf die Befreiung hinarbeiten, gegenseitig in die Verantwortung nehmen und die Ideologie des Kerkerkapitalismus sowie die Art und Weise, wie sie sich tief in unsere Seelen eingegraben hat, zurückweisen.

Danksagung

Dieses Buch wäre nicht möglich ohne die Menschen, die *Chav Solidarity* gekauft haben, danke also dafür.

Und danke an alle, die das Buch von der ersten Stunde an unterstützt und gefördert haben: Eshe, Ewa, Liam, Craig und Dog Section Press, Jo und Solidarity Economy, Laura und Distro Hex. John von Reclaim Reading. Und an alle, die dabei geholfen haben, Raum zu schaffen, um über *Chav Solidarity* zu sprechen. Ich werde mich nicht an euch alle erinnern können, aber Maya in Hastings, Lotte in Great Yarmouth, die Edinburgh Anarcho-Feminist Bookfair, Radio Ava, Shiri von der Anti-University kommen mir in den Sinn, aber auch all die anderen Gemeinschaftszentren, Kirchensäle, radikalen Buchläden, Pubs und sozialen Zentren und die Menschen, die sie öffneten und mich mein Zeugs reden und mein Buch verkaufen ließen. Ohne all das hätte ich dieses Buch hier nicht geschrieben.

Die Menschen, die sich Entwürfe angeschaut und mich während des Schreibens dieses Buches mit Fragen und Kritik herausgefordert haben, und die, die es Fassung um Fassung lektoriert haben: Ayesha, old Pal E, Dylan, Ewa, Helen, Luke, Tahra, Marion, Petra, Vincent, und meine Güte, falls ich jemanden vergessen habe, verzeiht mir. Dieses Buch ist dank euch so viel besser.

Danke an Kirsty Styles für das Korrekturlesen.

An die Menschen an der Liverpool Hope University: Silvia, Annalaura, Gary und die anderen Dozent*innen. Meine Mitstudierenden, insbesondere RJ und Craig, für die spannenden Unterhaltungen vor den Vorlesungen.

Danke an die Gruppe The Manchester Abolitionist Futures: Aoife, Ewa, Lauren, Marion, Matt, Ru, Vicky, Marguerite, Max und Phillipa für inspirierende Gespräche in einem perfekt verwalteten kollektiven Raum.

Danke an all die Menschen, die 2016 halfen, mich am Leben zu halten: Becky, Camille, Dan, Hannah B, Hannah L, Jack, Jen, Kate, Kath, Lucy, Maja, Paul, Penny, Sarah E, Sarah G, Stuart, Tim, Tove, Tom G, Tom D, Will und alle anderen, die mich besucht und versucht haben, Leid von mir fernzuhalten. Besonders an Anna, die als Erste durch die Tür trat.

An all jene aus den Nachbarschaften, in denen ich aufgewachsen bin: Danke, dass ihr mir Leben eingehaucht und dass ihr Liebe, Essen und Ressourcen geteilt habt. Dafür, dass ihr kämpft, obwohl man euch verachtet, dass ihr euch an allem festhaltet, an dem ihr euch festhalten könnt.

Vielen Dank an MD und Dr. Wroe für die Mitarbeit an *Du bist nur ein* weißer *Junge* und *Vierzehn.*

An meine Kolleg*innen im Class Work Project: Hannah P, Dorothy und Shan. Danke, dass ihr mein politisches Zuhause erschaffen habt. Mal sehen, wie es weitergeht.

Der größte Dank geht an meine Partnerin und beste Freundin, KM. Danke, dass du dein Leben mit mir teilst und mich meins mit dir teilen lässt. Bis jetzt war es eine wilde Reise, möge sie noch lange weitergehen. Ich liebe dich von ganzem Herzen.

Anmerkungen

1 Jessica Whyte, *The Morals of the Market: Human Rights and the Rise of Neoliberalism.* Verso, London/New York 2019.
2 Sarah Stahlke Wall, »Toward a Moderate Autoethnography«, in: *International Journal of Qualitative Methods* 15 (I), 2016.
3 Sadruddin Bahadur Qutoshi, »Auto/ethnography: A Transformative Research Paradigm«, in: *Dhaulagiri Journal of Sociology and Anthropology 9,* 2015.
4 Selly Denshire, »On auto-ethnography«, in: *Current Sociology,* Volume 62, Issue 6, 2014.
5 Carolyn Ellis und Arthur P. Bochner, »Autoethnography, Personal Narrative, Reflexivity: Researcher as Subject«, in: *Handbook on Qualitative Research. Second Edition.* Calif Sage Pub, Thousand Oaks 2000.
6 Amy K. Kilgard und Keith Berry, »Tossing and Turning: Queering Performances of Family Narrative«, in: *Cultural Studies ↔ Critical Methodologies,* Volume 14, Issue 2, 2013.
7 Sarah Brophy und Kasim Husain, »Innovations in Queer Writing«, in: *The Cambridge Companion to British Fiction since 1945.* Cambridge University Press, Cambridge 2015.
8 Lauren Berlant und Michael Warner, »Sex in public«, in: *Critical Inquiry,* Volume 24, Number 2, 1998.
9 José Esteban Muñoz, *Cruising Utopia. The then and there of queer futurity.* NYU Press, New York 2009.
10 Dallas John Baker, »Creative Writing Praxis as Queer Becoming«, in: *New Writing,* Volume 10, Issue 3, 2013.
11 Ebd.
12 Maria Tamboukou, »Relational narratives: Auto/biography and the portrait«, in: *Women's Studies International Forum,* Volume 33, Issue 3, 2010.
13 Sarah Brophy und Kasim Husain, »Innovations in Queer Writing«.
14 Amy K. Kilgard und Keith Berry, »Tossing and Turning«.

15 Yvette Taylor, »Queer encounters of sexuality and class: Navigating emotional landscapes of academia«, in: *Emotion, Space and Society,* Volume 8, Issue 1, 2013.

16 Amy K. Kilgard und Keith Berry, »Tossing and Turning«.

17 Cédric Hugrée, Etienne Penissat und Alexis Spire, *Social Class in Europe: New Inequalities in the Old World.* Verso, London/New York 2020.

18 Ebd.

19 Imogen Tyler, *Revolting Subjects: Social Abjection and Resistance in Neoliberal Britain.* Zed Books, London 2013; Imogen Tyler, »Classificatory Struggles: Class, Culture and Inequality in Neoliberal Times«, in: *The Sociological Review,* Volume 63, Issue 2, 2015; Imogen Tyler, *Stigma. The Machinery of Inequality.* Zed Books, London 2020.

20 Yvette Taylor, »Queer presences and absences: Citizenship, community, diversity – or death«, in: *Feminist Theory,* Volume 12, Issue 3, 2011; Yvette Taylor, »Queer encounters of sexuality and class: Navigating emotional landscapes of academia«.

21 Diane Reay, »Rethinking Social Class: Qualitative Perspective on Class and Gender«, in: *Sociology,* Volume 32, Issue 2, 1998; Beverly Skeggs, *Class, self, culture.* Routledge, London 2004; Lisa Mckenzie, »Fox-Trotting the Riot: Slow Rioting in Britain's Inner City«, in: *Sociological Research Online,* Volume 18, Issue 4, 2014; Lisa Mckenzie, *Getting by: Estates, Class and Culture in Austerity Britain.* Policy Press, Bristol 2015.

22 Vivyan Adair, »US Working-Class/Poverty-Class Divides«, in: *Sociology,* Volume 39, Issue 5, 2005.

23 Thomas Piketty, *Das Kapital im 21.* Jahrhundert, Verlag C.H. Beck, München 2014; Danny Dorling, *Injustice: Why Social Inequality Persists.* Policy Press, Bristol 2010; Cédric Hugrée, Etienne Penissat und Alexis Spire, *Social Class in Europe: New Inequalities in the Old World;* David Harvey, *Kleine Geschichte des Neoliberalismus,* Rotpunktverlag, Zürich 2007; David Harvey, *Räume der Neoliberalisierung. Zur Theorie der ungleichen Entwicklung,* VSA: Verlag, Hamburg 2007; Guy Standing, *The Precariat: The New Dangerous Class,* Bloomsbury, London 2014.

24 Mike Savage, *Social Class in the 21st Century.* Penguin Books Ltd., London 2015.
25 Martin Rowson, »On social class and media coverage of the Philpott verdict«, in: *The Guardian*, 2013. https://www.theguardian.com/commentisfree/cartoon/2013/apr/03/social-class-media-philpott-verdict
26 Vivyan Adair, »US Working-Class/Poverty-Class Divides«.
27 Loïc Wacquant, »Urban Desolation and Symbolic Denigration in the Hyperghetto«, in: *Social Psychology Quarterly,* Volume 73, Issue 3, 2010.
28 Henry A. Giroux, »Violence, Katrina, and the Biopolitics of Disposability«, in: *Theory, Culture & Society,* Volume 24, Issue 7–8, 2007.
29 Diane Reay, »Rethinking Social Class: Qualitative Perspective on Class and Gender«.
30 David Harvey, *Kleine Geschichte des Neoliberalismus.*
31 David Harvey, *Räume der Neoliberalisierung. Zur Theorie der ungleichen Entwicklung*; Loïc Wacquant, *Prisons of Poverty.* University of Minnesota Press, Minneapolis 2009.
32 Imogen Tyler, *Stigma: The Machinery of Inequality.*
33 Douglas E. Foley, *Learning Capitalist Culture: Deep in the Heart of Tejas.* Penn Press, Philadelphia 2010.
34 Henry A. Giroux, »Violence, Katrina, and the Biopolitics of Disposability«; Ruth Wilson Gilmore, »What Is to Be Done?«, in: *American Quarterly,* Volume 63, Number 2, 2011. Auf Deutsch als: »Was tun?«, in: Daniel Loick und Vanessa E. Thompson, *Abolitionismus. Ein Reader.* Suhrkamp, Berlin 2022; David Harvey, *Kleine Geschichte des Neoliberalismus*; Loïc Wacquant, *Prisons of Poverty.* University of Minnesota Press, Minneapolis 2009; Loïc Wacquant, *Bestrafen der Armen. Zur neoliberalen Regierung der sozialen Unsicherheit.* Verlag Barbara Budrich, Opladen 2009.
35 Imogen Tyler, *Stigma: The Machinery of Inequality.*
36 Tracey Jensen und Imogen Tyler, »›Benefits Broods‹: The Cultural and Political Crafting of Anti-Welfare Commonsense«, in: *Critical Social Policy,* Volume 35, Issue 4, 2015.
37 Amnesty International United Kingdom Section, *Trapped in the Matrix: Secrecy, stigma and bias in the Met's Gangs Database.* 2018. amnesty.org.uk/files/reports/Trapped%20in%20the%20Matrix%20Amnesty%20report.pdf

38 Roxy Legane, »Covid-19 is hitting Britain's BAME communities hardest«, in: *Ceasefire Magazine*, 2020. ceasefiremagazine.co.uk/author/roxy-legane. Mariano Aguirre, »The impact of COVID-19 is all down to inequality«, in: *OpenDemocracy*, 2020. opendemocracy.net/en/impact-covid-19-all-down-inequality

39 Joanne Williams, »Children are paying the price for this idiocy by a teachers' union«, in: *Daily Mail*, 2020. https://www.dailymail.co.uk/debate/article-8309345/Children-paying-price-idiocy-teachers-union-writes-JOANNA-WILLIAMS.html

40 Carol Zou, »Against the Carceral Logic of the University«, in: *Beyond Mass Incarceration: New Horizons of Liberation and Freedom*, Volume 5, Issue 2, 2018.

41 Michel Foucault, *Überwachen und Strafen. Die Geburt des Gefängnisses*. Suhrkamp, Frankfurt am Main 2013.

42 Robert T. Sigler und David J. King, D., »Colonial policing and control of movements for independence«, *Policing and Society*, Volume 3, Issue 1, 1992; Alex Vitale, *The End of Policing*. Verso Books, London/New York 2017; Ben Bowling, *Policing the Caribbean: Transnational Security Cooperation in Practice*. Oxford University Press, Oxford 2010.

43 Michel Foucault, *Überwachen und Strafen*.

44 Dylan Rodriguez, »Abolition as Praxis of Human Being: A Foreword«, *in: Harvard Law Review*, 132, 2019.

45 Vincenzo Ruggiero, *Penal Abolitionism*. Oxford University Press, Oxford 2010.

46 Dylan Rodriguez, »Abolition as Praxis of Human Being: A Foreword«.

47 Ebd.

48 Ruth Wilson Gilmore, »What Is to Be Done?«.

49 W. E. B. Du Bois, *Black Reconstruction in America. Toward a History of the Part Which Black Folk Played in the Attempt to Reconstruct Democracy in America, 1860-1880*. Free Press, New York 1935.

50 Ebd.

51 Nell Irvin Painter, *The History of White People*. W. W. Norton & Company, New York 2010;
David R. Roediger, *The Wages of Whiteness: Race and the Making of the American Working Class*. Verso Books,

London/New York 2007; Theodore W. Allen, *The Invention of the White Race:* Volume 1, *Racial Oppression and Social Control.* Verso Books, London/New York 2012; Noel Ignatiev, *How the Irish became white.* Routledge, London 1996.

52 David R. Roediger, *The Wages of Whiteness: Race and the Making of the American Working Class.*

53 Ebd.; Theodore W. Allen, *The Invention of the White Race:* Volume 1, *Racial Oppression and Social Control.*

54 Nasar Meer und Anoop Nayak, »Race Ends Where? Race, Racism and Contemporary Sociology«, in: *Sociology,* Volume 49, Issue 6, 2013.

55 Steve Garner, »The Uses of Whiteness: What Sociologists Working on Europe Can Draw from US Research on Whiteness«, in: *Sociology,* Volume 40, Issue 2, 2006.

56 Steph Lawler, »White like them: Whiteness and anachronistic space in representations of the English white working class«, in: *Ethnicities,* Volume 12, Issue 4, 2012.

57 Shona Hunter, »What a White Shame: Race, Gender, and White Shame in the Relational Economy of Primary Health Care Organizations in England«, in: *Social politics* 17, 2010.

58 Dallas John Baker, »Creative Writing Praxis as Queer Becoming«, in: *New Writing 10:3,* 2013.

59 Hari Ziyad, *What do we do with abusers like R. Kelly if we abolish prisons?,* blackyouthproject.com, 2019. http://blackyouthproject.com/what-do-we-do-with-abusers-like-r-kelly-if-we-abolish/?fbclid=IwAR14J_jMaBd4P NRmCDt90VaOSiiW0FLo3RtBOSk2XLBIhK XhsWhp_Rcl-y.

60 Ogbonnaya Oko Elechi, »Women and (African) Indigenous Justice Systems. Pan-African Issues in Crime and Justice«, in: Anita Kalunta-Crumpton und Biko Agozino (Hrsg.), *Pan-African Issues in Crime and Justice.* Ashgate, Aldershot, Great Britain/Burlington, Vermont 2004.

61 generationfive, *Ending Child Sexual Abuse: A Transformative Justice Handbook.* 2007. http://www.generationfive.org/wp-content/uploads/2018/08/g5-Transformative-Justice-Handbook.pdf

62 Leah Lakshmi Piepzna-Samarasinha, »Cripping TJ«, in: Ejeris Dixon und Leah Lakshmi Piepzna-Samarasinha

(Hrsg.), *Beyond Survival: Strategies and Stories from the Transformative Justice Movement*, AK Press, Oakland 2020.

63 Ejeris Dixon, »Building Community Safety«, in: Ejeris Dixon und Leah Lakshmi Piepzna-Samarasinha (Hrsg.), *Beyond Survival: Strategies and Stories from the Transformative Justice Movement.*

64 Mia Mingus, »Pods and Pod-Mapping Worksheet«, in: Ejeris Dixon und Leah Lakshmi Piepzna-Samarasinha (Hrsg.), *Beyond Survival: Strategies and Stories from the Transformative Justice Movement.*

65 Stacy Holman-Jones und Anne M. Harris, *Queering Autoethnography.*

66 Octavia Butler, *Kindred - Verbunden.* w_orten & meer, Maintal 2018, S. 222

67 Patrisse Cullors, »Abolition And Reparations: Histories of Resistance, Transformative Justice, And Accountability Developments in the Law«, in: *Harvard Law Review*, 2019. harvardlawreview.org/2019/04/abolition-and-reparations-histories-of-resistance-transformative-justice-and-accountability/.

68 adrienne maree brown, *Emergent Strategy. Shaping Change, Changing Worlds.* AK Press, Stirling 2017.

69 Ebd.

70 José Esteban Muñoz, *Cruising Utopia. The then and there of queer futurity.*

71 Octavia Butler, *Parabel vom Sämann.* Heyne, München 2015, S. 63.

72 Maria Tamboukou, »Relational narratives: Auto/biography and the portrait«.

73 Mick Harvey, »Impoverishment of Thought«, in *Lumpen, Issue 1*, 2019.

74 »Chav« ist eine abwertende Bezeichnung für arme Menschen im Vereinigten Königreich, ähnlich wie die Bezeichnung »white trash«. Der Begriff wird auch als Selbstbezeichnung verwendet. (A. d. Ü.)

75 Jackie Wang, *Carceral Capitalism.* Semiotext(e), South Pasadena 2018.

76 Janet E. Helms, »The Challenge of Making Whiteness Visible: Reactions to Four Whiteness Articles«, in: *The Counseling Psychologist*, Volume 45, Issue 5, 2017.

77 bell hooks, *Yearning : race, gender, and cultural politics.* Turnaround, London 1991. Auf Deutsch als: *Sehnsucht und Widerstand: Kultur, Ethnie, Geschlecht.* Orlanda, Berlin 1996.
78 Steph Lawler, »White like them: Whiteness and anachronistic space in representations of the English white working class«.
79 Ebd.
80 Ebd.
81 Noel Ignatiev, *How the Irish became white.*
82 W. E. B. Du Bois, *Black Reconstruction in America. Toward a History of the Part Which Black Folk Played in the Attempt to Reconstruct Democracy in America, 1860–1880.*
83 Roy Orbison, *You Got It.* Virgin Records, London 1989.
84 Patty Berne, *Disability Justice – a working draft*, 2015. sinsinvalid.org/blog/disability-justice-a-working-draft-by-patty-berne.
85 Patty Berne, Aurora Levins Morales, David Langstaff, »Sins Invalid. Ten Principles of Disability Justice«, in: *WSQ: Womens Studies Quarterly*, Volume 46, Issue 1, 2018.
86 Patty Berne, *Disability Justice – a working draft.*
87 Ford Vox, »The Medical-Industrial Complex«, in: *The Atlantic*, 2010. theatlantic.com/technology/archive/2010/06/the-medical-industrial-complex/58888/.
88 Mia Mingus, »Medical Industrial Complex Visual«, in: *Leaving Evidence*, 2015. leavingevidence.wordpress.com/2015/02/06/medical-industrial-complex-visual/.
89 John Lister, »The History of Privatisation«, in: *The Lowdown*, 2020. lowdownnhs.info/analysis/long-read/the-history-of-privatisation-part-1/.
90 Johanna Hedva, *Sick Woman Theory*, 2016. johannahedva.com/SickWomanTheory_Hedva_2020.pdf.
91 Ebd.
92 Mia Mingus, »Medical Industrial Complex Visual«.
93 Leah Lakshmi Piepzna-Samarasinha, *Care Work: Dreaming of Disability Justice.* Arsenal Pulp Press, Vancouver 2018.
94 Ebd.
95 Justice for Magdalenes Research, jfmresearch.com.
96 Nazia Parveen, »Nottinghamshire children in care abused for decades – report«, in: *The Guardian*, 2019.

97 Eleanor J. Bader, »Reimagining Disability Justice: An Interview with Leah Lakshmi Piepzna-Samarasinha«, in: *Blarb. Los Angeles Review of Books.* 2018. blog.lareviewofbooks.org/interviews/reimagining-disability-justice-interview-leah-lakshmi-piepzna-samarasinha/.

98 Simi Linton, *Claiming Disability: Knowledge and Identity.* NYU Press, New York 1998.

99 Mia Mingus, »Wherever You Are Is Where I Want To Be: Crip Solidarity«, in: *Leaving Evidence*, 2010. leavingevidence.wordpress.com/2010/05/03/where-ever-you-are-is-where-i-want-to-be-crip-solidarity/.

100 Nathan Shara, »Facing Shame«, in: *Beyond Survival: Strategies and Stories from the Transformative Justice Movement.*

101 Walter Lorenz, »Rediscovering the social question / Die Soziale Frage erneut stellen – eine Herausforderung für die Soziale Arbeit«, in: *European Journal of Social Work,* Volume 19, Issue 1. 2016.

102 Brid Featherstone, Anna Gupta, Kate Morris und Sue White, *Protecting Children: A Social Model.* Policy Press, Bristol 2018.

103 Ebd.

104 Michal Krumer-Nevo, »Poverty-Aware Social Work: A Paradigm for Social Work Practice with People in Poverty«, in: *The British Journal of Social Work,* Volume 46, Issue 6. 2016.

105 Brid Featherstone, Anna Gupta, Kate Morris und Sue White, *Protecting Children: A Social Model.*

106 Nazia Parveen, »Nottinghamshire children in care abused for decades – report«.

107 Patrick Butler, »More than 4m in UK are trapped in deep poverty, study finds«, in: *The Guardian*, 2019.

108 Noel Titheradge und Ed Thomas, »Child mental health unit referrals ›up nearly 50%‹«, in: *BBC News*, 2019.

109 Denis Campbell, »People in mental health crisis neglected by NHS, MPs warn«, in: *The Guardian*, 2018.

110 Child Poverty Action: https://cpag.org.uk/child-poverty/effects-poverty

111 Lesley McAra und Susan McVie, »Youth Crime and Justice: Key Messages from the Edinburgh Study of Youth Tran-

sitions and Crime«, in: *Criminology & Criminal Justice,* Volume 10, Issue 2, 2010.

112 Da'Shaun Harrison, *Committing harm is not the same as being abusive,* 2020. https://dashaunharrison.com/committing-harm-is-not-the-same-as-being-abusive/

113 Loïc Wacquant, *Prisons of Poverty*; Loïc Wacquant, *Bestrafen der Armen. Zur neoliberalen Regierung der sozialen Unsicherheit.*

114 Loïc Wacquant, »Revisiting Territories of Relegation: Class, Ethnicity and State in the Making of Advanced Marginality«, in: *Urban Studies,* Volume 53, Issue 6, 2016.

115 Lisa Mckenzie, »Fox-Trotting the Riot: Slow Rioting in Britain's Inner City«, in: *Sociological Research Online,* Volume 18, Issue 4, 2014.

116 Ebd.

117 Yvette Taylor, »Queer encounters of sexuality and class: Navigating emotional landscapes of academia«, in: *Emotion, Space and Society* 8, 2013.

118 Michelle Brown und Judah Schept, »New Abolition, Criminology and a Critical Carceral Studies«, in: *Punishment & Society,* Volume 19, Issue 4, 2016.

119 Dylan Rodriguez, »Abolition as Praxis of Human Being: A Foreword«, in: *Harvard Law Review* 132, 2019.

120 Rita Mae Brown, »The Last Straw«, in: Charlotte Bunch und Nancy Myron (Hrsg.), *Class and Feminism. A collection of essays from the Furies.* Diana Press, Baltimore 1974.

Literaturverzeichnis

ADAIR, VIVYAN C., »Branded with Infamy: Inscriptions of Poverty and Class in the United States«, in: *Signs*, Volume 27, Number 2, 2002

– »US Working-Class/Poverty-Class Divides«, in: *Sociology*, Volume 39, Issue 5, 2005

AGUIRRE, MARIANO, »The impact of COVID-19 is all down to inequality«, in: *OpenDemocracy*, 2020 opendemocracy.net/en/impact-covid-19-all-down-inequality/

ALLEN, THEODORE W., *The Invention of the White Race: Volume 1, Racial Oppression and Social Control.* Verso Books, London/New York 2012

AMNESTY INTERNATIONAL UNITED KINGDOM SECTION, *Trapped in the Matrix: Secrecy, stigma and bias in the Met's Gangs Database*, 2018. amnesty.org.uk/files/reports/Trapped%20in%20the%20Matrix%20Amnesty%20report.pdf

BADER, ELEANOR J., »Reimagining Disability Justice: An Interview with Leah Lakshmi Piepzna Samarasinha«, in: *Blarb. Los Angeles Review of Books*, 2018. blog.lareviewofbooks.org/interviews/reimagining-disability-justice-interview-leah-lakshmi-piepzna-samarasinha/

BAKER, DALLAS JOHN, »Creative Writing Praxis as Queer Becoming«, in: *New Writing*, Volume 10, Issue 3, 2013

BAKHTIN, MICHAIL MICHAILOWITSCH, *Speech genres and other late essays.* University of Texas Press, Austin 1986

BERLANT, LAUREN UND WARNER, MICHAEL, »Sex in public«, in: *Critical Inquiry*, Volume 24, Number 2, 1998

BERNE, PATRICIA, *Disability Justice – a working draft*, 2015. sinsinvalid.org/blog/disability-justice-a-working-draft-by-patty-berne

BERNE, PATRICIA; LEVINS MORALES, AURORA UND LANGSTAFF, DAVID, »Sins Invalid, Ten Principles of Disability Justice«, in: *WSQ: Womens Studies Quarterly*, Volume 46, Issue 1, The Feminist Press 2018

Beswick, Katie, »Housing, performance and activism: thinking with performance in times of crisis«, in: *Studies in Theatre and Performance*, Volume 40, Issue 1, 2020

Bowling, Ben, *Policing the Caribbean: Transnational Security Cooperation in Practice.* Oxford University Press, Oxford 2010

Brophy, Sarah und Husain, Kasim, »Innovations in Queer Writing«, in: David James (Hrsg.), *The Cambridge Companion to British Fiction since 1945.* Cambridge University Press, Cambridge 2015

Brown, Adrienne Maree, *Emergent Strategies, Shaping Change, Changing Worlds.* AK Press, Oakland 2017

Brown, Michelle und Schept, Judah, »New Abolition, Criminology and a Critical Carceral Studies«, in: *Punishment & Society*, Volume 19, Issue 4, 2016

Brown, Rita Mae, »The Last Straw«, in: Charlotte Bunch und Nancy Myron (Hrsg.), *Class and Feminism. A collection of essays from the Furies.* Diana Press, Baltimore 1974

Burchell, Graham; Gordon, Colin und Miller, Peter (Hrsg.), *»The Foucault Effect«: Studies in Governmentality: with Two Lectures by and an Interview with Michel Foucault.* University of Chicago Press, Chicago 1991

Butler, Octavia, *Kindred – Verbunden.* Übersetzt von Mirjam Nuenning. Worten & meer, Insel Hiddensee 2018

– *Parabel vom Sämann.* Übersetzt von Dietlind Falk. Heyne, München 2015

Butler, Patrick, »More than 4m in UK are trapped in deep poverty, study finds«, in: *The Guardian*, 2019 theguardian.com/society/2019/jul/29/uk-deep-poverty-study-austerity

Campbell, Denis, »People in mental health crisis neglected by NHS, MPs warn«, in: *The Guardian*, 2018 theguardian.com/society/2018/oct/16/people-mental-health-crisis-neglected-nhs-mps-warn

Caster, Peter, »Staging Prisons: Performance, Activism, and Social Bodies«, in: *The Drama Review*, Volume 48, Issue 3, 2004

Child Poverty Action Group, »The effects of poverty in childhood is damaging: to children, to their life chances and to communities«, in: *Child Poverty Action*, cpag.org.uk/child-poverty/effects-poverty

CULLORS, PATRISSE, »Abolition And Reparations: Histories of Resistance, Transformative Justice, And Accountability Developments in the Law«, in: *Harvard Law Review 132*, 2018

DAVIS, ANGELA Y., *Women, Race & Class.* Women's Press, London 1982. Auf Deutsch als: *Rassismus und Sexismus. Schwarze Frauen und Klassenkampf in den USA.* Übersetzt von Erika Stöppler. Elefanten Press, Berlin 1982

– *Angela Davis : An Autobiography.* Women's Press, London 1988. Auf Deutsch als: *Mein Herz wollte Freiheit. Eine Autobiographie.* Übersetzt von Walter Hasenclever, Hanser, München 1975

– *Women, culture & politics.* Penguin Random House, New York 1990

– *Are Prisons Obsolete?* Seven Stories Press, New York 2003. Auf Deutsch als: *Eine Gesellschaft ohne Gefängnisse? Der gefängnisindustrielle Komplex der USA.* Übersetzt von Michael Schiffmann, Schwarzer Freitag, Berlin 2004

– *Abolition Democracy: Beyond empire, prisons, and torture.* Seven Stories Press, New York 2011.

DENSHIRE, SALLY, »On auto-ethnography«, in: *Current Sociology,* Volume 62, Issue 6, 2014

DIXON, EJERIS, »Building Community Safety«, in: Ejeris Dixon und Leah Lakshmi Piepzna-Samarasinha, *Beyond Survival: Strategies and Stories from the Transformative Justice Movement.* AK Press, Oakland 2020

DORLING, DANNY, *Injustice: Why Social Inequality Persists.* Policy Press, Bristol 2010

– *Inequality and the 1 %.* Verso, London 2014

DU BOIS, W. E. B., *Black Reconstruction in America. Toward a History of the Part Which Black Folk Played in the Attempt to Reconstruct Democracy in America, 1860-1880.* Free Press, New York 1935

ELECHI, OGBONNAYA OKO, »Women and (African) Indigenous Justice Systems. Pan-African Issues in Crime and Justice«, in: Anita Kalunta-Crumpton & Biko Agozino (Hrsg.), *Pan-African Issues in Crime and Justice.* Ashgate, Aldershot/Burlington 2004

ELLIS, CAROLYN UND BOCHNER, ART, »Autoethnography, Personal Narrative, Reflexivity: Researcher as Subject«, in: Norman K. Denzin und Yvonna S. Lincoln (Hrsg.), *Hand-*

book of Qualitative Research. SAGE, Thousand Oaks, CA 2010

Featherstone, Brid; Gupta, Anna; Morris, Kate und White, Sue, *Protecting Children: A Social Model*. Policy Press, Bristol 2018

Featherstone, Brid; Morris, Kate; Daniel, Brigid; Bywaters, Paul; Brady, Geraldine; Bunting, Lisa; Mason, Will und Mirza, Nughmana, »Poverty, inequality, child abuse and neglect: Changing the conversation across the UK in child protection?«, in: *Children and Youth Services Review*, Volume 97, 2019

Fileborn, Bianca und Vera-Gray, F., »›I Want to Be Able to Walk the Street Without Fear‹: Transforming Justice for Street Harassment«, in: *Feminist Legal Studies*, Volume 25, 2017

Foley, Douglas E., *Learning Capitalist Culture: Deep in the Heart of Tejas*. Penn Press, Philadelphia 2010

Foucault, Michel, *Überwachen und Strafen. Die Geburt des Gefängnisses*. Übersetzt von Walter Seitter. Suhrkamp, Berlin 2013

Friedman, Dan, »Theatre, Community, and Development: The Performance Activism of the Castillo Theatre«, in: *The Drama Review*, Volume 60, Issue 4, 2016

Fusco, Coco, »Preface«, in: Fusco, Coco, *The Bodies That Were Not Ours And Other Writings*. Routledge, New York 2001

Garner, Steve, »The Uses of Whiteness: What Sociologists Working on Europe Can Draw from US Research on Whiteness«, in: *Sociology*, Volume 40, Issue 2, 2006

Generation FIVE, *Toward Transformative Justice. A Liberatory Approach to Child Sexual Abuse and other forms of Intimate and Community Violence: A Call to Action for the Left and the Sexual and Domestic Violence Sectors*, 2005 relationshipanarchy.com/community-accountability/toward-transformative-justice/

– *Ending Child Sexual Abuse: A Transformative Justice Handbook*. 2007. generationfive.org/wp-content/uploads/2018/08/g5-Transformative-Justice-Handbook.pdf

Gilmore, Ruth Wilson, »What Is to Be Done?«, in: *American Quarterly*, Volume 63, Number 2. 2011. Auf Deutsch als: »Was tun?«, in: Daniel Loick und Vanessa E. Thompson,

Abolitionismus. Ein Reader, S. 515–521. Suhrkamp, Berlin 2022
– »In the Shadow of the Shadow State«, in: INCITE! (Hrsg.), *The Revolution Will Not Be Funded: Beyond the Non-Profit Industrial Complex*. Duke University Press, Durham 2017
– *Golden Gulag: Prisons, Surplus, Crisis, and Opposition in Globalizing California*. The University of California Press, Berkley 2007
– »Fatal Couplings of Power and Difference: Notes on Racism and Geography«, in: *The Professional Geographer*, Volume 54, Issue 1, 2002
– »Race, prisons and war: scenes from the Gilmore history of US violence«, in: *Socialist Register*, Volume 45, 2009
– »The Worrying State of the Anti-Prison Movement«, in: *Social Justice* Journal, Volume 23, 2015. socialjusticejournal.org/the-worrying-state-of-the-anti-prison-movement/
Giroux, Henry A., »Violence, Katrina, and the Biopolitics of Disposability«, in: *Theory, Culture & Society*, Volume 24, Issue 7–8, 2007
Greer, Stephen, *Queer exceptions. Solo performance in neoliberal times*. Manchester University Press, Manchester 2015
Gregorčič, Marta, »Silenced epistemologies: the power of testimonies and critical auto/biographies for contemporary education«, in: *Andragoska Spoznanja*, Volume 24, Issue 1, 2018
Halberstam, Jack, *In a Queer Time and Place: Transgender Bodies, Subcultural Lives*. New York University Press, New York 2005
– *The Queer Art of Failure*. Duke University Press, Durham 2011
Hamp, Amanda E., »Personal *Is* Political, Practice as Critical: *The freedom of information* Performer as Site for Change and Discourse«, in: *Theatre Topics*, Volume 23, Number 2, 2013
Harrison, Da'Shaun, *Committing harm is not the same as being abusive*. 2020. dashaunharrison.com/committing-harm-is-not-the-same-as-being-abusive/
Harvey, David, *Kleine Geschichte des Neoliberalismus*. Übersetzt von Niels Kadritzke. Rotpunktverlag, Zürich 2007
– *Räume der Neoliberalisierung. Zur Theorie der ungleichen*

Entwicklung. Übersetzt von Jürgen Pelzer. VSA: Verlag, Hamburg 2007

Harvey, Mick, »Impoverishment of Thought«, in: *Lumpen: A Journal for Poor and Working Class Writing*, Issue 1, 2019

Hedva, Johanna, *Sick Woman Theory*, 2016. johannahedva .com/SickWomanTheory_Hedva_2020.pdf

Helms, Janet E., »The Challenge of Making Whiteness Visible: Reactions to Four Whiteness Articles«, in: *The Counseling Psychologist*, Volume 45, Issue 5, 2017

Hillman, Rebecca, »Home is where the heart is: building, belonging and emotional engagement in anti-austerity performance«, in: *Studies in Theatre and Performance*, Volume 40, Issue 1, 2020

Holman Jones, Stacy und Harris, Anne M., *Queering Autoethnography*. Routledge, London 2017

bell hooks, *Die Bedeutung von Klasse. Warum die Verhältnisse nicht auf Rassismus und Sexismus zu reduzieren sind*. Übersetzt von Jessica Yawa Agoku. Unrast Verlag, Münster 2020

– *Yearning : race, gender, and cultural politics*. Turnaround, London 1991. Auf Deutsch als: *Sehnsucht und Widerstand: Kultur, Ethnie, Geschlecht*. Übersetzt von Helga Pfetsch, Orlanda Verlag, Berlin 1996

Hughes, Jennifer Scheper und Dalla Déa, Ariane, »Introduction: Authenticity and Resistance: Latin American Art, Activism, and Performance in the New Global Context«, in: *Latin American Perspectives*, Volume 39, Number 2, 2012

Hugrée, Cédric; Penissat, Etienne und Spire, Alexis, *Social class in Europe: new inequalities in the old world*. Verso Books, London/New York 2020

Hunter, Shona, »What a White Shame: Race, Gender, and White Shame in the Relational Economy of Primary Health Care Organizations in England«, in: *Social Politics*, Volume 17, Issue 4, 2010

Ignatiev, Noel, *How the Irish became white*. Routledge, London 1996

Jensen, Tracey und Tyler, Imogen, »›Benefits Broods‹: The Cultural and Political Crafting of Anti-Welfare Commonsense«, in: *Critical Social Policy*, Volume 35, Issue 4, 2015

Kilcullen, David, *Out of the Mountains: The Coming Age of the Urban Guerrilla*. Hurst Publishers, London 2015

Kilgard, Amy K. und Berry, Keith, »Tossing and Turning: Queering Performances of Family Narrative«, in: *Cultural Studies ↔ Critical Methodologies*, Volume 14, Issue 2, 2014

Krumer-Nevo, Michal, »Four Scenes and an Epilogue: Autoethnography of a Critical Social Work Agenda Regarding Poverty«, in: *Qualitative Social Work*, Volume 8, Issue 3, 2019

– »Poverty-Aware Social Work: A Paradigm for Social Work Practice with People in Poverty«, in: *The British Journal of Social Work*, Volume 46 Issue 6, 2016

Lai, Ming-yan, »Dancing to different tunes: Performance and activism among migrant domestic workers in Hong Kong«, in: *Women's Studies International Forum*, Volume 33, Issue 5, 2010

Lawler, Stephanie, »White like them: Whiteness and anachronistic space in representations of the English white working class«, in: *Ethnicities*, Volume 12, Issue 4, 2012

– »Disgusted Subjects: The Making of Middle-Class Identities«, in: *The Sociological Review*, Volume 53, Issue 3, 2005

Legane, Roxy, »Covid-19 is hitting Britain's BAME communities hardest«, in: *Ceasefire Magazine*, 2020. ceasefiremagazine.co.uk/author/roxy-legane/

Lorenz, Walter, »Rediscovering the social question/Die Soziale Frage erneut stellen – eine Herausforderung für die Soziale Arbeit«, in: *European Journal of Social Work*, Volume 19, Issue 1, 2016

Linton, Simi, *Claiming Disability: Knowledge and Identity.* NYU Press, New York 1998

Lister, John, »The History of Privatisation«, in: *The Lowdown*, 2020. lowdownnhs.info/analysis/long-read/the-history-of-privatisation-part-1/

McAra, Lesley und McVie, Susan, »Youth Crime and Justice: Key Messages from the Edinburgh Study of Youth Transitions and Crime«, in: *Criminology & Criminal Justice*, Volume 10, Issue 2, 2010

Mckenzie, Lisa, »Fox-Trotting the Riot: Slow Rioting in Britain's Inner City«, in: *Sociological Research Online*, Volume 18, Issue 4, 2014

– *Getting by: Estates, Class and Culture in Austerity Britain.* Policy Press, Bristol 2015

Meer, Nasar und Nayak, Anoop, »Race Ends Where? Race, Racism and Contemporary Sociology«, in: *Sociology*, Volume 49, Issue 6, 2013

Mingus, Mia, »Wherever You Are Is Where I Want To Be: Crip Solidarity«, in: *Leaving Evidence*, 2010. *leavingevidence.wordpress.com/2010/05/03/where-ever-you-are-is-where-i-want-to-be-crip-solidarity/*

– »Medical Industrial Complex Visual«, in: *Leaving Evidence*, 2015. *leavingevidence.wordpress.com/2015/02/06/medical-industrial-complex-visual/*

– »Pods and Pod-Mapping Worksheet«, in: Ejeris Dixon und Leah Lakshmi Piepzna-Samarasinha, *Beyond Survival: Strategies and Stories from the Transformative Justice Movement.* AK Press, Oakland 2020

Muñoz, José Esteban, *Cruising Utopia. The then and there of queer futurity.* NYU Press, New York 2009

Nkrumah, Kwame, *Neo-Colonialism: The Last Stage of Imperialism.* International Publishers Co., New York 1966

Painter, Nell Irvin, *The History of White People.* W. W. Norton & Company, New York 2010

Parveen, Nazia, »Nottinghamshire children in care abused for decades – report«, in: *The Guardian*, 2019. theguardian.com/uk-news/2019/jul/31/nottinghamshire-children-in-care-abused-for-decades-report

Piché, Justin und Larsen, Mike, »The moving targets of penal abolitionism: ICOPA, past, present and future«, in: *Contemporary Justice Review*, Volume 13, Issue 4, 2010

Piepzna-Samarasinha, Leah Lakshmi, »Cripping TJ«, in: Dixon, Ejeris und Piepzna-Samarasinha, Leah Lakshmi (Hrsg.), *Beyond Survival: Strategies and Stories from the Transformative Justice Movement.* AK Press, Oakland 2020

Piketty, Thomas, *Das Kapital im 21. Jahrhundert.* Übersetzt von Ilse Utz und Stefan Lorenzer. Verlag C.H. Beck, München 2014

Pollack, Della, »Performing Writing«, in: Phelan, Peggy und Lane, Jill (Hrsg.), *The Ends of Performance.* NYU Press, New York 1998

Pollard, Nick, »A narrative of cultural occupational performance/Uma narrativa de performance ocupacional cultural«, in: *Cadernos de Terapia Ocupacional da UFSCar*, Volume 24, Issue 1, 2016

QUTOSHI, SADRUDDIN BAHADUR, »Auto/ethnography: A Transformative Research Paradigm«, in: *Dhaulagiri Journal of Sociology and Anthropology*, Volume 9, 2015

REAY, DIANE, »Rethinking Social Class: Qualitative Perspective on Class and Gender«, in: *Sociology*, Volume 32, Issue 2, 1998

RODRIGUEZ, DYLAN, »Abolition as Praxis of Human Being: A Foreword«, in: *Harvard Law Review* 132, 2018

ROEDIGER, DAVID R., *The Wages of Whiteness: Race and the Making of the American Working Class*. Verso Books, London/New York 2007

ROTH, WOLFF-MICHAEL, »Auto/ethnography and the question of ethics«, in: *Forum Qualitative Sozialforschung/Forum: Qualitative Social Research*, Volume 10, Number 1, 2009

RUGGIERO, VINCENZO, *Penal Abolitionism*. Oxford University Press, Oxford 2010

– »An abolitionist view of restorative justice«, in: *International Journal of Law, Crime and Justice*, Volume 39, Issue 2, 2011

SANDULIAK, ASHLEIGH, »Researching the Self: The Ethics of Auto-ethnography and an Aboriginal Research Methodology«, in: *Studies in Religion/Sciences Religieuses*, Volume 45, Issue 3, 2016

SAVAGE, MIKE, *Social Class in the 21st Century*. Penguin Books Ltd., London 2015

SHARA, NATHAN, »Facing Shame«, in: Dixon, Erejis und Piepzna-Samarasinha, Leah Lakshmi (Hrsg.), *Beyond Survival: Strategies and Stories from the Transformative Justice Movement*, AK Press, Oakland 2020

SIGLER, ROBERT T. UND KING, DAVID J., »Colonial policing and control of movements for independence«, *in: Policing and Society*, Volume 3, Issue 1, 1992

SKEGGS, BEVERLY, *Class, self, culture*. Routledge, London 2004

SMITH KEENEY, SARAH, »Performative Writing as a Tool for Social Change«, in: *Theory in Action*, Volume 7, Issue 2, 2014

STANDING, GUY, *The Precariat: The New Dangerous Class*. Bloomsbury, London 2014

TAMBOUKOU, MARIA, »Relational narratives: Auto/biography and the portrait«, in: *Women's Studies International Forum*, Volume 33, Issue 3, 2010

TAYLOR, YVETTE, »Queer presences and absences: Citizenship, community, diversity – or death«, in: *Feminist Theory*, Volume 12, Issue 3, 2011

– »Intersectional Dialogues – a politics of possibility?«, in: *Feminism & Psychology*, Volume 21, Issue 2, 2011

– »Queer encounters of sexuality and class: Navigating emotional landscapes of academia«, in: *Emotion, Space and Society*, Volume 8, Issue 1, 2013

THOMAS, LYN, »working-class whiteness from within and without: an auto-ethnographic response to Avtar Brah's ›the scent of memory‹«, in: *Feminist Review*, Number 100, 2012

TITHERADGE, NOEL UND THOMAS, ED, »Child mental health unit referrals ›up nearly 50%‹«, in: BBC News, 2019. bbc.co.uk/news/uk-48935631

TYLER, IMOGEN, *Revolting Subjects: Social Abjection and Resistance in Neoliberal Britain*. Zed Books, London 2013

– »The Riots of the Underclass?: Stigmatisation, Mediation and the Government of Poverty and Disadvantage in Neoliberal Britain«, in: *Sociological Research Online*, Volume 18, Issue 4, 2013

– »Classificatory Struggles: Class, Culture and Inequality in Neoliberal Times«, in: *The Sociological Review*, Volume 63, Issue 2, 2015

– *Stigma. The Machinery of Inequality*. Zed Books, London 2020

TYLER, IMOGEN UND SLATER, TOM, »Rethinking the sociology of stigma«, in: *The Sociological Review*, Volume 66, Issue 4, 2018

VIRAMONTES, ADRIENNE, »Toward Transcendence: A Creative Process of Performative Writing«, in: *Cultural Studies ↔ Critical Methodologies*, Volume 8, Issue 3, 2008

VITALE, ALEX, *The End of Policing*. Verso Books, London/New York 2017

VOX, FORD, »The Medical-Industrial Complex«, in: *The Atlantic*, 2010. *theatlantic.com/technology/archive/2010/06/the-medical-industrial-complex/58888/*

WACQUANT, LOÏC, »Urban Marginality in the Coming Millennium«, in: *Urban Studies*, Volume 36, Number 10, 1999

– *Prisons of Poverty*. University of Minnesota Press, Minneapolis 2009
– *Bestrafen der Armen. Zur neoliberalen Regierung der sozialen Unsicherheit*. Übersetzt von Hella Beister. Verlag Barbara Budrich, Opladen 2009
– »Urban Desolation and Symbolic Denigration in the Hyperghetto«, in: *Social Psychology Quarterly*, Volume 73, Issue 3, 2010
– »Symbolic power and group-making: On Pierre Bourdieu's reframing of class«, in: *Journal of Classical Sociology*, Volume 13, Issue 2, 2013
– »Revisiting Territories of Relegation: Class, Ethnicity and State in the Making of Advanced Marginality«, in: *Urban Studies*, Volume 53, Issue 6, 2016

Wall, Sarah Stahlke, »Toward a Moderate Autoethnography«, in: *International Journal of Qualitative Methods*, Volume 15, Issue 1, 2016

Wang, Jackie, *Carceral Capitalism*. Semiotext(e), South Pasadena 2018

Whyte, Jessica, *The Morals of the Market: Human Rights and the Rise of Neoliberalism*. Verso Books, London/New York 2019

Williams, Joanna, »Children are paying the price for this idiocy by a teachers' union«, in: *Daily Mail*, 2020. dailymail.co.uk/debate/article-8309345/Children-paying-price-idiocy-teachers-union-writes-JOANNA-WILLIAMS.html

Yep, Gust A., »The Violence of Heteronormativity in Communication Studies: Notes on Injury, Healing, and Queer World-Making«, in: Yep, Gust A.; Lovaas, Karen E. und Elia, John P. (Hrsg.), *Queer Theory and Communication. From Disciplining Queers to Queering the Discipline(s)*. Routledge, London 2004

Yep, Gust A.; Lovaas, Karen E. und Elia, John P., »Introduction: Queering Communication: Starting the Conversation«, in: Yep, Gust A.; Lovaas, Karen E. und Elia, John P. (Hrsg.), *Queer Theory and Communication. From Disciplining Queers to Queering the Discipline(s)*. Routledge, London 2004

Ziyad, Hari, *What do we do with abusers like R. Kelly if we abolish prisons?* 2019. blackyouthproject.com/what-do-we-do-with-abusers-like-r-kelly-if-we-abolish/?fbclid=IwAR14J

_jMaBd4PNRmCDt90VaOSiiW0FLo3RtBOSk2XLBIhKXhsWhp_Rcl-y
Zou, Carol, »Against the Carceral Logic of the University«, in: *Beyond Mass Incarceration: New Horizons of Liberation and Freedom*, Volume 5, Issue 2, 2018